Labeurs, douleurs, & souffrances du fidèle ministre de Jésus Christ

John Banks
*Traduction
de Bill F. Ndi &
de Viviane Koua*

Langaa Research & Publishing CIG
Mankon, Bamenda

Publisher:
Langaa RPCIG
Langaa Research & Publishing Common Initiative Group
P.O. Box 902 Mankon
Bamenda
North West Region
Cameroon
Langaagrp@gmail.com
www.langaa-rpcig.net

Distributed in and outside N. America by African Books Collective
orders@africanbookscollective.com
www.africanbookcollective.com

ISBN-10: 9956-552-37-2

ISBN-13: 978-9956-552-37-5

© John Banks 2021

Dédicace

Nous dédions entièrement cette traduction française à notre très cher frère et père, Pah Daniel K. Ndi, ce laboureur et souffre-douleur de la persécution honnie de gens de pouvoir. Pah Daniel K. Ndi comme John Banks fut arrêté et détenu pendant des mois pour la simple raison qu'il choisit de défendre la droiture.

Table des Matières

Part II: The Labors, Travels, and Sufferings of that Faithful Minister of Jesus Christ, John Banks

Avis Des Traducteurs

Toujours dans le sens de la subjectivité d'entreprendre toute traduction, j'ai Choisi de traduire le journal de John Banks. Cependant, qui est John Banks ? Et pourquoi traduire son journal? m'interrogerait le lecteur. Tout d'abord, Il faut souligner que la traduction est une entreprise engagée, c'est-à-dire qu'elle est souvent un engagement qui, à la fois, relève d'un défi personnel et d'un désir de partager avec le lecteur de la langue cible, ces morceaux d'histoire qui se seraient passés sans que l'on eût en aperçu. Cela dit, c'est aussi par désir de populariser en traduction le journal de John Banks, un important contributeur à la modernité américaine, très peu connu en dehors des cercles intimes Quakers. Ce nom est au prime abord obscure. Nonobstant, la postulation aiguillonnant cette amorce de traduction stipule que derrière tout grand homme se trouvent des petits qui constituent la force qui aurait propulsé le grand à son apogée. Nous estimons que la juxtaposition de noms, tels John Banks et William Penn ne mettraient en exergue, rien de ce qui affirme l'importante part qu'a joué le premier dans la vie du géant qu'est William Penn. Bien plus, même si nous informons que les deux hommes font partie du souffle dynamique de la première génération des Quakers anglais, on serait tenté de ne garder leur rapprochement qu'à ce niveau.

Pourtant c'est cette rencontre entre les deux hommes qui aurait servi de motivation à la conviction de William Penn de devenir Quaker. Par la suite, ce dernier fonda l'État de Pennsylvanie en Amérique coloniale. La fondation de cet État est important pour la compréhension de l'histoire Américaine en générale et plus particulièrement à la compréhension de l'histoire de la Constitution Américaine. Ce fut l'État de Pennsylvanie fondé sur les principes de libertés que revendiquaient les premiers Quakers au 17e siècle qui donna aux pères fondateurs des États-Unis l'échantillon de la constitution, document clé des États-Unis. Ce document fut modifié pour l'avoir dans sa forme actuelle. Bref, Penn lui-même semble avoir attribué sa conversion au Quakerisme à John et pour quelle cause il entreprit de rédiger la préface du présent journal traduit par nos soins.

Aussi, ce serait un grand tort de ne pas mettre à nu la philosophie de la propagation de la Vérité qui sous-tend l'idéologie Quaker. Comme traducteurs, nous prenons soins attirer l'attention à ce fait car le premier quart du 21e siècle est marqué par le phénomène nouveau du « Fake News » qui est propagé par Donald Trump, l'ex-Président des États-Unis. Soulignons aussi que grâce à ce phénomène, naissent des théories du complot, de vérités parallèles, des faits alternatifs, des réalités virtuelles. Notons que tous ceux-ci font concurrence avec la Vérité stricto sensu, c'est-à-dire de celle que propageaient, proclamaient ou publiaient les Quakers au 17e siècle. Rappel dans cette entreprise de traduction qui cible la fidélité est que la vérité et la réalité n'ont point d'alternative ni de parallèle ; même pas si elle ne convient à personne. C'est ainsi qu'aux États-Unis, toute sorte de menaces surplombe les noirs d'Amérique qui comme des Quakers d'antan ne revendiquent que des libertés stipulées dans la fameuse Constitution garantissant ces-mêmes libertés tant revendiquées.

Suivant la logique de ce phénomène, tout protestataire pacifique ne peut être considéré comme contributeur de l'ordre dans le monde mais plutôt un fauteur de troubles. C'est exactement pour cette raison que faire revivre ces moments clés de l'histoire de l'humanité se veut impératif. Ainsi nous voulons permettre à nos lecteurs de s'abreuver à la source de combat pour les droits de l'homme mené par de « petits hommes », John Banks à titre d'exemple. Comme les autobiographies d'Edward Coxere, de Thomas Lurting, d'Elizabeth Stirredge et d'Elizabeth Hooton, le journal de John Banks constitue une voix que l'on ne peut négliger en la matière de notre compréhension du sujet de Droits de l'Homme qui attendraient plus d'un siècle avant d'être déclarés. Or le journal de John Banks en fait son cheval de bataille.

John Banks hausse le ton dans son journal - afin de faire entendre les objections Quakers aux persécutions assénées aux humbles revendicateurs du pacifisme, d'égalitarisme universels et atemporels ainsi que ces libertés que l'Occident prétend défendre. En documentant ses labeurs, ses douleurs, ainsi que ses souffrances, John Banks permet de - combler les creux qu'auraient laissés les récits partiels des persécuteurs. Son acte courageux contribua à pousser « le monde d'alors vers les lumières du modernisme et du post-modernisme ».

De ce fait, par souci de corroborer les témoignages d'autres et de les souligner comme lieu de mémoire de faits inédits, non-popularisés et relatés par des victimes de la persécution arbitraire elles-mêmes, notre traduction permettrait éclairer l'évolution des idées et des mentalités ainsi qu'elle permettrait à l'Histoire de se soustraire des champs de récits subjectifs et/ou de propagandes des victorieux.

Ainsi, ce journal de John Banks devient un coffre-fort de labeurs, de douleurs, et de souffrances dans les œuvres de l'évangile exécutées par ce fidèle serviteur du Seigneur Jésus Christ. Ce journal laisse apparaitre comment la puissance de Dieu opère pour ériger, dresser, et soutenir des âmes ordinaires pour qu'elles mènent une vie d'extraordinaire fidélité. Il s'agit ici de l'intime conviction de tous les Quakers. C'est le surcroit de plus d'attention que l'on doit accorder à ce journal; plus que l'on ne lui aurait accordée jusqu'à nos jours.

Par ailleurs, d'autres justification déjà avancées dans la traduction des autres autobiographies Quakers demeurent valables pour le journal de John Banks. Découvrir la bravoure de ces petits hommes, qui comme David face à Goliath, défiaient la loi avec le pacifisme non-violent et en témoignaient pour que leur sueur n'eût coulé pour rien, explique amplement le but de cette traduction qui vise aussi à contribuer à la compréhension de l'histoire des idées et des mentalités. Et bien plus, notre désir ici comme dans d'autres traductions étant la vulgarisation de cette littérature sous-estimée et peu étudiée, nous nous sommes engagés à une version qui reflète l'esprit combattif de ses Quakers du début dont les mots d'ordre, en matière langagière, étaient la fidélité, l'égalité, l'honnêteté, et la simplicité linguistique épurée de toutes fioritures esthétiques. Cette traduction en a tenu compte et espère n'avoir point trahi la mémoire de ces premiers vaillants combattants du pacifisme universel et atemporel.

Bonne lecture.

Bill F. Ndi
Professeur des Universités Américaines,
Tuskegee University, USA

Viviane Koua
Chargée de Cours à l'Université d'Auburn,
Auburn Alabama, USA

Chers Amis lecteurs,

Les souffrances de serviteurs de Dieu doivent toujours être précieuses aux yeux de son peuple et pour cette raison les fragments sont à recueillir pour l'édification. Il s'agit de ceci qui nous pousse à offrir les pages suivantes pour la lecture publique, et aussi nous espérons que cela pourrait plaire à Dieu que nous fassions profiter le public avec leur lecture.

Nous avons toujours cru que le Seigneur est prêt à assister les siens qui sont dignes dans l'esprit de leurs lecteurs ; ne laissant pas aller le sien sans lui fournir un bon pour toute conscience. Je veux dire ces vérités divines qui lui a plu de révéler par son Esprit béni sans lequel aucun homme ne peut, à juste titre, percevoir les choses de Dieu ou avoir l'esprit soucieux, qui est vie et paix. C'est en effet la seule preuve salvatrice des vérités célestes qui poussa cet excellent apôtre à dire : « Nous savons que nous sommes de Dieu, et que le monde entier réside dans la méchanceté. »

D'antan, la vraie religion non-souillée au regards de Dieu consistait à se rendre chez les orphelins et les veuves dans leurs afflictions et se tenant caché du monde pas comme seulement une tradition pieuse de ce que les autres ont apprécié, mais l'expérience de la joie et du savoir qui découle de l'opération de la puissance divine dans leurs propres cœurs qui transforme un Juif intérieur et un chrétien accompli dont les louanges ne sont pas des hommes mais de Dieu.

De tels sont des chrétiens en Christ qui peuvent dire avec l'apôtre que : « Ce n'est pas nous qui vivons mais le Christ qui vit en nous. » mourant quotidiennement et se relevant par la foi dans le fils de Dieu à une nouvelle vie. Ici la formalité s'incline devant la réalité, la mémoire devant le sentiment, la lettre devant l'esprit, et la forme devant la puissance; qui amène à la régénération sans laquelle aucun homme n'héritera le royaume de Dieu, et par laquelle il lui est permis dans chaque état de pleurer Abba, Père.

Vous verrez une grande partie de cela dans les écrits de l'auteur suivant et qu'il a commencé à juste titre avec une distinction propice entre la vraie sagesse et la renommée de la sagesse, ce qui était de Dieu et enseigné par Dieu, et ce qui était de l'homme et enseigné par l'homme—qui, au mieux, n'est qu'une fondation sablonneuse sur laquelle bâtir une religion, ou plutôt la foi et l'espoir de l'homme par rapport à sa religion et son salut par le même.

Ah! Qu'aucun faisant profession de la dispensation de l'esprit ne construise à côté du travail de Jésus Christ dans leurs propres âmes par rapport à ses fonctions prophétiques, sacerdotales et royales. Car son père Dieu lui a donné comme une pierre éprouvée, élu, et précieux avec et sur laquelle construire. Dans cette grande et glorieuse Vérité nous implorons humblement le Tout-Puissant qui est le Dieu des esprits de toute chair et le père des lumières et des esprits, d'ancrer et d'établir tous ses salués et convaincus pour qu'ils grandissent dans une maison sainte et bâtissent pour le Seigneur. Ainsi la pureté, la paix et la charité abonderont dans la maison et le sanctuaire qu'il et non l'homme a édifié.

En ce qui concerne ce digne homme, l'auteur de ce traité, je peux dire que son mémorial est béni, l'ayant connu au-delà de quarante-quatre ans. Il était un ministre remarquable de la religion expérimentale, d'un jugement mesuré et d'une pratique juste, vaillant pour la vérité sur la terre, et était prêt à servir tout le monde dans l'amour et la paix de l'Evangile. Il fut parmi les premiers dans le Cumberland à recevoir la bonne nouvelle et alors, renonça tout volontiers, avec d'autres frères, pour déclarer aux autres ce que Dieu avait fait pour leurs âmes.

C'est ainsi que je l'ai rencontré pour la première fois, et que j'ai reçu son témoignage grâce à sa saveur de vie, ainsi fus-je gentiment encouragé par lui dans la croyance de la doctrine bénite de la lumière, de l'esprit, de la grâce, et de la Vérité du Christ à l'intérieur, réprouvant, instruisant, reformant, et rachetant ces âmes du mal du monde, qui y étaient obéissants. Il était une source de force pour mon âme dans les premiers jours de ma conviction, ensemble avec son cher et fidèle frère et compagnon de route, John Wilkinson de Cumberland, un ancien ministre indépendant très zélé et compétent.

Lecteur, avant que je ne te quitte, permets-moi de te conseiller de tenir à ta religion dans l'esprit, soit tu pries, loues, ou tu exhortes les autres. Vas-y dans la capacité que Dieu te donne. Ne crois pas éveiller ton bien-aimé avant son temps. Ne soit pas le tien dans ta performance mais celui du Seigneur et tu ne garderas pas la vérité dans l'injustice comme le font de nombreuses personnes, mais selon l'oracle de Dieu qui ne quittera et n'abandonnera jamais ceux qui suivent ses conseils que tout le peuple de Dieu peut faire étant et ayant été le désir sincère et la supplication fervente de leur et ton fidèle en la personne du Seigneur Jésus Christ.

William Penn
Londres, le 23 du douzième mois 1711.

I

JOURNAL DE JOHN BANKS

Je suis issue de parents honnêtes. Mon père se nomma William et ma mère Emma. J'étais leur fils unique, né à Sunderland dans la paroisse d'Issell dans le comté de Cumberland. Comme mon père n'était pas propriétaire terrien, il loua une parcelle pour la culture et de métier, il était marchand de feutre et gantier. Quelques années plus tard, il gravita autour de l'Assemblée de Pardshaw où mes deux parents reçurent la vérité peu après moi, et ils y restèrent à vie, suivant leurs mesures. Je fis partie de cette Assemblée durant plus de quarante ans.

Bien que mes parents n'eussent pas de grandes richesses de ce monde, selon leur habilité et les manières du pays cependant, ils m'élevèrent bien et en bon ordre. Aussi prirent-ils soin de me retenir de tels maux que des enfants et des jeunes peuvent rencontrer. Surtout, ma mère fut une femme zélée. Leur soin pour mon bien être eut un bon effet sur moi. Aussi bon effet aurait-il, nous estimons, sur tous ceux qui veilleraient sur leurs enfants comme il se doit. Si non, ils seront, craint-on, jugés coupable le jour de jugement.

Je fus inscrit à l'école à l'âge de sept ans et j'y restai jusqu'à mes quatorze ans ; ce temps durant j'y appris l'anglais et le latin et pus bien les écrire. Quand j'avais quatorze ans, mon père me proposa d'aller enseigner à l'école à Dissington pour une année et après à la chapelle de Mosser près de Pardshaw. Là, je faisais la lecture des écrits saints à ceux qui y venaient le premier jour, c'est-à-dire les homélies comme ils l'appellent. Aussi, j'y psalmodiai et priai. Je n'aimais pas cette pratique mais mon père ainsi que d'autre personnes m'en persuadèrent.

Pour ce service, mon salaire de douze pence provenait de chaque maison de gens qui venaient m'écouter. De plus, j'avais droit à une toison de laine et aux repas gratuits. Par surcroît, j'avais 12 pence par écolier tous les trimestres et je n'avais que vingt-quatre ans. Cette chapelle est appelée celle de l'aise car la maison à clocher de la paroisse était à quelque miles de là. Parmi ceux qui ne se souciaient de l'endroit où ils rendirent culte à Dieu était John Fletcher, un grand savant mais soulard. Un jour m'appela-t-il et me dit que je lisais bien pour mon âge mais ne priai pas suivant la forme que suivaient les autres et qu'il allait m'apprendre à prier par lettre, ce qu'il fit.

Quand la lettre vint je sortis de la chapelle et la lis. Et quand j'eus fini de lire, j'étais convaincu du mal de celui-ci par la lumière de Jésus Christ qui me montra les paroles de l'apôtre Paul concernant l'évangile qu'il avait à prêcher, qu'il ne l'eut ni de l'homme ni d'une formation, mais par révélation de Jésus Christ. En réponse à sa lettre, il surgit en moi que

- Tu as cette prière de l'homme et c'est lui qui t'enseigne alors qu'il est l'un des pires parmi plusieurs.

Ainsi la crainte du Seigneur m'envahit et fus-je frappé au fond de mon cœur et me dis-je,

- Je ne prierai jamais de cette manière

Il m'eut été révélé,

- Va à l'Assemblée de ces gens appelés par mépris des trembleurs car ils sont peuple de Dieu.

Ainsi fis-je le prochain premier jour, ce qui fut à Pardshaw. Ceci étant avant la fin de l'année que mes salaires étaient dus pour les services rendus à ce peuple, je ne pus en toucher un sou puisque je fus convaincu du mal de ceux-ci et ne lis-je plus jamais à cette chapelle.

Quand j'avais environ seize ans, le dixième mois 1654, il plut au Seigneur de frapper mon âme et conscience par son pur esprit vivant de cette apparence bénite par Jésus Christ et par le biais de qui je reçus la connaissance de Dieu et vis la sainte voie de la vérité, étant tout seul dans les champs, avant même d'entendre quelqu'un appelé Quaker prêcher et avant même que je n'allasse à l'une de leurs Assemblées. Mais le premier jour que j'allai à une, ce qui fut à Pardshaw, comme susmentionné, la puissance du Seigneur me saisit à cette Assemblée au point que je déversai l'amertume de mon âme voyant et comprenant mes péchés qui m'apparurent excessivement fautifs. Et le soir du même jour comme j'allais à l'Assemblée du peuple de Dieu appelé par mépris Quakers, en route, je fus terrassé par le poids du jugement divin pour mon péché et iniquité qui m'accablèrent et deux Amis me relevèrent.

Ah ! le chagrin divin qui me saisit à l'Assemblée cette nuit me fit croire que la situation de tout un chacun était meilleure que la mienne. L'un des Amis très touché par le sens de ma condition eut grandement pitié de moi et se porta volontaire pour lire un papier à l'Assemblée, ce qui était très convenable à ma condition et me soulagea un peu aussi qu'il m'allégea l'esprit. Je fus en ce moment très humilié et perplexe, mes péchés étant alignés devant moi. Et le temps que j'avais passé dans la sauvagerie et l'insolence, sans avoir peur de Dieu, dans la vanité, dans le sport, et le passetemps me ressurgit en souvenir. Le livre de ma conscience m'étais ouvert, car de nature j'étais sauvage et insolent. Et bien qu'il eût de bons désirs qui m'animaient la plupart de temps, et quelque chose qui me jugeait et me reprouvait et souvent s'efforçait à me retenir du mal, pourtant, n'en étant pas sensible, je m'en eus passé.

J'étais comme ceux qui se moquent du témoignage de Dieu, et aussi celui de son Esprit Saint, dans et à travers son fils Jésus rendu accessible par la grâce divine aux fils et aux filles des hommes. Il s'agissait de ceci que le Seigneur s'efforçait avec moi jusqu'à ce qu'il prévalût sur moi en fin de compte. Ainsi que je peux dire, comme un vrai témoignage pour Dieu et la suffisance de sa puissance et son esprit vif, je parvins à être non seulement convaincu que par l'apparence vivante du Seigneur Jésus de la vanité, du péché, et de la méchanceté dans lesquels gisait ce monde, et que fus-je participant à cela, mais qu'en prêtant attention à cela par la vigilance et par la crainte, je parvins à être sensible à l'œuvre de cela dans mon âme, afin de soumettre et d'anéantir la nature sauvage en moi, et de me laver, me purifier du péché et de la corruption pour que je changeasse et me convertisse.

Mais avant que je n'arrivasse à témoigner accomplir cette œuvre, ah j'eus traversé de jours et de nuits de chagrin divin et de douleur spirituelle quelques années durant. L'épreuve à laquelle j'étais soumis fus pénible pour mon corps et pour mon âme, au point que je quittasse l'enseignement, qui, bien que profitable et légitime, n'était cependant pas convenable à ma condition d'alors. Je mis à l'apprentissage du métier de mon père, avec quelque chose comme l'agriculture que je poursuivis avec diligence et vécus avec mes parents, qui quelque temps après, reçurent la vérité qui réjouit grandement mon âme.

Comme je voyageais sous la ministration de condamnation et du jugement pour le péché et la transgression aussi grande était la guerre que je livrais avec l'ennemi de mon âme qui par ses subtilités cherchai à me trahir de la simplicité de la vérité et me persuader au désespoir, comme s'il n'eut point de grâce pour moi. Et pourtant dans une moindre mesure je sus que le Seigneur m'avait accordé la grâce, qu'il combinait avec le jugement, pour mes péchés du passé. Mais l'expérience que j'eus acquis du travail de mon âme, et la foi que j'eus de Dieu dans mon esprit me fortifièrent à résister l'ennemi ainsi que ses raisonnements subtils. Je vainquis le méchant par l'attente diligente dans la lumière et en restant près de la puissance de Dieu, attendant en silence parmi ses peuples, dans lequel exercice mon âme réjouissait.

Ah que nous fûmes participants, ces jours-là, d'un confort et d'une consolation divins. Et nous eûmes au for intérieur de nous le sentiment de la puissance et la présence du Seigneur. Nous nous amusâmes et restâmes près, et cher l'un à l'autre. Mais ce fut à travers diverses épreuves et tribulations profondes, avec la peur et le tremblement que nous étions ainsi reliés. Bénis et heureux sont ceux qui connaissent ce que la vérité leur aurait couté et la tiennent en droiture. Attendant avec diligence dans la lumière et restant près de la puissance de Dieu je reçus cela et parvins à faire l'expérience de l'œuvre de mon cœur pour acquérir ma liberté de la subjugation, qui par degré prospéra en moi et ainsi par la foi dans la puissance de Dieu sans laquelle aucune victoire n'est possible, gagnai-je de plus en plus du terrain de l'ennemi de mon âme. Eussé-je toujours retrouvé ma prospérité dans la Vérité en restant fidèle au Seigneur dans ce qu'il manifesta, bien que ce fût à travers de petites choses, dont l'infidélité est la cause de perte et de heurte à nombreuses personnes en leur quête de croissance dans la Vérité.

Après que j'eus traversé de grandes tribulations, pleurant et larmoyant tout seul dans les bois et des lieux solitaires où je désirais être, à apaiser mon âme et la paix commença à germer où jadis j'avais de trouble et de chagrin. Alors, parfois me prêtai-je à croire que je ne rencontrerais de tels combats et dérangements de l'ennemi de mon âme que j'eus traversé. Mais de plus je muris dans l'expérience des agissements du Seigneur avec moi, aussi plus l'ennemi se transforma-t-il. Comme il ne put prévaloir avec ses précédentes présentations ainsi, par subtilité inventa-t-il des nouvelles.

Ainsi je parvins à voir clairement qu'il n'était pas sauf pour moi de me contenter de ce que j'avais traversé, ou la victoire que j'avais emporté, mais devais-je poursuivre dans la foi et la patience, et devais-je veiller diligemment à la lumière de Jésus Christ d'où provient encore la vraie puissance. Car en dépit de plusieurs délivrances, et de la force et aussi de victoires dont je fis l'expérience, le Seigneur selon la grandeur de sa sagesse, était heureux de me rendre sensible à mes propres faiblesses, et qu'il n'y avait ni force pour tenir ni un refuge ou m'abriter, mais dans sa puissance et sous cette influence, j'étais humilié, abaissé et demeure discret. Pour cette raison, je pris une résolution divine dans sa peur :

- Je dépendrais de la suffisance de ta puissance, O Seigneur, à jamais.

Environ six ans après que j'eusses reçu la vérité suite à d'énormes épreuves et tristesse, me décidai-je de dépendre de la puissance de Dieu et de la laisser peser sur mon âme. Et j'eus quelques révélations de l'Esprit de Vérité en attendant silencieusement le Seigneur qui eut la disposition à m'administrer du confort et de la satisfaction à mon âme par le biais d'une expérience renouvelée de l'alliance entre le Seigneur et moi. Et le Seigneur m'ouvrit la bouche avec un témoignage d'une nouvelle source de vie que je devais donner à ses enfants et à son peuple. Là alors ! un grand combat eussé-je par raisonnement que n'étais qu'un enfant et que d'autres étaient beaucoup plus équipé et capable de parler que moi. Mais le Seigneur de par sa puissance m'amena à l'empressement, et avec terreur et tremblement je parlai à nos Assemblées consacrées.

A un moment je restai silencieux, veillant sur le Seigneur à l'Assemblée des Amis à Pardshaw Crag lorsqu'un lourd fardeau d'exercice accabla mon esprit, et me fit savoir que je devais aller à la maison à clocher de Cockermouth, ce qui m'était difficile à renoncer. Mais le Seigneur par sa puissance me fit frémir et trembler, c'est ainsi je fus disposé à partir. Mais quand je me fus décidé à partir, il m'aurait fallu savoir ce que je devais y faire dû au fait que pendant un petit moment je m'étais replié sur moi et étais-je assombri dans une certaine mesure. Ainsi priai-je le Seigneur que si ce fut sa volonté que je partisse je m'y ferais. Et ayant saisi que ce fut sa volonté, je partis avec foi et quiétude d'âme et d'esprit.

En cours de route, il me parut comme si le prêtre m'avait devancé et il me vint à l'esprit de lui dire

- Si tu es ministre du Christ, arrête et prouve-moi ta pratique. Et si elle est de même que celle des apôtres et ministres du Christ dans la doctrine et la pratique, je t'admettrais. Mais si non, je suis envoyé par Dieu à témoigner contre toi.

Aussitôt que j'entrai dans les lieux où prêchait le prêtre stipendié, George Larcum, il hurla :

- Il y a quelqu'un qui est entré à l'église comme un fou avec son chapeau sur la tête. Marguillers, sortez-le !

Car il ne pouvait prêcher après mon entrée dans la maison à clocher. Ainsi, ils me mirent dehors comme il leur avait ordonné. Ce fut au temps de Cromwell peu avant que le gouvernement ne changeât et lui-même fusse chassé hors des lieux. Quelque temps après que je fusse mis à la porte, le Seigneur me mut d'y aller à nouveau et me donna la force d'y rester jusqu'à la fin du culte du prêtre, mais son prêche était ennuyeux et confus.

Et puis, avec les mots dits, j'ouvris la bouche avec effroi de Dieu ce qui fit partir le prêtre stipendié à toute vitesse qu'il put par la petite porte contrairement à celle dont il avait l'habitude et cela créa un grand tumulte parmi les gens, certains étaient pour me battre et d'autres voulaient me sauver. Quand ils eurent fini de me trimbaler hors de la maison à clocher, Dieu m'accorda la force à professer la vérité parmi le gens et à leur montrer le trompeur qu'ils suivaient. Et ayant obéi aux sommations du Seigneur, je partis avec la douce tranquillité et le confort spirituel au cœur.

A un certain moment, alors que j'étais à l'une des Assemblées des Amis à Howhill, près de Coldbecke dans le Cumberland, George Fletcher de Hutton Hall, juge de paix, soi-disant, entra brutalement à cheval dans cette Assemblée, faisant du cheval parmi les Amis assis à même le sol et comme il était à cheval, il trottina sur la robe d'une femme et je fus mu à m'agenouiller pour une prière devant le cheval, et comme il était méchant persécuteur du peuple de Dieu, il me fouetta sauvagement sur la tête et sur la face avec sa cravache. Quand il constata qu'il ne pût me dégager, il fit appel à son agent qui était près de s'occuper de moi. Il vint avec une grande fureur et m'attrapa par les cheveux et me tracta au pied de la colline.

Mais me-redressai-je et dis-je à son maître,

- Prétends-tu être un justicier de la paix qui brise la paix, dérange, persécute, et viole le paisible peuple de Dieu ainsi que tu demandes à ton serviteur de faire de même ?

Il rétorqua que nous saurions qu'il était justicier de la paix avant qu'il n'en finît avec nous.

- Ne pourriez-vous pas vous rassembler ailleurs que sous mon nez ? poursuivit-il.

Pourtant nous étions à une bonne distance de chez-lui, sur une parcelle publique.

Il me condamna avec trois autres à la geôle commune de Carlisle, comme ce fut au moment où la loi contre les Quakers était en vigueur, elle condamnait à une peine de cinq livres pour la première offense, dix livres pour la deuxième, et le bannissement pour la troisième. Selon son mandat il demanda le saisi d'une vache et un cheval d'une valeur de six livres et dix shillings de mon père avec qui je vivais. Ceci pour une amende de cinq livres alors ce fut la première offense comme il adjugea. Aussi me garda-t-il en prison pour quelques semaines.

George Martin, un méchant au cœur dur, étant geôlier nous garda dans la geôle commune plusieurs jours durant sans pain ni eau puisque nous refusions de satisfaire son désir cupide en lui donnant huit pence pour la viande dans nos repas. Ainsi menaça-t-il de nous garder en geôle commune pour voir combien de temps nous allions rester sans manger de la viande. Puis il ne permit ni à personne qu'il pouvait empêcher, ni ne permit-il à aucun de nos Amis de nous apporter de literie même pas aussi petite que de la paille. Nous n'avions pas où nous coucher sauf près la fenêtre sur les pierres gelées de l'épais mur de la prison. Il n'y avait de place que pour une personne à la fois. Et quand il constata qu'il ne pût prévaloir, en dépit de sa méchanceté, il nous transféra de la geôle commune à une pièce chez-lui, où il gardait plusieurs prisonniers Amis pour non-paiement de dimes sous l'ordre dudit George Fletcher.

Le geôlier était souvent cruel, méchant, et violent dans son comportement vis-à-vis des Amis. Mais quelques années plus tard il fut récompensé pour ses actes, car il fut lui-même jeté en prison pour l'endettement et il y passa la fin de ses jours ainsi.

Quand les assises trimestrielles commencèrent à Carlisle, ce fut environ deux semaines après notre condamnation, nous étions traduits, pour être examinés, devant un certain Philip Musgrove, soi-disant justicier de la ville. Il était un vieux persécuteur qui, en guise de grand amour pour nous, nous dit que si nous pouvions nous conformer et venir à l'église, ils allaient nous accorder toutes les faveurs qu'ils pouvaient. Et quand chacun de nous voulait répondre à ses questions ou propositions, il nous demandait de nous taire sauf si nous nous conformions, nous ne devions pas y prêcher.

- Quand vous seriez bannis outremer, vous pourriez alors y prêcher, disait-il narquoisement
- Nous n'avions pas peur d'être bannis outremer, lui répondit l'un de nous.

Car croyions-nous, et avions bonne cause pour y croire, que le Seigneur notre Dieu que nous adorions et servions qui par sa grande puissance nous eut préservés jusqu'à ce moment de ce côté, nous préserverait de l'autre côté, étant donné que nous restions fidèles à notre témoignage pour lui. Nous étions libérés durant ces assises, nos biens confisqués pour nos amendes. Mais le Sheriff du comté, Willfrid Lawson d'Issel Hall, y étant, dit au geôlier,

- S'ils ne paieront pas les charges remettez-les à la prison commune et gardez-les là jusqu'à ce qu'ils pourrissent.

Ainsi, parce que nous ne pouvions pas payer les charges, le geôlier nous remit à la prison commune où se trouvait un fou et quatre autres avec lui condamnés pour vol : deux voleurs notoires appelés Redhead et Wadelad, deux soldats de mousse pour vol de bétail ainsi qu'une femme pour meurtre de son enfant. Plusieurs relations et accointances de ces derniers qui furent obligés de venir les voir à la fin des assises, leur donnèrent trop de boissons tellement qu'ils étaient, purement et simplement, souls. Et la prison étant un enclot insalubre, ils s'abusèrent ainsi qu'ils nous maltraitaient avec leur insalubrité qui était presque suffisante à étouffer certain d'entre nous.

Le lendemain matin, nous fîmes savoir au geôlier que nous étions maltraités après quoi il demanda à l'ouvreur de nous transférer où nous étions auparavant, disant qu'il méprisait de nous y garder parce que nous étions, hormis mis notre religion, des gens honnêtes. A cela, l'un de nous lui répondit,

-   Si l'arbre est bon, son fruit ne peut pas être mauvais.

Peu après que fussions chez-lui, il nous libéra sans exiger de nous les frais. Ce fut le cinquième mois, 1663.

Ici suivent certaines lettres que j'avais écrites pendant que j'étais en prison à Carlisle.

Chers père et mère

Mon devoir ici vous rappelle que mon cher et tendre amour, tout naturellement et spirituellement, vous parvint tous les deux. Et aussi fidèles que vous soyez à ce que le Seigneur vous a révélé par sa pure lumière, le Seigneur vous préservera.

Chers parents comme il en est que je suis appelé à souffrir pour la simple raison d'adorer Dieu et parmi son peuple, je désire que vous soyez contents sans grondement ni plainte mais vivez en amoureux, dans la quiétude et en toute unité l'un avec l'autre pour que la bénédiction du Seigneur puisse être sur vous et prospérer ce que vous faites. Car ceux qui ont vraiment peur de Dieu ne manqueront rien de bon.

Fixez votre foi ici, chers cœurs et soyez patients et contents dans l'âme sans vous en faire pour moi et mon bien être. Car je suis fort persuadé, ressentant l'évidence de la Vérité dans mon cœur, que je ne souffre pas pour de méfaits, mais par obéissance aux sommations du Seigneur, oui, pour l'adorer et le servir en esprit et en vérité pour qu'il soit ainsi comme il le sera autant que je resterai fidèle jusqu'à la fin. Ne soyez pas découragés et ne vous laissez pas abattre à mon compte. Réjouissez-vous plutôt que le Seigneur ne nous a pas seulement estimés digne de croire en lui mais de souffrir pour de même.

Votre fils obéissant,
John Banks

Depuis la maison de notre Amis Mungo Bewly, l'un des prisonniers, (étant cinq) où le gardien de la paix s'apprête à nous amener en prison dans la ville de Carlisle dans le Cumberland, le 8ième jour du cinquième mois, 1663.

Chers Père et Mère,

Avec mon cher et tendre amour, d'un enfant respectueux et obéissant, je pense à vous sincèrement et tendrement. Et si je ne vous écris plus un mot à ce sujet, je ne doute pas que vous me croyez et que vous savez que mon amour pour votre bien être tous les deux, est grand et cher dans tous les égards. Et je dirais ceci en vérité, que tout ce que je désire est que vous soyez patients et vraiment contents pour pouvoir parvenir à dire en vérité, « la volonté soit faite » autant pour vous que pour moi.

Ainsi, chers cœurs, gardez la foi, et tenez bon la parole de sa patience, et en cella, souffrez avec moi bien que vous soyez en liberté. Et donnez librement au Seigneur car tout ce que nous possédons et le sien. Et s'il bénit, qui peut maudire ? Bénit, loué, et magnifié soit son nom saint pour toujours.

Votre fils respectueux,

John Banks

Lettre à l'attention des Amis.

Chers Amis dans la Vérité précieuse dont mon amour de la même est au-delà de toute expression, nous sommes à présent avec nos Amis qui sont en prison pour refus de payer la dime et serons probablement gardés après les assises pour de charges même si on nous accorde la liberté, nos amendes ayant été prélevées. Mais qu'il soit comme le Seigneur l'estime bon, nous pouvons dire en vérité qu'il est prêt à nous soutenir, car sa présence est même parmi nous et nous sommes vraiment en paix avec lui dans notre souffrance, et nous sommes relié par et dans le pacte d'amour, de paix, et d'unité.

Au fait, mon cœur se réjouit de vous dire ceci et de croire que vous seriez contents et vous vous réjouirez avec moi, qui suis et reste votre frère et confrère en souffrance qui, auparavant, ignorait tant la valeur de la prison à ma douce tranquillité et à ma consolation intérieure, bien que j'en ai gouté qu'un petit bout jusqu'ici.

John Banks

Depuis la maison de prison de Carlisle, le 18ième du cinquième mois, 1663.

Quelque temps après ceci, j'eus l'attirance d'esprit de me rendre dans des comté voisins tels Westmoreland, Le Lancashire, et certaines parties de Yorkshire, plusieurs fois avant que le Seigneur ne m'envoyât dans d'autres contrées. Donc, quand j'avais fini de parcourir ces comtés, je retournai et vécus avec mes parents, chez eux plus d'un an environ.

Le 26ième jour du sixième mois 1664, j'amenai une Amie, Ann Littledale de nom pour épouse, à une Assemblée publique du peuple de Dieu appelé par mépris Quakers (Trembleurs). Ce fut chez un Ami à Pardshaw devant plusieurs témoins ayant la liberté et le libre arbitre dans le Seigneur pour ainsi faire, que je reçus comme bénédiction et grâce de sa main. Pour cette raison, je dois par devoir lui chanter des louanges et lui retourner l'honneur et la gloire car il vit pour toujours.

Environ quatre ans après mon mariage, le Seigneur m'appela afin de voyager dans l'œuvre du ministère, et j'étais disposé à tout abandonner en réponse à ces sommations pour aller dans le sud et l'ouest de l'Angleterre. Ouais, j'étais disposé à quitter ma chère épouse et mon doux bébé, bien qu'ils m'étaient chers et proches du cœur, je partis dans la puissance et l'esprit du Seigneur Jésus. Notre Ami John Wilkinson et moi voyageâmes ensemble pour l'œuvre et le service du Seigneur (il s'agit de John Wilkinson de Cumberland). Nous entreprîmes notre voyage le deuxième mois, 1668 et partîmes dans le Yorkshire où nous visitâmes plusieurs Assemblées dans divers lieux et où nous rendîmes de bons services au Seigneur et à sa Vérité.

Ci-jointe, une lettre à l'attention de mon épouse lors de mon voyage à l'ouest et au sud de l'Angleterre qui suit :

Chère épouse,

Tu m'es très chère, toi avec notre petit, dans la proximité de ce pur esprit par lequel le Seigneur nous a réunis comme ayant le même cœur et le même esprit. De la perspective de l'amour pur abondamment ressenti dans mon cœur, je te salue chaleureusement et par la présente te faire savoir que je me porte très bien en ce moment, de corps et d'esprit, pour laquelle raison, je ne peux, dans la moindre des choses, que bénir et louer à jamais son nom saint et aussi sa grande puissance. Jusqu'ici, Il m'a préservé, pacifié, et conforté véritablement lors de mon voyage. De ceci, je suis convaincu d'être à ma place et que le travail que je dois faire ainsi que le service que je dois rendre sont pour le Seigneur et pour la bonification de sa Vérité bénite. Bénit soit le jour que je fus rendu sensible à la même et du fait que le Seigneur m'ait estimé digne de lui rendre service.

Pour cette raison ma chère, sois encouragée à faire de plus en plus confiance au Seigneur et de croire en lui pour toute chose car il fait ce qui lui plaît et ce qui lui paraît bon. Il peut faire fonctionner toutes les choses ensembles pour la félicité de ceux qui l'aiment et ont peur de lui en vérité et de ceux qui se soucient de la prospérité de sa vérité bénite. Pourtant, nous devons-nous attendre à des tribulations avant de parvenir à être jouisseurs de cette félicité.

Le désire de plusieurs personnes par ici, est de suivre le Seigneur et ils viennent à nos Assemblées comme des colombes à nos fenêtres lorsqu'ils apprennent les nouvelles de quelqu'un qui aurait été convaincu de la Vérité et voudrait en professer. Nous sommes assemblés tous les jours de cette semaine et demain nous aurions une Assemblée, s'il plaît à Dieu.

Transmets mon amour ainsi que le respect dû à mes parents. Aussi, informe-les que je me porte bien dans tous les sens et aux Amis, sans distinction de personnes, s'ils demandent de mes nouvelles.

Ton mari chéri qui t'aime selon la mesure de la Vérité qu'il a reçue.

John Banks

Écrit près de Bradford dans le Yorkshire, le 14 du troisième mois 1668.

De Yorkshire nous voyageâmes dans le Nottinghamshire, le Leicestershire, et le Warwickshire où nous organisâmes de nombreuses Assemblées bénites et depuis où j'écrivis à mon épouse.

Chère épouse,

Toi, à qui je suis intimement lié par pur amour et l'unité d'esprit de Vérité dans laquelle le Seigneur nous a véritablement soudés en un, je te salue chaleureusement et te fais savoir que je me porte bien à tout égard. Bénit et loué soit le Seigneur notre Dieu à jamais.

Du fond du cœur, je te tends la main. Donne-moi la tienne pour qu'ensembles nous allions dans l'œuvre et le service du Seigneur afin de pouvoir être la force et l'encouragement de l'un et l'autre dans la poursuite de la fidélité ainsi que le fidèle témoignage pour le Seigneur de ce qu'il nous demande en fait et de souffrance ; c'est-à-dire abandonner ce que nous avons ou ce dont nous jouissons dans ce monde.

Ma chérie, il faut tout abandonner simplement pour ce qui concerne le Seigneur notre Dieu ; s'agissant de ses ordonnances et de ses stipulations. Qu'il est sage et merveilleux dans ses conseils et doit être adoré par tous ceux qui en l'aime en vérité ainsi que ceux qui ont peur de lui et attendent la glorieuse apparition de sa lumière et la vie. Ne te soucie point pour moi ni ne t'en fais pas car le Seigneur a l'amour et la tendresse à notre égard et à l'égard de son peuple tant que nos cœurs resteront près de lui.

Ce jour, nous sommes venus voir notre Ami William Dewsbury et avons l'intention de voyager dans le comté pour disséminer la semence de Dieu vers Bristol, et comme le Seigneur nous ordonnerait.

Ainsi, je termine avec un rappel de mon devoir envers mes parents, et mes amitiés aux Amis comme si je les ai nommés. Je demeure ton mari chéri qui t'aime pour toujours.

John Banks

Depuis Warwick, le 4 du quatrième mois 1668.

De Warwickshire, nous allâmes dans le Gloucestershire et aussi à Bristol où nous rendîmes notre service acceptable aux Amis et d'autres gens. Et puis nous traversâmes le Somersetshire depuis où j'écrivis la lettre suivante à mon épouse.

Chère épouse,

Au nom de cet amour pour toi qui endure et croit dans mon cœur, je te ressens et de plus on est séparé de plus en plus près de moi je te ressens dans ce que la durée temporelle ou la distance spatiale ne serait jamais capable d'épuiser ou de décomposer. Ressens la profondeur de mon amour dans ton cœur et sois brisée et ramollie de ce qu'il en découle même de l'amour déchirant de Dieu qui abonde dans mon cœur par amour pour toi avec le souffle de Dieu que nous soyons en vie grâce aux différentes tribulations, apprenant chaque jour des apôtres bénis et sages, étant contents dans toutes les conditions, et laissant la patience œuvrer parfaitement en nous. Car la patience gagne l'expérience, et l'expérience l'espoir qui ne fait jamais honte, mais une ancre sûre et ferme de l'âme envers Dieu.

Ma chère, offre-moi librement à la volonté et la disposition de celui à qui je me suis librement offert corps et âme. Reste près du Seigneur tout le temps et prie pour moi pour que je puisse être un fidèle préservé au Seigneur, pour enfin avoir un bon témoignage pour lui et que ne puissé-je pas retourner à toi tant qu'il n'est pas son temps et que nous puissions nous amuser dans le Seigneur et élus participants de ces bénédictions sur nous et les nôtres en tout ce que nous prenons en mains et sans lesquelles nous ne prospérerons pas. Car il est vain de s'en prendre au Seigneur devant qui toutes les nations ne sont qu'une goutte dans un seau. S'il bénit, personne ne peut maudire. Bénit et loué soit son nom saint à jamais. Amen.

Par ce biais, toi et le reste de ma famille ainsi que des Amis pourrez comprendre qu'à présent je vais très bien en santé grâce à la bonté du Seigneur malgré le fait que depuis la fois dernière que je t'ai écrit depuis Warwick j'aies eu de temps à autre la faiblesse physique. Mais le Seigneur par sa puissance m'a enhardi plusieurs fois au-delà de toute espérance, étant donnée ma propre faiblesse. J'ai la foi de croire, et cela pour de bonnes raisons, que le Seigneur puisse choisir de m'exercer ou m'appeler à faire ce qui lui plaît et m'accordera-t-il la force à le faire et pour m'en sortir et rien ne pourrait m'en empêcher. Je suis vraiment ravi de ce que le Seigneur me laissera endurer comme tribulations car jusqu'ici, il m'a gardé et m'a préservé pour sa louange et pour sa gloire ainsi que pour ma douce quiétude et confort. Que de louanges sans fin à celui qui vit pour toujours !

Transmets mon cher et tendre amour et aussi mon devoir et tendre égard à mes parents car ils sont près de mon cœur et me sont très chers. N'oublie pas de les transmettre aussi aux Amis et relations comme si je les ai mentionnés. Mon compagnon et collègue en labeur dans l'évangile désire te transmettre ses amitiés.

Ainsi te dis-je au revoir. Que le Seigneur te garde et te préserve avec son peuple fidèle en ce jour éprouvant, ayant la possibilité de mettre en exercice la foi de plusieurs personnes.

John Banks

Fait à Puddimoore-Milton dans le Somersetshire, le 28 du quatrième mois, 1668.

Postscript

La Vérité de notre Dieu prospère et attire des comptes rendus favorables dans ces contrées et plusieurs autres endroits où nous nous sommes rendus et beaucoup de gens viennent participer à cela. Dans plusieurs contrées, les gens en ont marre de prêtres stipendiés ainsi que de formalités moribondes du culte de ce monde et cela réduit leurs assemblées. Le Seigneur par l'omnipotence de sa puissance a rendu notre service efficace à de nombreuses personnes, y compris des Amis et d'autres personnes. Nous avons organisé des Assemblées bien remplies et aussi paisible dans plusieurs comtés et Shires, raison pour laquelle nous ne pouvons que retourner louanges, honneur, et gloire à celui dont sont l'œuvre et la puissance. Nous ne pouvons rien estimer trop difficile, ainsi pouvons-nous lui porter de fidèle témoignage pour le bien des âmes pour qu'il soit glorifié au-delà de tout et afin qu'à la fin nous puissions, avec lui, ressentir une vraie paix comme notre récompense.

J. B.

La lettre que m'écrivit mon épouse

Cher mari,

Après de longue attente de t'entendre, avant d'écrire la présente lettre, j'ai reçu deux lettres avec lesquelles j'étais très comblée et ravivée. Mais dans la dernière écrite depuis le Somersetshire j'ai observé que tu as été sous le joug de la faiblesse corporelle pour quelques temps. L'ayant appris la première fois, j'étais affligée d'esprit mais vu la grandeur et la suffisance de l'amour et de la puissance du

Seigneur en qui réside notre force, je demeure heureuse, espérant que toutes les choses œuvreront pour le bien à la fin.

Cher mari, j'ai été et reste très affaiblie physiquement par une fièvre sévère mais je garde la morale que béni soit donc le Seigneur. Le cinquième jour dernier fit exactement un mois de cela que je suis tombée malade et deux semaines après me retrouvai-je un peu de force mais fis-je une rechute pire et suis-je très faible. Je souhaite sincèrement que cette lettre puisse parvenir entre tes mains pour que tu comprennes comment je me porte et que dans la sagesse de Dieu, tu puisses évaluer ce qui tend plus vers la gloire de Dieu dans cette affaire.

Je peux vraiment dire, dans le sens de l'amour et de la Vérité, et selon ma mesure, que si à jamais je te revois ou pas je ne désire rien de plus à l'exception que la volonté de Dieu soit faite dans toutes les choses, que ce soit de vie ou de mort, auxquels soin et protection paternelle je me voue et te laisse avec de salutation chaleureuse avec mes amitiés à ton compagnon J. W.

Je te dis au revoir et demeure ta chère et aimable épouse.

Ann Banks

Depuis Whinfell dans le Cumberland, le 19 du cinquième mois 1668.

De là, nous nous dirigeâmes vers l'ouest et traversâmes les parties de Devonshire, le Dorsetshire, le Hamshire, le Wiltshire et ainsi jusqu'à Londres. Le Seigneur était avec nous et les Amis étaient énergiquement fortifiés et confortés par nous ainsi que nous fûmes par eux.

Il y eut ces jours-là de grandes illuminations et de tendresses spirituelles parmi les Amis et plusieurs autres gens où nous passâmes ainsi fut atteint le témoignage de Dieu. Nous eûmes de très grandes Assemblées remplies à plusieurs endroits où nous nous rendîmes et plusieurs personnes étaient convaincus et y sont encore en vie, portant témoignage pour Dieu.

Depuis Londres, j'écrivis la lettre suivante :

Chère épouse,

J'ai reçu la tienne par laquelle j'ai compris la grande faiblesse sous le joug duquel tu as été ; ce qui a été pour moi, une dure épreuve et une grande tribulation. Mais quand j'estime le grand amour de Dieu pour toi, t'ayant préservée dans la foi pour que tu crois en lui, et que tu aies de la patience et de vraie satisfaction à te livrer à lui dans ta condition de faiblesse, cela m'allégea le fardeau et me réduisit mon exercice.

Attends tous les jours pour que le Seigneur soit ta force au moment de plus grande faiblesse. Il faut dépendre entièrement de lui, fais lui confiance, crois-en lui, et il ne te décevra jamais. Il peut être pour toi, plus qu'un mari, et pour ton enfant plus qu'un père. Puisses-tu savoir que ta part a augmenté auprès de Dieu et ton héritage a crû pour que tu puisses demeurer au sein de son sanctuaire, à la vue de son glorieux fils à jamais. Et puisses-tu sentir croitre ta foi, ta patience, et ta satisfaction de demeurer en lui dont la suffisance de la puissance, de sauvegarde, et de préservation est connue. Comme nous demeurons en lui, que nous vivions que nous mourrions, nous appartenons au Seigneur ce sera bien avec nous pour toujours, pour des siècles et des siècles. Et il importe peu ce dont nous souffrons ou subissons dans cette vie tant que nous l'atteignissions.

Transmets mon cher et tendre amour et aussi mon devoir à mes parents car je suis encore obligé d'être tendre à leur égard et faire ce qui réside dans moi pour eux, et en considération de ce qu'ils ont fait pour moi. Avec salutation de mon amour véritable pour toi et en souvenir de notre petit et aussi mes amitiés aux Amis, aux relations, et aux voisins. Toujours ton mari qui t'aime.

John Banks.

Et maintenant Peter Fearon, mon apprenti, fais attention et note bien ce que je te dis. Prends-le à cœur et juge bien maintenant que je suis absent. Mon amour vrai et sincère pour toi et je désire ta prospérité et ton bien être dans tout ce qui est bon, y compris intérieurement et extérieurement, mais avant tout et principalement en ce qui concerne le salut de ton âme, la voie dont le Seigneur par son amour t'a manifestée dans une certaine mesure.

Alors sois vigilant de la suivre, c'est-à-dire, fais attention à la lumière du Christ en toi, la mesure de l'Esprit de Vérité, qui te guidera dans toute vérité et hors toute contrevérité, comme toi, tu obéiras et suivras la même. Quel que soit ce dont cette pure lumière manifeste pour être mauvais et t'en reproche, lâche-le. S'il s'agit de ce que l'œil ne peut voir et même que personne ne peut en savoir, tu devras l'abandonner. Fais-y attention et attends dans la lumière qui l'expose et tu recevras la force pour t'en débarrasser et l'abandonner.

La lumière qu'est le Christ Jésus, le chemin, la vérité et la vie nous apprend à être sobre et humble d'esprit, et que nos mots soient peu nombreux mais savoureux, et que nous soyons doux et faciles à implorer, n'étant pas hautains mais vivant inlassablement dans la crainte de Dieu. Ceci garde le cœur propre. Et comme il demeure dedans, modique et humble dans le renoncement de soi, prêt à prendre et porter la croix quotidienne, et comme cela se passe dans l'esprit, de tel parvient à abandonner l'iniquité.

Mais tout ce qui est condamné est manifesté par la lumière, car tout ce qui est manifesté est lumière. Et ce que la lumière rend manifeste comme étant péché et mauvais, en parole comme en acte, tu devras l'abandonner et t'en priver car ceci est la volonté et l'esprit du Seigneur grâce à son Esprit béni. Et le serviteur qui, ayant connu la volonté de son maître, n'a rien préparé et n'a pas agi selon sa volonté, sera battu d'un grand nombre de coups.

En matière des choses concernant ton travail et ton service, sois patient et content et vaque tranquillement à tes affaires dans la peur de Dieu. Et ne dis point que je penserais que tu n'as pas fait assez, car cela est loin de ma pensée. Mon seul désir est que si jamais tu ne fais que peu, prends de le faire bien. Mais au-delà de toute chose, aies la volonté d'obéir à ta patronne car tout ce que tu lui feras, je prendrai comme si tu me l'avais fait. Soucie-toi à te porter avec amour et à être un bon exemple dans ma famille, pour que vous puissiez tous ensembles vivre dans l'amour et dans l'unité dans lesquels le Seigneur vous préserve tous.

Ton maître affectueux,

J. B.

Depuis Whitechapel à Londres, ce 3 du sixième mois 1668.

Nous voyageâmes dans le travail et le service du Seigneur de Londres, traversant les comtés susmentionnés, et de retour à Bristol, où nous nous réconfortâmes grandement dans la prospérité du Seigneur avec d'autres frères que nous avions rencontrés, là, j'écrivis la lettre suivante à mon épouse.

Chère épouse,

J'ai reçu ta lettre à Bristol ce qui m'a été cause de grande joie et satisfaction à cause du rétablissement de ta maladie que je serais heureux de savoir qu'elle continue. A présent, je ne peux pas te rendre compte exact de mon retour à la maison. Le jour que cette lettre fut écrite à Bristol, nous nous tournions vers notre propre pays, ayant été à la fin de notre voyage à ce moment pour tout ce que nous savions. Mais combien de temps il nous faudrait pour arriver à la maison, je n'en sais pas car est l'œuvre que le Seigneur a à faire, et est en train de faire, et ses laboureurs ne sont pas nombreux, étant donné la grandeur de cela. Bénis soient ceux qui en restent fidèles, bien que souvent peu, car s'ils persistent jusqu'à la fin, ils ne perdront pas leur récompense.

La vérité de notre Dieu prospère et croit grandement et cela encourage des fidèles et nombreux sont ceux qui ont un bon désir de connaitre cette voie dans plusieurs lieux où nous sommes rendus. Les Assemblées sont grandes, paisibles, et tranquilles presque partout et il y a un grand calme maintenant. Que serait l'aboutissement, seul le Seigneur en sait.

Nous avons eu un temps précieux de recueillement tout au long de notre voyage, béni soit le Seigneur pour le même, qui lui plut de bénir nos faibles efforts pour le bien de son peuple et pour notre grand confort et satisfaction en lui.

Ton cher et affectueux mari,

John Banks

Depuis Bristol, le 7ième mois 1668.

De retour, nous traversâmes la nation et cela à la fin de six mois depuis notre départ et nous y sommes bien arrivés avec des bouquets en nos seins pour notre fidélité dans l'œuvre de notre Seigneur et maître que nous avions librement et fidèlement exécutée grâce à la capacité de sa puissance. Et nous nous prenions soins de porter nos témoignages à tour de rôle pour que nous fussions préservés ensemble dans l'unité et la fraternité, comme nous fûmes jusqu'à la fin de notre voyage, que de louanges, des honneurs, et gloires éternelles soient chantés au Seigneur seul, car il est éternellement digne ! Le parcours de ce voyage était de mille deux cent soixante-huit miles.

Je n'ai pas l'intention ni le désir de faire un grand tome racontant mon voyage à travers l'Angleterre, l'Écosse, et l'Irlande, mais aussi brièvement que je puisse, je dois remarquer ce qui peut être concret.

J'ai effectué douze voyages outremer entre l'Angleterre, l'Écosse, et l'Irlande et souvent pas sans difficultés et grand danger de vie à cause de plusieurs violentes tempêtes. Pourtant, je ne fus à aucun moment plus de deux nuits en mer à tel point que lorsque je prenais le navire à Whitehead, les marins étaient très désireux de m'avoir à bord de leur navire, disant que j'étais l'homme le plus heureux qu'ils eurent transporté outremer car ils s'entendaient toujours bien quand ils m'avaient à leur bord bien que parfois sous de grandes tempêtes. J'écris avec l'intention qu'au-delà de tout Dieu ait de louanges de ses œuvres et que les fidèles soient encouragés à dépendre de la suffisance de sa puissance pour toujours.

Avec révérence, humilité, et la peur de Dieu je peux dire que mes labeurs et douleurs dans ces nations, prêchant l'éternel évangile dans la manifestation de l'esprit avec lequel le Seigneur était heureux de m'assister, bien qu"a travers de nombreux exercices extérieurs et intérieurs, de périls en mer, des bandits à terre, de mauvais esprits et des faux frères et nonobstant je peux dire sans vantardise que j'ai été instrumental dans la conversion de nombreux dans la justice, dont un nombre considérable vit encore et peut témoigner de cette vérité que je dis. Dans mon comté natif de Cumberland, et aussi dans plusieurs autres endroits, des Amis savent bien comment, avec diligence, je labourai, tôt et tard, de loin et de près, parmi eux dans l'œuvre de l'Évangile, et endurant beaucoup de difficultés corporelles, dans la chaleur et le froid. Et pourtant, par la puissance que Dieu m'a octroyée, je fus préservé dans et à travers tout en ayant fermement la foi. Et avec toute diligence quand j'étais à la maison, j'ai honnêtement œuvré avec les mains dans un emploi légitime pour le maintien de ma famille.

La première fois que je partis en Irlande était vers les débuts de l'an 1670, et notre vieil Ami John Tiffin, ayant quelques attraits par là aussi, nous nous embarquâmes à Whitehaven et débarquâmes à Carrickfergus au nord de la nation, la région était devant nous. Et après que nous eûmes eu parfaitement exploré les Assemblées et nous fûmes très satisfaits de notre service, nous nous rendîmes visite aux Amis à Dublin et ses environs. Et ayant passé de bons moments rafraichissant avec des Amis dans cette ville et ses environs et libérés, nous retournâmes à notre pays propre.

Il ne fallut pas longtemps avant que le Seigneur ne me demandât de retourner en Irlande et le troisième mois 1671, je fus incité à y aller par obéissance des sommations du Seigneur, et sa présence était avec moi. Je désirais assister à l'Assemblée biennale de Dublin, ce qui commença le cinquième jour de la semaine. Je partis à Whitehaven le troisième jour avec l'intention de m'embarquer et ma chère épouse ainsi que plusieurs autres Amis vinrent avec moi. Mais le vent ce jour-là était très contraire à tel point que mon épouse et mes Amis voulurent me persuader de parcourir les dix miles pour retourner à la maison car le vent n'était pas susceptible de servir. Mais leur dis-je que ne pouvais pas en ce moment. Je devrais dépendre sur celui qui avait le pouvoir de commander le vent et la mer, même le Seigneur tout seul.

Ils retournèrent à la maison et je partis à un vaisseau qui s'apprêter à prendre la mer et dis-je à son propriétaire que je voulais partir avec lui à Dublin et désirais-je que certains de ses hommes, s'il le vent était bon tôt le matin, m'invitassent dans un tel lieu. Ils répondirent oui, à cœur joie, mais me demandèrent si je croyais que le vent si violent allait se calmer tôt. Je leur répondis que c'était possible avec le Seigneur qu'il se pourrait, car j'avais la foi en la chose, selon ce qui m'avait été révélé.

Vers le lever du jour, le matin du quatrième jour, l'un d'entre eux vint me criant à haute voix de me dépêcher à venir tôt, il faisait bon vent et le navire était prêt à partir. Nous eûmes une ouverture prête selon mon désir et je pus arriver à l'Assemblée susmentionnée le cinquième jour, une demi-heure après qu'elle eut démarré. Et ce fut une glorieuse Assemblée céleste qui réunit des frères de toutes les parties de la nation. Et la puissance de Dieu était sur tous, et plusieurs témoignages vivants furent portés pour démontrer la grandeur et la suffisance de cela. Cela nous donna bonne cause pour réjouir dans la prospérité de l'œuvre du Seigneur et notre unité ainsi que notre communion fraternelle.

Le lendemain, le soir, pendant que j'attendais le Seigneur, un grand poids m'accabla l'esprit et restai-je sous l'emprise de cet exercice jusqu'à être éveillé qu'il me fallait aller vers le sud à la ville de Wicklow, bien que je l'ignorasse jusqu'à lors, située à 24 miles au sud de Dublin où l'Assemblée des Amis n'eut été organisée que j'eusse entendu parler mais seulement un ou des Amis y résidaient. Mais avant d'y allait, j'écrivis la lettre suivant à mon épouse :

Chère épouse,

La proximité d'amour que je ressens encore dans mon cœur envers toi est au-delà de ce que je peux exprimer. Pourtant je découvre une puissance sur moi pour montrer la même chose dans certaines expressions en ce moment. Il m'incombe à te dire, ma chère, sois ferme dans ton esprit et dans l'humilité de cela, veille et attend donc, pour être préservé près du Seigneur. Ainsi, sentiras-tu la paix et l'unité pour grandir avec lui et son peuple, et assurément avec moi, ton mari dans le travail et le service pesant du Seigneur.

Je suis concerné et sa prospérité est devenue ma joie principale et mon bonheur et pour cela je suis prêt et dans une certaine mesure capable, par la bonté du Seigneur pour moi, à peiner et à être affligé pour que la louange, l'honneur, et la gloire soient retournés à celui qui est digne pour toujours, dont le travail est, et qui est fort par sa propre puissance et continue à faire le même travail.

Ma chérie, mon exhortation quotidienne et pensées secrètes au Seigneur sont pour toi afin que tu puisses être préservée dans la fidélité pour lui, y compris même ce dont il t'a rendu manifeste par sa pure lumière dans toi et par laquelle l'ennemi, avec toutes ses ruses et subtilités, et raisonnement qui assombrit, est mis à nu ainsi que les excès de l'esprit sont jugés. Et la force reçue en attendant dans la lumière ramène toute chose en ordre, y compris intérieurement et extérieurement.

Sois de bonne humeur, car mon âme t'aime tendrement et dans mon cœur tu y es inscrite à ne point être oubliée, ensembles avec nos bébés dont la pensée m'adoucit beaucoup le cœur. Que le Seigneur te préserve dans le sein de son amour, lui qui peut être beaucoup plus de ton côté que je ne puisse jamais l'être. Je te confie dans sa protection paternelle, et m'engage-moi aussi avec tout ce que nous apprécions, à être ordonné et préservé. Il est raisonnable qu'il lui ait tout offert. Car ce que nous sommes et ce que nous avons, nous sommes grâce à lui et avons reçu de lui, qu'il soit loué au-delà de tous, celui qui est éternellement digne, Dieu bénit à jamais. Amen.

Par la présente lettre, toi avec des Amis sauriez que je me porte bien dans tous les cas et que j'ai eu un bon service confortable et parmi les Amis et des gens aimables dans cette ville où il y a un très grand besoin de serviteurs fidèles, oui, partout dans cette nation car beaucoup de gens se renseignent sur le chemin de Sion. C'est pour cela que les serviteurs fidèles de Dieu ont le souci de se rendre dans la ville et le pays pour que les rassemblés soient confirmés, et que ceux qui ne sont pas encore rassemblés soient convaincus.

Je suis venu dans cette ville le cinquième jour où nous eûmes une Assemblée céleste, et le sixième jour le soir, pendant que j'attendais le Seigneur, un exercice m'accabla l'esprit et j'eus une illumination qu'il me fallait me rendre vers le sud pour y organiser une Assemblée le premier jour suivant. Je ne connaissais aucun endroit où une Assemblée avait été organisée, mais l'exercice restait pesant sur moi. Donc je me renseignai aux Amis s'ils savaient qu'une Assemblée aurait lieu par-là le prochain premier jour, mais aucun d'entre eux ne pourrait me le dire. En dernier recours, je racontai mon exercice à William Edmundson et il me nomma Wicklow, et une réponse surgit en moi que c'est là où je devais partir, étant une distance de vingt-quatre miles, où aucune Assemblée n'eut été organisée de ce qui est ci-après.

Je demeure donc ton mari affectueux,

John Banks

Depuis Dublin en Irlande, le 22 du troisième mois 1671.

Un des hommes aimables que j'ai mentionnés, un charpentier était prêt, en conséquence le septième jour, deux Amis et moi partîmes et fîmes circuler l'information que j'avais l'intention d'organiser une Assemblée dans cette ville le lendemain, étant le premier jour de la semaine. La nouvelle circulait qu'un Quaker Anglais était venu prêcher, cela fit un grand bruit dans la ville, les gens ayant été mobilisé par le prêtre. Le gouverneur était un certain Hammond qui vivait dans un château où était stationner une garnison de soldats ; le prêtre œuvra tant avec le gouverneur au préalable, ainsi fus-je informé, pour me mettre en prison.

Cet Ami accepta de nous laisser nous rassembler dans son atelier, et de nombreux Amis et gens sympathiques y étaient venus. Et comme je m'apprêtais à quitter l'auberge où nous logions, la propriétaire me dit :

- Pour l'amour de Dieu ne partez pas dans la rue car il y a un contingent de mousquetaires qui attend au carrefour pour vous arrêter. Je vais vous montrer un chemin arrière.
- J'apprécie ton amour mais ne dois-je pas partir par un chemin arrière, mais suivrai-je la rue de la ville car j'ai un témoignage

à rendre au Seigneur dans cette ville pour l'amour que je porte pour les âmes de ses résidents, répondis-je.

Donc, au moment où nous nous étions bien installés dans l'atelier susmentionné, avant que je n'ouvrisse la bouche, un sergent vint portant une hallebarde avec le contingent de mousquetaires. Le sergent m'ordonna d'aller avec lui devant le gouverneur.

- De quelle autorité m'arrêtes-tu ? Si tu as un mandat d'arrêt pour cela, je partirai
- Voici le mandat, me dit-il tendant son hallebarde.
- Vous ne devriez pas venir pour nous avec des épées et des fusils comme ceux qui étaient venus contre le Christ avec des épées et de bâtons. Nous sommes connus d'être un peuple paisible. Mais j'irai avec toi.

Ils m'amenèrent dans une maison où se trouvaient le prêtre, son épouse, le gouverneur, son homme et plusieurs autres. Le prêtre, étant en rage quand je suis entré, dit au gouverneur :

- Sieur, voici le perfide. Voici l'hypocrite qui est venu d'Angleterre pour tromper les gens ici. J'espère que vous rendrez justice et exécuterez la loi.

Le gouverneur étant un homme assez modéré ne dit aucun mot pour quelque temps, mais fit des va-et-vient dans la grande pièce. Et les gens dans un état de tumulte s'affairèrent à la porte. J'étais prêt à laisser le prêtre rager un moment jusqu'à ce qu'il se fût vidé pour que cela pût être beaucoup plus évident aux gens. Enfin lui dis-je :

- Tu dis que je suis un hypocrite et perfide.
- Tu l'es. Tu l'es, répondit-il furieusement.

Aies la patience et laisse ta modération apparaître à tous les hommes et écoute ce que j'ai à dire pour m'affranchir de ta fausse accusation, car je ne prendrai point ton assertion pour preuve. J'ai eu la patience à t'entendre.

- Es-tu un ministre du Christ ? lançai-je.
- Oui, je suis, me répondit-il.
- Mais si je démontre que tu es menteur comme en témoigneraient les gens ici présents, en m'accusant de ce dont tu n'as pas de preuve, tu es hors de la doctrine du Christ et donc ne peux prétendre être son ministre mais celui d'antéchrist et de ton père le diable, lui répondis-je.

À cela, le prêtre se ferma la gueule et essaya de s'échapper par la porte, mais comme les gens y étaient entassés, il ne put point sortir. Je me tournai vers les gens et leur dis-je:

- Vous avez entendu votre ministre m'accuser sans preuve que je suis hypocrite et perfide. M'avez-vous déjà vu avant ou m'avez-vous déjà entendu parler auparavant? Qui parmi vous ou qui ai-je déçu ou trompé ?

Mais ils restèrent tous silencieux. Je parlai encore quelques paroles pour leur démontrer que leur prêtre n'était pas un ministre du Christ selon les Evangiles. À cela, le prêtre cria au gouverneur :

- Je vous prie sieur, emmenez-le. J'espère que vous ne l'avez pas envoyé chercher pour qu'il vient prêcher ici.

Tout ce temps durant, le gouverneur était silencieux pendant que je déclarais l'éternelle Vérité divine aux gens. Enfin, la femme du prêtre dit au gouverneur :

- Je vous prie sieur, ne le laissez pas prêcher ici. Envoyez-le en prison.

La prison était tout près et le geôlier était présent. Alors, le gouverneur me parla en réponse à la requête de la femme du prêtre :

- Je suis en place, ici, pour rendre justice en exécutant la loi que tu as enfreint en venant dans cette ville pour tenir une assemblée illégale et un conventicule au moment du service divin, me dit-il.

Je répondis que j'ignorais qu'il y avait de tel service dans la ville et que je ne comprenais pas non plus que j'avais enfreint à une loi quelconque.

- Comment est-ce que moi et mes Amis avions enfreint à la loi alors que tu ne nous as pas trouver en train de prêcher, de faire la lecture, de prier, ou de faire un exercice que l'on peut prendre pour un culte rendu à Dieu. Nous nous étions seulement rassemblés de manière paisible, silencieux, attendant le Seigneur, adorant, et servant le Seigneur notre Dieu dans l'esprit et dans la Vérité.

- Il importe peu ce que tu prétends, dit le gouverneur.

- Vous vous étiez rassemblés comme je l'ai dit avant, et je dois t'envoyer en prison. Geôlier, emmenez-le, ajouta-t-il.

Un Ami nouvellement convaincu proféra quelques mots au prêtre concernant ses fausses accusations à mon encontre et la femme du prêtre dit :

- Sieur, condamnez aussi cet homme. Et il le fit.

Un autre homme sympathique parla aussi au prêtre et sa femme dit au gouverneur,

- Je vous prie sieur, condamnez cet homme aussi. Il le fit ainsi

Nous trois étions condamnés à la prison, le prêtre restant tout ce temps silencieux et tremblant encore. Et quand nous vînmes à la maison d'arrêt, il y avait une multitude de gens et le geôlier nous dit :

-   Venez avec moi. (Il vivait à l'étage et les prisonniers au rez-de-chaussée).

Il nous emmena dans une assez grande pièce au-delà de sa propre chambre à coucher, et les gens vinrent remplir notre cellule, la chambre du geôlier et d'autres remplirent une troisième pièce sans être empêchés par le geôlier.

Peu de temps après, ma bouche s'ouvrit dans la manifestation de la puissance et l'esprit de Dieu, et je prêchai la voie de la vie et du salut à ceux qui étaient dedans, et de par Jésus Christ son fils, croyant en sa pure lumière et marchant selon les enseignements de sa grâce et de réprobations de son Esprit saint par lequel ils pussent recevoir la force de devenir les fils de Dieu et de fortifier la foi de ceux qui y crussent.

Ce fut un jour béni pour le Seigneur et sa Vérité car sa puissance céleste se fut abattue sur beaucoup, et nombreux d'entre eux furent convaincus et reçurent la Vérité dans l'amour de la Vérité. Et beaucoup y firent des aveux et dirent au prêtre qu'ils étaient satisfaits de ce qu'ils m'avaient entendu dire et que je n'étais pas ce dont il me disait être et que nous n'étions pas les gens qu'il leur avait persuadés de croire.

La Vérité fut dégagée de ses aspersions grâce auxquelles le témoignage de Dieu atteignit la conscience des gens qui ne voulurent point laisser le prêtre tranquille sans qu'il ne leur eût promis de débattre avec moi comme il s'était vanté qu'il ne lui fallait qu'une occasion pour prouver que j'étais perfide. L'heure était fixée le lendemain matin à huit heures. Ils s'entendirent que je devais partir chez le prêtre avec le geôlier qui avant notre départ déclara :
-   Je vous remercie M. Banks, pour le remarquable sermon que vous nous avez prêché car notre ministre ne nous a jamais prêché un tel durant son temps avec nous, en plus je ne crois pas que tu sois ce dont il te dit être.

Avant l'heure, le prêtre se rebiffa, car au lieu d'attendre pour débattre avec moi, il s'affaira d'aller très tôt le matin chez le sheriff qui était à une distance de deux miles de chez-lui, pour lui dire que de nombreuses assemblées qui ne se sont jamais organisées dans tout le comté avaient été autorisées par le geôlier, à l'étage de la prison du comté. Et le prêtre ajouta :

- Je vous prie monsieur, de prendre des mesures à temps ou, je m'inquiète, que toute la ville de Wicklow deviendra Quaker et il n'y aurait pas de demeure pour moi.

Un homme sobre, y étant présent, se fit son affaire de venir nous dire, c'est-à-dire au geôlier et à moi, que le sheriff dit que s'il savait, il aurait ordonné la fermeture de la porte principale contre nous et nous y aurait été gardés jusqu'à ce que la justice eût suivi son cours. Aussi, ajouta-t-il au prêtre :

- Si le geôlier ou quiconque refait la même chose, viens m'en informer et je réglerais l'affaire avec eux.

Quand cette nouvelle vint au geôlier qui était quelqu'un d'un esprit assez noble :

- Quoi ! S'exclama-t-il
- Que j'ai huit ans d'ancienneté comme geôlier et ne connais pas ce qui est de mon droit ? questionna-t-il.
- Que donc, j'ai mes prisonniers quand il y a l'occasion pour eux, j'ouvrirai la porte et entrera et sortira qui voudra.

Et en conséquence il le fit ainsi pendant que j'y étais, ce qui n'étais que trois jours, tenant les lieux publics.

Pendant que j'y étais, autant que je me rappelle, sauf quand je dormais, à peine une heure passait sans que quelqu'un vînt me voir pour discuter avec moi au sujet de principes religieux, ce que je ne regrettais pas hormis le fait que je n'y suis pas resté longtemps ; la vérité ayant tant prévalu sur les gens et ayant engendré le véritable amour en eux en si peu de temps. De louanges éternelles au Seigneur seul, dont ce fut le travail et par sa propre puissance il est le commis et garant de celui-ci.

Sous peu de temps, quand le prêtre avait échoué et avait brisé sa parole au point que même ses supporteurs le sifflaient, le geôlier et d'autres gens de la ville qui l'avaient persuadé se mirent d'accord pour convaincre le gouverneur à m'inviter devant lui. Il leur dit qu'ils croyaient que j'étais un homme honnête et qu'ils voulaient qu'il me laisse sortir de prison. Il demanda au geôlier de m'amener le lendemain matin dans son bureau, étant le troisième jour, à huit heures, pour qu'il m'examinât, étant donné que le prêtre avait échoué.

En conséquence, les deux Amis condamnés avec moi, je fus amené devant lui et avec de grande modération, le gouverneur raisonna avec moi pour environ une heure sur la nature de notre Assemblée, et notre culte à Dieu, et ce que nous croyions en ce qui concerne le Christ, ainsi que l'honneur aux hommes en pouvoir, tout ce qui était conforme à sa satisfaction. Il avoua la vérité de ce que j'avais dit et dit être satisfait de réponses que je lui avais fournies, et il me demanda ce que je voulais qu'il fît pour moi. Étant donné que j'étais le premier de nos gens avec qui il n'eut jamais eu affaire, il me laisserait volontiers partir s'il pouvait être affranchi et s'il pouvait répondre à la loi.

Je lui répondis que c'était ma liberté que je désirais et prisais et que je croyais qu'il était en son pouvoir de me libérer ainsi que mes Amis. Il me dit, qu'il croyait me concernant, et pensait que j'étais un homme honnête, que donc si je lui donnais ma parole d'apparaitre aux assises ou séances, quand l'occasion se présentait, j'aurais ma liberté. Je lui répliquai que je ne pouvais ni le faire moi-même ni ne désirai-je avoir quelqu'un autre le faire pour moi.

- Bon, dit-il, si tu me promets que tu ne viendras jamais organiser des Assemblées à Wicklow, je te laisserai partir, ajouta-t-il.
- Je ne peux pas. Mais si je le fais et que tu aies le pouvoir de faire ainsi, tu peux me remettre en prison, et crois que je serais heureux de souffrir autant que maintenant, lui répondis-je.

Ainsi il nous libéra tous et me dit :

- Que Dieu te préserve cet esprit que tu as maintenant car je pense que tu es d'un bon esprit.

Ainsi, le quittai-je et lui dis-je :

- Gouverneur, portes-toi bien. En disant ceci, je désire vraiment ton bien être y compris de corps et d'âmes.

Nous descendîmes avec le geôlier chez-lui et je lui dis :

- Maintenant que nous avons notre liberté, nous pouvons prendre congé de toi.
- Oui, dit-il, et me payer mes honoraires, ajouta-t-il.
- Honoraires, dis-je, c'est quoi ça ? lui interroge-je.
- Ah ! s'exclama-t-il, il me semble que tu n'as jamais été jusqu'ici, prisonnier.
- Si, dis-je, je l'ai été, ajoutai-je.
- Et, dit-il, n'avais pas payé les honoraires ? m'interrogea-t-il.
- Non, lui répliquai-je.
- Eh bien, vu que tu es le premier parmi tes gens que j'ai eu sous ma garde, je ne vous garderais pas puisqu'il a plu au gouverneur de vous libérés. Mais si d'autres d'entre vous

viennent ici, je vous mettrai dans le donjon si vous ne me payez pas les honoraires, me répondit-il.

- Eh bien, laissons cela au temps d'avenir, lui rétorquai-je

Ainsi, il nous libéra, et nous commandons à boire pour lui donner, il vendait de la bière. Nous achetâmes aussi quelques provisions de sa femme ainsi qu'étions-nous couchés dans ses lits, car je constatai que notre temps était si court au point que nous n'avions rien prévu pour nous-mêmes. Ainsi, en considération de ces choses, quand nous partions, chacun de nous donna au geôlier, douze pence avec lesquels il semblait être bien content.

Je repartis à Dublin où des Amis furent heureux de me voir et nous nous fûmes rafraichis ensemble dans la jouissance de la présence du Seigneur. De là, nous voyageâmes dans le nord, rendant visite aux Amis où le Seigneur a un peuple bon. De là j'ai envoyé la lettre suivante à ma femme :

Chère Épouse,

La Vérité de notre Dieu est extrêmement précieuse, et très désirable, béni soit son nom pour toujours pour nous avoir rendus sensibles à la joie de nos cœurs. Je sens la vraie unité avec toi et cela est cause de confort pour moi dans mes peines et exercices pour le Seigneur et l'amour de sa Vérité que tu suis avec moi en toute soumission avec un esprit désireux, sous son joug, jusqu'à la fin que sa volonté nous soit faite. Ah ! que nous pouvons-nous garder soigneusement ici, car c'est alors que notre récompense sera surement grande si nous continuons jusqu'à la fin, puisque la récompense de fidèle est et sera grande.

Ayant été à une très grande Assemblée précieuse où à part les Amis, de nombreux gens qui étaient présents, je n'ai pas pu écrire ce que je voulais, et partie à cause de la hâte du porteur. Mais en un mot, je me porte bien et le Seigneur est avec moi. Et je lui suis librement obligé et je suis prêt à le suivre.

Depuis mon retour de Dublin, j'ai visité des Assemblées d'Amis et j'ai été au pays Écosse, comme on l'appelle, où j'avais été en compagnie de trois Amis, mais George Grigson a été plus avec moi que toute autre Ami dans le ministère. Après l'Assemblée du premier jour suivant, ce qui est l'Assemblée provinciale, tenue toutes les six semaines près de Lurgan, j'ai l'intention si le Seigneur veut de repartir à Dublin et je pourrais y être durant trois semaines. Quand j'aurais fini dans cette ville, si le Seigneur me fraie le chemin, j'irai à Wicklow,

Wexford, Clonmell, Tallow, Youghall, et ainsi jusqu'à Cork et l'ouest où le Seigneur rassemble son peuple malgré tous les ennemis et opposants de Sion.

En réalité, puis-je dire, étant un témoin oculaire, la récolte est très grande dans cette nation. Ah ! Le Seigneur serait heureux de préparer et d'y envoyer plus de laboureurs.

Au revoir ma chère épouse avec mes doux bébés.

John

Près de Lurgan dans le nord de l'Irlande, le 21 du quatrième mois 1671.

À mon retour, dix semaines après il m'incomba de repartir à Wicklow. Et quand je vins à Dublin il y avait une lettre venant de Wicklow m'informant que les gens y désiraient une autre Assemblée et que le sergent qui m'avait amené devant le gouverneur désirait que nous nous assemblions chez-lui. Le prêtre l'ayant appris le menaça et il eut peur au point que lorsque moi et des Amis y arrivâmes il ne voulut nous laisser rassembler chez lui.

Nous eûmes une autre maison mais elle ne put contenir tous ceux qui étaient. Pourtant nous y fûmes réunis et ce fut une Assemblée bénite, céleste, et paisible sans aucune perturbation, de louanges au plus haut Dieu qui détient toutes les puissances en ses mains, et de cela peut faire tout ce qui lui semble bon à ses yeux en dépit de la détermination des méchants et des mécréants.

Peu de temps après, aussitôt que le prêtre eut l'opportunité, il commença à poursuivre et emprisonner les Amis pour les dîmes et des choses de ce genre et il mit de nombreux gens qui s'étaient rendus à ce lieu en prison. Mais la Vérité prospérait tellement plus et une Assemblée fut établie dans cette ville et elle continue.

Depuis Dublin, avant mon deuxième voyage à Wicklow, j'écrivis la lettre suivante à mon épouse.

Chère Épouse,

Dans la proximité de cet amour permanent que je porte au cœur je t'écris. Et mes prières sont au Seigneur pour toi et tous avec toi, que vous puissiez tous vivre en amour et dans la crainte de Dieu.

Ainsi tout ira bien et serait en ordre, intérieurement et extérieurement.

Mon cher amour comme il a plu au Seigneur de façonner une volonté en toi pour que tu me laisse librement partir et me séparer de moi pour l'amour de son nom et son Évangile, aies l'œil sur la récompense de la récompense, même la paix avec lui. Et garde-la jalousement en ton sein pour qu'elle puisse être ta part éternelle quand le temps ici ne sera plus.

Le battement de mon cœur est pour toi autant que pour moi car il nous a rendu un. Que le Seigneur te préserve fidèle à faire sa volonté jusqu'à la fin pour que tu puisses être gardée dans la vraie unité et la fraternité avec son peuple, partant à l'Assemblée tous les premiers jours et les jours de la semaine. N'en néglige aucune opportunité qui puisse être fait pour le bien de ton âme ainsi, rien ne manquera au corps. Exerce-toi dans sa loi écrite dans ton cœur pour que tu puisses sentir couler son amour dans ta partie intérieure. Que la Vérité soit la ceinture de tes reins et que de fidèles attentes dans sa lumière soit ta demeure de sorte que bien que nous soyons séparés physiquement, nous puissions être de plus en plus témoins de la joie de son salut et participants de cette paix que le monde ne peut ni prendre ni donner.

Toi et mes chers enfants m'êtes si proches que très souvent que les souvenirs de vous me font couler des larmes. Car plus loin je suis séparé de toi plus proche je suis de vous en esprit. Et en ce moment mon cœur est ramolli de tendresse, étant sensible à la mesure de l'exercice qui m'anime que le Seigneur m'éloigne de toi qui connais mon cœur pour que si demain je retourne à toi avec clarté, ah, que je l'embrasserais volontiers !

Mais en vérité, ma chère, le Seigneur souhaite que j'aille, et je ne peux ne pas te signaler, quand j'aurais fini dans cette nation, à l'ouest de l'Angleterre. De Cork, j'ai l'intention d'embarquer pour Minehead dans le Somersetshire, et donc plus loin comme il se plairait au Seigneur d'arranger quand je viendrais dans la nation. En vérité, la récolte est grande dans la plupart des endroits ; et comme il a plu au Seigneur de me compter digne d'être appelé et envoyé dans son travail et son service parmi ses ministres et ses messagers, bien que je sois l'un des moins de nombreux, je m'oblige librement à ses sommations bénites de peiner et d'endurer ce qui est en moi, afin de pouvoir recevoir une récompense à la fin.

Donc, ma chère, comme le Seigneur m'a estimé digne de porter un témoignage public pour lui en prêchant l'évangile éternel, prie avec moi dans cette foi et cette patience, et avec un cœur redoutable, que je puisse le porter jusqu'à la fin à la louange et à la gloire de celui dont l'œuvre est, qui est digne pour toujours. Et aussi que quand j'aurais fini ce dont me demande le Seigneur lors de ces voyages que j'ai l'intention d'entreprendre, que je puisse retourner à toi avec la vraie paix dans la joie de son salut et que nous puissions vivre et nous amuser ensemble pendant que nous aimons comme ceux qui s'aiment l'un l'autre dans le Seigneur qu'est l'habitation paisible et tranquille jusqu'au moment où le Seigneur Dieu de la vie et de la gloire nous garde et nous préserve, toi, nos enfants, moi-même ainsi que tous ses peuples fidèles. Il est fidèle gardien et préservateur, et ne cache aucune bonne chose à ses chers enfants. Il peut être plus à la femme, que le mari, et aux enfants, que le père et la mère et lui seul est digne de louange, d'honneur, et de la gloire, maintenant et pour toujours. Amen.

C'est moi ton cher mari avec amour pour toi, encore renouvelé.

John.

Depuis Dublin le 14 du cinquième mois 1671.

Environ deux ans après, le Seigneur me demanda de retourner en Irlande. Arrivant à Wicklow, je partis chez le geôlier pour voir des Amis en prison et pour organiser une Assemblée dans la ville. Quand le geôlier me vit,
- Ah, M. Banks (comme il m'appelait) es-tu de retour ? Je pense que tu ne devrais plus revenir. Tu avais fait ton affaire la fois dernière quand tu étais ici car je pense que toute la ville de Wicklow deviendra Quaker, me dit-il.
- Mais malgré ce qui a été fait, c'est mon affaire de venir voir comment l'œuvre du Seigneur prospère. Car l'œuvre est la sienne et nous ne sommes que des instruments entre ses mains qu'il se plaît à s'en servir. Et bien plus que cela, tu as mis en prison de nombreux de mes Amis, et je dois leur rendre visite, dis-je.

La prochaine fois que je visitai cette nation je revins à ce lieu, ce qui fut environ deux de plus, et le prêtre était mort, le gouverneur parti en Angleterre et il n'y avait pas de soldat mais la Vérité y prospérait ainsi que l'Assemblée des Amis eut été établie par la puissance de Dieu dans la paix et la tranquillité et des Amis y étant bien préservés dans et par leurs souffrances. Ceci me fait dire qu'il n'y a pas son pareil comme le vrai Dieu vivant qui a œuvré et qui fait de miracles sur terre et faisant réaliser des actes extraordinaires et puissants.

Et quand j'avais voyagé à travers la plupart de la nation, rendant visite à des Amis et d'autres gens, étant dans le nord, dans la région appelée pays Écosse, j'arrivai à Antrim avec huit Amis de plus avec l'intention d'organiser une Assemblée chez notre Ami James Greenwood. Quand nous arrivâmes, il y avait le gardien de la paix tenant un bâton et une compagnie de gens avec lui. Il se tint à la porte de cet Ami et dit qu'il avait un ordre du sieur Mazarine que nous ne devions pas nous y rassembler.

Je lui demandai de montrer son mandat pour que nous lui donnâmes une réponse. Il tendit son bâton, disant que ce fut son mandat, et que nous ne devions pas nous rencontrer là-bas, mais nous rassembler là où nous voulions. Je lui dis :

- Garde ta parole.
- Nous nous contenterons de nous rassembler dans la rue King, ajoutai-je.

Étant une ville de marché, et des Amis ainsi que beaucoup de gens s'étant réunis, ma bouche s'ouvrit en témoignage pour le Seigneur et dans l'amour des âmes de gens en tournant leur esprit vers les enseignements de l'Esprit de Dieu en eux-mêmes.

Le gardien de la paix qui était presbytérien, tout enragé vint avec son bâton pour me tirer de l'Assemblée. Et je lui dis :

- N'as-tu pas honte d'agir en menteur devant si grand nombre de gens ? n'est-ce pas que tu nous avais dit de nous rassembler où nous voulions en dehors de la maison de notre Ami ?

Alors il fut abattu et ne put plus se démêler mais il partit parmi les gens trouver un boucher, un homme qu'il choisit pour son devoir, de m'en éloigner. Aussi vint un Ami de l'Assemblée et lui dit :

- Arrête de persécuter les innocents de peur que le jugement de Dieu ne tombe sur toi.

Ce qui l'eut saisi immédiatement et ses mains se desserrèrent de moi de sorte qu'il n'eût pas le pouvoir de continuer à me tirer, mais y resta tremblant alors que je professais encore la Vérité et il rentra chez lui et prit son lit et ne se fut jamais remis de l'emprise du jugement jusqu'à sa mort.

Peu après il m'incomba de me taire et notre Ami George Grigson intervint :

- Ah vous les gens de la ville d'Antrim ! Ceci est-il le divertissement que vous donnez aux étrangers ? certains d'antan en divertissant les étrangers par un amour vrai, divertirent les anges sans le savoir.

Ce fut un jour glorieux et parfait pour le Seigneur et sa Vérité bénite en fortifiant la foi de son peuple, car sa puissance et sa présence céleste présence se manifestèrent de façon vivante dans l'Assemblée et plusieurs personnes furent convaincus et plusieurs parvinrent à connaître et recevoir la vérité dans son amour.

Au moment de notre Assemblée, il y eut une tempête soudaine de vent et de pluie dont, pour le temps qu'elle eut continué, j'avais très rarement ou n'avais jamais vu de son pareil car l'eau souillée coula dans un torrent parmi nous au point que nous étions mouillés jusqu'aux os. La tempêté de vent et de pluie représentait la rage de leur esprit persécuteur. Et quand ce fut passé, le soleil se leva et brilla très clairement, une vraie métaphore de la victoire que la Vérité l'emporta de par la puissance.

Cette année, en partance pour l'Assemblée Annuelle de Londres, j'écrivis la lettre présente à ma femme.

Ma chère et tendre épouse,

Aies la foi en et à travers tous les exercices et reconnais ta foi à tenir dans la puissance de Dieu qui donne la victoire sur tout ce qui est contre cela. Il est sain et sauf de faire confiance au Seigneur dans toutes les conditions car sans doute il pourvoira les choses nécessaires par tous les moyens pour nous et pour les nôtres comme il nous voit sommes dans le besoin si nous nous vouons librement de faire sa volonté et nous nous en contentons. Il nous a donné le discernement, béni soit son nom pour toujours, et dans les choses temporelles ainsi que spirituelles, la diligence doit être utilisée, avec un soin divin et des efforts honnêtes avec quel travail et quelles douleurs le corps est capable de répondre ; ce qui a toujours été mon souci, quand je fus à la maison. Mais encore dans et à travers tout, il faut avoir un vrai regard sur Dieu dans nos cœurs comme la façon d'apporter la bénédiction et d'augmenter sur tous nos efforts. Par ceci, toi, avec tous les tiens, et les Amis, peut savoir que je vais bien à tous les égards. Je m'incline avec l'humilité devant le Seigneur pour le même. En compagnie de mon confrère acceptable, Thomas Langhorn, je vins ici la dernière nuit du septième jour. John Burnyeat est maintenant avec moi. Ici, les choses sont toutes calmes et bien à l'heure actuelle, et les Assemblées remplies et grandes.

Adieu dans le Seigneur

John

Londres, le 11 du troisième mois, 1675.

Chère épouse,

Dans le sentiment de l'amour de Dieu, mon cœur est vraiment ouvert vers toi et les tiens avec un véritable désir que toi et les tiens puissiez vivre dans la sainteté, la pure crainte du Seigneur Dieu avec une vraie volonté dans ton cœur de renoncer librement à tout ce que le Seigneur demande, que ce soit en acte ou en souffrance, pour qu'il puisse être révéré, adoré, et servi en toutes choses avec plaisir. Et qu'en aucun cas où sa Vérité et sa gloire soient concernées que nous puissions dire : « Pourquoi en est-il ainsi ? » Car avec lui demeure toute plénitude, et s'il bénit, nul ne peut maudire, béni et loué soit son nom saint pour toujours ! Le moyen d'attirer la bénédiction sur nous et les nôtres est dans toutes ses bienheureuses sommations de nous porter librement volontaire à exécuter son dessein bien qu'il soit toujours tant contraire aux nôtres. Car cela apporte la bénédiction, la paix et un gain durable à tous égards.

Pour ton assurance, je peux te dire que depuis que je me suis séparé de toi, j'ai été fait témoin de la jouissance de la puissance et de la présence de Dieu parmi mes confrères tellement que ne l'aurais-je point manqué pour rien de tout ce que l'on m'aurait mentionné dans le monde. Ah, qu'il eut les ruptures de l'amour et la puissance fondante de Dieu et l'éclat de sa glorieuse lumière parmi nous en cette Assemblée annuelle où les Amis dans le ministère provenaient de plusieurs régions à travers cette nation ! Que nos cœurs aient été dulcifié, et nos âmes réconfortées et consolées !

Le Seigneur nous a certainement montré la preuve que nos réunions, et ce que nous lui avons offert était acceptable et bien agréable à ses yeux. Ah, la douce harmonie de la vie qui était parmi nous fit couler les ruisseaux, et beaucoup de témoignages vivants furent portés à la grandeur et à la suffisance de la puissance de Dieu qui nous a sommé ! Et oh, la soumission, la tendresse fraternelle, et le soin de Dieu étaient parmi nous l'un sur l'autre, afin que nous puissions parler l'un après l'autre suivant les agissements du Seigneur par son Esprit et sa parole donnée!

Combien nous étions proches du Seigneur, et combien nous étions chers les uns aux autres dans l'unité et la communion de son Saint-Esprit ! Quelle communion bénie y eut-il, et combien la table du Seigneur était présentée devant nous ! Que de nombreuses actions de grâces, de louanges, d'honneur et de gloire lui aient été attribué ! Et il y avait aussi une attention pieuse prêtée à la prospérité de la Vérité ainsi de sa diffusion, avec l'établissement de l'ordre et de la discipline évangéliques dans des églises du Christ !

Que je ne puis-je jamais oublier cette glorieuse apparition céleste de notre Dieu parmi nous grâce à sa puissance et sa présence vivifiante ; mais que cela puisse être un souvenir durable pour moi pendant que je suis en vie car cela n'a pas été le cas pour moi seulement, mais pour beaucoup de mes confrères, ce fut un jour de grande joie et de réconfort spirituel, pour nous édifier ensemble dans la très sainte foi.

Ma chère, mon cœur est convaincu dans l'amour de Dieu, avec le désir que tu puisses ressentir la même chose pour ton bienêtre et celui des tiens. Que le Seigneur vous garde et vous préserve tous, ainsi que tous mes chers Amis à qui je rappelle mon amour sincère. Et que tous soient encouragés à poursuivre sur la voie de la Vérité et de la justice bien que nous puissions rencontrer diverses épreuves et tribulations. Car dire une vérité certaine, le Seigneur est avec nous et par sa puissance il nous devance comme notre roi et notre capitaine qui plaide notre cause et mène nos batailles pour nous contre tous les ennemis et les opposants de Zion.

Bénis et heureux sont tous ceux qui portent un témoignage fidèle pour lui pendant qu'ils ont un jour et le temps pour le faire.

Ton époux fidèle,

John

Depuis Londres, le 29 du troisième mois 1675

Chère Épouse,

Par la présente tu peux comprendre que je vais bien à tous égards, béni soit le Seigneur mon Dieu pour toujours qui par sa puissance m'a préservé. J'ai maintenant terminé avec cette ville et de ce pays, ayant fidèlement rempli mon devoir dans ce que le Seigneur mon Dieu a exigé de moi, et demain, j'ai l'intention de diriger mes pas vers la maison.

J'ai traversé un pays difficile, par de méchants informateurs et d'autres officiers mais le Seigneur a ainsi ordonné dans sa sagesse qu'aucun Ami n'a souffert la perte de deux sous sur mon compte à n'importe quelle Assemblée lors de tout mon voyage bien que le Seigneur sache que je n'ai jamais retenu mon souffle par peur de souffrir, mais ayant fait ce qu'il m'a ordonné, soit de parler plus ou moins, soit de me taire. Béni soit toi, le Seigneur, ah! mon âme, m'ordonna et me préserva ainsi dans cela et beaucoup d'autres grands exercices et tribulations physiques et spirituels parmi ces méchants informateurs entre les mains de qui des Amis ont tant souffert de ce qu'ils appellent la loi contre les Conventicules. J'avais organisé dix-sept Assemblées parmi eux.

Ainsi, n'ayant plus beaucoup dans mon esprit à t'écrire, je te dis adieu dans le Seigneur Jésus-Christ

Et je reste ton mari inaltérable

J.B.

Depuis Bristol, le 30 du sixième mois 1675.

En 1676, je repartis en Irlande, depuis où j'écrivis la lettre suivante à mon épouse, lui racontant certaines de mes souffrances.

Ma chère,

Que mon amour de la puissance de Dieu puisse t'atteindre, et par cela, je te salue chaleureusement ainsi que les tiens et je lui adresse mes prières pour toi et tous les tiens. Que le Seigneur t'encourage par le maintien de son amour à le suivre et à lui obéir fidèlement pour que le sens de son amour dans ton cœur puisse te contraindre à te rencontrer souvent avec son peuple et qu'avec tout le soin tu attends le Seigneur dans le vrai silence pour sentir le soutien de sa présence. Ainsi, dans la vie qui est pure et précieuse, que tu puisses être renforcée de plus en plus afin que, comme la bénédiction du Seigneur est pour la postérité des justes, tu la ressentes sur toi et les tiens.

Que le Seigneur te préserve dans sa crainte dans cet exercice vivant, que dans toute piété de la vie et de la conversation tu puisses être un bon exemple pour ta famille et avec les soins de Dieu pour élever vos enfants, maintenant alors qu'ils sont jeunes, ainsi devient la Vérité. Quand ils commettent des fautes, corrige-les à la mesure de la faute dans la crainte du Seigneur mettant de côté et gardant bas toute la passion et l'inflammation de l'esprit afin qu'ils soient pour nous un réconfort en notre temps et que nous nous trouvions exonérés devant le Seigneur et devant tous les gens dans l'acquittement de notre devoir en ce qui les concerne, et de leur en parler avec le même ton de conseil à leurs enfants, et ainsi d'une génération à l'autre.

Ne laissons pas une pitié folle ou une affection folle nous lier les mains quant à la correction quand il y a besoin comme de trop nombreux le font, car cela a plus de considération pour le corps que l'âme. Bien que sûrement ce qui blesse l'âme doit blesser aussi le corps. Ne soyons pas trop prudents pour leur corps ou pour les parties ou les préférences mondaines mais en utilisant des efforts honnêtes, laissons cette question au Seigneur qui, je le crois, leur fournira ce qui leur suffira comme nous sommes principalement concernés pour le bien de leurs âmes, et là laissons.

Laissez grandir chacun d'eux pour avoir la force physique et une capacité à être en conséquence appliqué diligemment dans un travail ou dans une entreprise afin qu'ils te soient utiles et aussi à la création. Ceci ne pourrais-je pas en passer avec clarté, étant souvent sous un lourd travail d'élever nos enfants à la crainte du Seigneur pour qu'ils soient préservés dans cette voie, afin qu'aucun d'eux ne puisse errer ou s'égarer dans le grand chemin du monde soit comme des maris ou des épouses, même s'ils ne sont jamais si riches, ni rien d'autre que ce monde peut se permettre comme je vois beaucoup de gens faire, à la peine de mon âme.

Sachez, toi avec les tiens et les Amis que je vais bien, avec mon compagnon John Watson dont la compagnie et le service me sont très convenables ainsi qu'ils le sont pour le peuple de Dieu. Et nos voyages et nos exercices nous sont très confortables à cause de la présence du Seigneur qui nous accompagne.

Nous avons organisé de nombreuses Assemblées précieuses et célestes dans plusieurs endroits de cette nation parmi les Amis et aussi parmi les autres personnes qui sont très disposées à recevoir la Vérité, comme c'est le cas dans cette ville où beaucoup se renseignent sur le chemin de Sion, avec leurs têtes tournées vers là. A cause de cela, le diable s'agite avec une grande colère, et les païens s'enragent et les méchants imaginent des choses vaines contre le Seigneur et ses saints et se précipitent-ils dans les Assemblées dans un grand cafouillage comme un troupeau de bêtes sauvages hors de la forêt, en particulier les collégiens. Le Seigneur, par sa puissance, se plaît à les dompter, à les réduire au silence et à les faire taire.

Ah! comme le Seigneur notre Dieu est apparu parmi nous avec puissance et efficacité dans notre Assemblée biannuelle qui avait commencé le dernier quatrième jour et tenue deux fois par jour jusqu'à la fin de la semaine; aussi deux fois hier, et l'Assemblée des femmes aujourd'hui. L'Assemblée des hommes se tiendra demain et leur Assemblée hebdomadaire se tiendra le cinquième jour.

Après le prochain premier jour, nous sommes en partance pour Mount-Melick pour continuer vers le nord, étant donné que nous avons, avec diligence et dur labeur, fini dans cette nation. Le Seigneur, par sa puissance, est apparu puissamment parmi nous dans nos Assemblées reliant nos cœurs et prospérant son œuvre, la louange pour cela lui appartient pour toujours. Pour ce qu'il a déjà fait, mon âme loue le Seigneur.

Ah! que les Amis puissent vivre ensemble dans l'amour et dans l'unité que, comme le Seigneur a été bon en préservant un reste vivant pour lui-même jusqu'à ce jour, qu'ils puissent continuer ainsi jusqu'à la fin. Et tout ce qui pourrait surgir parmi eux qui, en quelque sorte, tend à briser leur unité céleste et communion fraternelle et sème la dissension dans les églises du Christ, qu'il soit étouffé dans l'œuf. Car s'il grandit, les effets de cela seront mauvais et feront beaucoup de dégâts dans la plantation de Dieu. Que le Seigneur garde et préserve tous vigilants, que l'envieux de notre bonheur et la prospérité de la vérité puisse être tenue à l'écart et empêchée.

Il me reste encore à quitter le nord de cette nation pour aller en Écosse, à cause de laquelle j'ai très durement labouré. Quand nous sommes arrivés ici, nous sommes restés une semaine, et avons fait notre voyage à travers les comtés de Wicklow, Wexford, Clonmell, Tallow, Youghall, et ainsi jusqu'à Cork et dans l'ouest et de retour par Cork encore, et donc par Charleville et Mallow, jusqu'à Limerick, depuis où les Amis sont venus avec nous à cette Assemblée biannuelle. Nous avons parcouru très péniblement trois cent soixante miles pour y arriver durant ce temps nous avons eu à rendre bon culte au Seigneur dans de nombreuses Assemblées célestes bénies.

Avec le souvenir de mon amour pour toi et mes chers enfants et des Amis, sans oublier mon devoir envers mon père, je conclus, et demeure,

Ton mari qui t'aime toujours

J. B.

Depuis Dublin en Irlande, 13e du neuvième mois, 1676.

Chère Épouse,

Par ce feu de l'amour que beaucoup d'eaux ne peuvent éteindre, ni les inondations ne peuvent noyer, je t'écris et je vous ai chaque jour dans mon souvenir, toi avec nos chers et tendres enfants qui êtes toujours proches et chers à mon cœur, et j'espère qu'il en sera ainsi jusqu'à la fin des temps quel qu'il plaise au Seigneur de disposer de moi.

Nous avons l'intention de partir de cette ville portuaire pour Portpatrick en Ecosse.

Nous nous portons bien tous les deux, dans tous les sens; loué et magnifié soit le digne nom du Seigneur notre Dieu pour toujours.

Je te confie au Seigneur et à la parole de sa patience, afin que tu puisses être préservée en lui, avec tout le tien, jusqu'à la fin, dans toute fidélité pour emporter la couronne de vie et de gloire immortelle.

Adieu, mon cher cœur

J. B.

Depuis Donaghadee en Irlande, le 22e jour du Dixième mois, 1676.

Lorsque mon Ami John Watson et moi avons voyagé à travers la nation de l'Irlande, rendant visite à des Amis et avions été beaucoup réconforté et rafraîchi avec eux, je fus accablé par une sollicitude pour que nous rendions visite à des Amis en Ecosse. Nous avons donc navigué dans un bateau à demi-pont de Donaghadee en Irlande et avons débarqué à Portpatrick en Ecosse. De Portpatrick nous avons parcouru soixante-dix miles dans le froid, le gel, et la neige dans le dixième mois, avant de venir parmi les Amis, qui était à Douglas.

La veille de notre arrivée là, la nuit eut tombé tandis que nous étions sur une montagne, où il n'y avait aucune visibilité, car il y avait tellement de neige et de glace que nous ne pouvions pas monter à cheval. Étant très fatigués d'aller à pied et de mener nos chevaux, nous nous étions égarés. Mais enfin la Providence l'ordonna ainsi que nous trouvâmes une maison et deux hommes y sortirent et nous mirent volontairement sur notre chemin. Ainsi, nous arrivâmes à la maison d'un Ami tard dans la nuit à Douglas, dont le nom était William Michaell, et y organisâmes une Assemblée le lendemain. Bien qu'il n'y eût que peu d'Amis appartenant à ce lieu, nous avons été doucement rafraîchis et réconfortés ensemble dans la jouissance de la présence du Seigneur, grâce à qui nous eûmes l'évidence qu'avec lui il n'y a aucun respect des personnes, temps, lieu, ou nombre.

De Douglas nous voyageâmes à Hamilton, et ainsi à Drumboy, Badcow, Lithgow, et Edimbourg, où nous rendîmes visite des Amis ainsi qu'à d'autres personnes et eûmes un bon service pour le Seigneur. Puis nous partîmes à Prestonpans, Leith, et Edimbourg à nouveau, où nous organisâmes deux Assemblées célestes, bien qu'il y eût des gens sauvages et moqueurs parmi eux. Mais la puissance du Seigneur les enchaîna. De là, nous allâmes à Kelso, Onter, Whittingem, Thrambleton, et ainsi à Morpeth, et Newcastle-upon-Tyne, et de là, nous retournâmes à Cumberland. Le Seigneur eut été efficace avec nous dans nos voyages et nos tribulations, et nous eûmes été doucement préservés ensemble dans le véritable amour et l'unité dans notre service pour le Seigneur.

Vers cette époque, je souffrais d'une douleur à mon épaule et elle descendait progressivement vers mon bras et ma main, de sorte que j'en eus été totalement privé. La douleur augmentait le jour et la nuit. Pendant trois mois, je ne pouvais ni mettre mes vêtements ni les enlever, et mon bras et ma main avaient commencé à se dessécher, de sorte que je fisse appel à certains médecins, mais aucun d'entre eux ne put me guérir. Enfin, comme je dormais sur mon lit une nuit, j'avais vu dans une vision, que j'étais avec le cher George Fox et je pensais lui avoir dit : « George, ma foi est telle que s'il t'est possible de poser la main sur mon épaule, mon bras et ma main seront guéris. » Cela était resté avec moi deux jours et deux nuits que cela était une vraie vision et que je devais aller à George Fox, jusqu'à ce qu'enfin, par tant d'exercice de l'esprit doublant comme une grande épreuve de ma foi, j'avais décidé d'aller à lui, il était alors à Swarthmore dans le Lancashire lors d'une Assemblée des Amis le premier jour de la semaine.

Quelque temps après cette Assemblée, je l'ai rencontré à l'écart dans une salle et lui ai relaté mon rêve, lui montrant mon bras et ma main. Et en peu de temps, comme nous marchions ensemble en silence, il se retourna et me regarda, et souleva sa main, la posa sur mon épaule, disant :

- Que le Seigneur te fortifie à l'intérieur comme à l'extérieur.

Cette nuit-là, je suis allé chez Thomas Lower de Marsh Grange et quand m'installais-je à souper, juste avant que je ne cligne l'œil, ma main se leva pour exécuter sa fonction, ce qu'elle ne pouvait pas faire longtemps auparavant. Cela me frappa d'une grande admiration, et mon cœur se fonda en tendresse devant le Seigneur. Le lendemain, je rentrai chez moi avec ma main et mon bras restaurés à leur ancienne activité et leur force, sans aucune douleur.

La prochaine fois que George Fox et moi nous sommes rencontrés, il a dit,

- John, t'es-tu remis?
- Très bien et en peu de temps, répondis-je.
- Eh bien, dit-il, donne la gloire à Dieu, à qui j'étais et je suis encore obligé par devoir de le faire, pour cela et pour toutes ses miséricordes et ses faveurs.

Il a tout le pouvoir dans sa propre main et peut ainsi faire passer tout ce qui semble bon à ses yeux. Avec ce même pouvoir, il fait des instruments et les utilise comme bon lui semble. Lui seul est digne de toute louange, d'honneur et de gloire, maintenant et pour toujours. Amen!

En l'an 1678, alors que je voyageais dans l'ouest de l'Angleterre, dans le Somersetshire, un soir j'avais organisé une Assemblée chez notre Ami William Thomas à Dullverton lors de laquelle Assemblée était venu un indic et quelques autres avec lui ; ils prirent les noms de plusieurs Amis. Aussi était-il méchant et abusif, à mon égard ainsi qu'à l'égards des Amis. Comme j'étais engagé dans le témoignage pour le Seigneur, je m'arrêtai, et dis :

- Amis et gens, marquez et remarquez la fin de cet homme méchant.

Car il m'avait été clairement révélé qu'il finirait mal. Quelque temps après un Ami m'écrivit qu'il avait tué sa femme et avait été pendu pour cela à Ilchester. L'Ami, W. T., fut condamné par l'information de ce délateur, mais il jura contre une personne qui n'était pas à l'Assemblée, et donc son intention méchante fut réduite à néant.

Quelque temps après mon retour à la maison, le Seigneur m'imposa l'exigence de m'en aller porter un témoignage contre cet esprit de séparation qui avait semé la discorde et la division au sein de l'église du Christ, barrant avec des pierres d'achoppement le chemin des faibles, rendre la croix du Christ sans effet aucun avec l'idée d'une fausse liberté, et l'organisation des Assemblées séparées.

Mais avant d'y aller, je fus poussé par le Seigneur à envoyer une note avant d'y aller, et j'en fis de sorte que des copies soient préparées et envoyées aux endroits où cet esprit avait gagné le plus du terrain. Elle était lue dans diverses Assemblées de hommes, et ceux qui étaient de cet esprit contre lequel ce document témoignait étaient furieux et crièrent à certains endroits,

- S'agit-il de nous ? crièrent-ils.

Voici la copie du document en question :

Un témoignage vrai et vivant pour le Dieu vivant et la toute suffisance et l'immuabilité de sa puissance et de son Esprit, et contre le diable et son pouvoir et esprit ténébreux par lequel il règne dans le cœur des enfants de la désobéissance avec toute sa ruse et sa subtilité que sont ses instruments. Aussi quelques mots de conseil et de conseil à tous les Amis partout pour qu'ils se tiennent à leur premier amour et pour qu'ils se rencontrent souvent ensemble au nom du Seigneur.

Le Seigneur notre Dieu, le Dieu vrai et vivant, a promis qu'il ne brisera jamais son alliance avec son peuple ni ne modifiera la parole qui est sortie de sa bouche. Cette alliance qu'il a faite avec son peuple et l'a renouvelée à son peuple est une alliance éternelle de vie et de paix, même les miséricordes sûres de David, dont il rend chaque jour ces témoins qui ne rompent pas l'alliance avec lui, mais conservent leur premier amour et leur zèle pour son nom et sa vérité. Son nom est au-dessus de tout nom, sa vérité est aussi précieuse qu'au commencement, et sa gloire brille sur tout en ce jour, louanges sans fin pour lui! Il a rassemblé beaucoup dans cette alliance immuable et les a rapprochés de lui-même, qui sont ses vrais fils et filles, les enfants de la promesse, vivifiés et ressuscités d'un état de mort pour le servir dans la nouveauté de la vie. L'œuvre lui appartient, et la louange et la gloire lui appartiennent pour toujours.

Ici sont les miséricordes sûres connues, les richesses durables, et la substance vivante sur lesquelles s'alimenter. Il nous a nourris par la vertu de sa parole de vie, quand nous étions jeunes et tendres, qui nous a fait grandir devant Lui en stature et en force avec nos cœurs remplis d'amour pour Lui, notre Père, et dans l'amour et l'unité les uns avec les autres. Pendant toute notre vie jusqu'à ce jour, il a été prêt à fournir une provision adaptée à nos conditions, comme nous l'avons attendu fidèlement. Sa parole est faite bonne et sa promesse accomplie

- Je ne te laisserai ni ne t'abandonnerai-je jamais, vermisseau de Jacob, qui est petit et humble dans tes propres yeux, qui habite dans la vallée basse, demeurant dans ta tente, et ne cherchant pas ailleurs sur les montagnes de l'imagination. La promesse est oui et amen, ou toujours, à la postérité d'Abraham, d'Isaac et de Jacob. La bénédiction qui enrichit est obtenue et partagée à la postérité et à l'alliance de la vie, Jésus-Christ. Je te donnerai pour alliance au peuple et pour lumière pour les Gentils, afin que tu sois mon salut jusqu'aux confins de la terre. C'est lui que Dieu nous a donné, et nous avons cru et l'avons reçu, afin qu'il devînt notre lumière, notre vie ainsi que le salut éternel, le souverain sacrificateur de notre profession, notre rédempteur et notre restaurateur, notre capitaine, roi et législateur, notre berger éternel qui, par sa toute-puissance, nous a amenés à son bercail de repos où la vraie paix règne, magnifiée soit son nom pour toujours.

Chers Amis du monde entier, que Dieu a vivifiés et ressuscités de la mort à la vie par l'efficacité de sa puissance, bougez tous avec le zèle saint et la vraie tendresse pour considérer quelle sorte de personnes vous devriez être, prenant en compte ce que le Seigneur a fait pour vous depuis que vous êtes un peuple, qu'il a choisi à être son peuple qui ne l'était pas. Conseille-je, que votre considération de cette affaire devrait être sérieuse, afin que chacun de vous en ce jour de sa puissance puisse porter un témoignage fidèle pour le Dieu vivant et la suffisance de sa puissance et de son Saint-Esprit, contre le vieil ennemi et adversaire le diable et son pouvoir et esprit ténébreux. Car vraiment, le Seigneur est bon et fidèle dans toutes ses promesses à ceux qui s'attendent à Lui, comme vous êtes vous-mêmes des témoins.

Bien que nos voyages dans le passé, eurent été sous de grand exercice et affliction profonde, avec pleurs et deuil avec nos mains sur nos reins, et bien que nombreuses fussent nos épreuves à l'intérieur ainsi qu'à l'extérieur, le Seigneur, par la suffisance de sa toute-puissance, avait accompli notre délivrance, comme nous comptions sur la même, de sorte que la douleur et les soupirs s'en fuirent et la joie éternelle jaillit. Oui, la joie sans fin est connue ici, le confort et la satisfaction sans fin dans lesquelles, ensemble, nous pouvons louer le Seigneur dans la beauté de la sainteté, revêtus des vêtements de son Esprit, ce qui nous rend tous aimables devant Dieu, même l'Esprit de Vérité, le Consolateur.

Notre unité et notre communion sont dans l'Esprit et dans la Vérité qui vient du Dieu de la Vérité, qui est lumière, et en Lui il n'y a aucune tache, dans laquelle, comme nous vivons et demeurons, nous sommes unis les uns avec les autres, et toutes les forces de l'enfer et de la mort ne sont pas capables de nous briser, ni un esprit impur non plus ne peut nous blesser. Car nous avons le salut pour les murs et les remparts, et il n'y a pas de destruction dans toute la montagne sainte de Dieu. Car l'esprit destructeur, néfaste, et diviseur et la ruse trompeuse est sur la montagne d'Ésaü et dans le champ de Caïn, hors de la vie et de la puissance, la vraie lumière et la crainte du Dieu vivant qui est un Dieu d'ordre, et Il préserve tous ses enfants et son peuple dans un ordre convenable, menant une vie pieuse et une sainte conversation dans toutes leurs entreprises, à la fin qu'ils puissent l'honorer et le glorifier en leur jour, en moissonnant beaucoup de fruits, en l'attendant fidèlement, en l'adorant et en le servant.

Ah! l'amour de notre Dieu pour nous. Il a pris le grand soin ainsi qu'il a eu la tendresse pour nous depuis que nous sommes un peuple, pour que nous puissions être des fidèles laboureurs dans sa vigne. Nous a-t-il appelés pour être oisifs ? Bien sûr que non. A-t-il fait un don à l'homme et à la femme, que nous l'enterrions sous la terre et que nous ne l'améliorions pas pour sa gloire? Ah! Non. Nous a-t-il tant fait pour que nous soyons toujours comme des enfants, et que nous ne parlions ni n'agissions comme des hommes? Certes non, mais que nous grandissions en stature et en force devant lui comme des femmes et des hommes parfaits en Jésus-Christ notre saint chef afin que nous puissions tous travailler ensemble comme un instrument convenablement assemblé en ordre saint dans sa puissance et Esprit célestes, qui conduit à la pureté et à la sainteté, à l'amour et à la véritable unité.

Par l'action bénie de sa toute-puissance suffisante, le Seigneur, dans son amour, nous a réunis et a fait de nous un peuple, et nous a préservés ainsi, à sa louange et à notre réconfort éternel. Et c'est l'œuvre du diable, par sa puissance maléfique et son esprit ténébreux et ses instruments maléfiques actionnés par lui, pour nous diviser et nous disperser pour la vie. Mais mon témoignage, pour Dieu à vous mes Amis, qui vit encore dans mon cœur est à la suffisance de sa toute-puissance. Demeurez proches de ce qui vous a rassemblés en premier lieu auprès du Seigneur et des uns des autres, qui a laissé son nom parmi vous, et tel que toutes les forces de l'enfer et de la mort ou tout esprit impur ne seront en mesure de séparer, ou de blesser, ou de vous briser, car la puissance de Dieu est votre fondation.

Dépendez-vous de cela, car il est confirmé et bien posé par Dieu lui-même. Soyez comme des pierres lourdes de sa construction, et alors vous ne pouvez pas être déplacés par toute la force du raisonnement de l'homme, ni par toute la ruse de la sagesse déchue de Satan. Mais comme vous demeurez dans la lumière pure, et que vous conservez le sens du sentiment de la vie divine et que vous restez proche de la puissance, vous serez en mesure de dire,

- Le Seigneur notre Dieu est le Dieu vrai et vivant, et à côté de lui il n'y en a pas d'autre ; et donc nous nous confierons en lui et nous nous appuierons sur sa puissance et son Saint-Esprit, qui est tout suffisant pour toujours.

Et maintenant, chers Amis, bien que le diable, le vieux menteur, soit à l'œuvre en ce jour dans un grand mystère, même le mystère de l'iniquité, par sa puissance maléfique et son esprit déchirant, n'écoute ni lui ni ses instruments, car la puissance de Dieu le domine et eux tous, oui, tout ce qui lui est contraire. Car c'est lui qui fut le premier et sera le dernier, dit-il

- Je suis l'Alpha et l'Oméga, le début et la fin.

Et écrasera-t-il bientôt Satan et tous ses agents de malice.

Il a promis d'écraser la tête du serpent, qui chaque jour l'accomplit par la domination de sa puissance et de son Esprit Saint sur l'enfer, la mort, et la tombe, et tout esprit impur, malpropre, gênant. Car ceux-ci sont destinés au feu de la colère et du jugement, dont le but est de tuer et de détruire, et faire des ruptures et des déchirures parmi le peuple de Dieu par lesquelles il entre, dont je mets en garde les Amis de se méfier. C'est l'un des derniers changements du diable à apparaître au nom de la lumière et de l'ancienne puissance et vérité telle qu'elle était au début, une transformation pour cacher sa ténébreuse puissance et son esprit nébuleux, qui rampe habilement dans les ténèbres pour tromper les gens simples d'esprit.

Mais il ne sera pas maintenant appelé le diable, il sera appelé Dieu. Il ne sera pas appelé un adversaire, mais il sera appelé un Ami par ceux qui sont ses sujets, bien que sous un autre prétexte. Car si quelqu'un l'appelle autrement, alors il s'en rage dans son instrument. Mais nous devons lui dire clairement qu'il est le vieux menteur, le même qui a trompé Adam et Eve, et le plus grand ennemi et adversaire que le Seigneur, sa Vérité, et son peuple ont à ce jour. Et ceux qui participent à ce mauvais esprit et le font régner dans leurs cœurs, de sorte que par sa force ils deviennent des opposants ouverts, ceux-ci sont aussi de grands ennemis du Seigneur, de sa Vérité, et de son peuple. Mais aucune arme formée contre eux ne prospérera.

Ben, gloire éternelle au Dieu vrai et vivant! Ce serpent subtil avec toutes ses ruses, malice et subtilité, dans la pure lumière est exposé et découvert dans toutes ses œuvres méchantes ainsi que ses ouvriers et ses ruses. Et cette puissance est ressuscitée dans le cœur de tous ceux qui la gardent fidèle et proche, qui l'écrasera et préservera dans la pure unité et la communion évangélique qui sont dans l'Esprit et dans la Vérité. Mais cet esprit méchant n'a point de part à cela, car il ferait des déchirures et des ruptures, et laisserait entrer les bêtes sauvages des champs pour dévorer l'héritage de Dieu, et disperserait ainsi les brebis de son pâturage, et les chasserait de nouveau dans Sodome spirituel et en Egypte où le Seigneur de la vie et de la gloire fut crucifié et tué à cœur joie.

Cet esprit n'est pas du Père, mais du monde, et conduira à l'affaiblissement, à la légèreté et à la fausse liberté partout où il parviendra à percer. Cet esprit subtil a induit trop de monde par sa ruse astucieuse à rabaisser les Assemblées des hommes et des femmes et la puissance de Dieu par laquelle ils ont été créés en est de plus en plus établis, laquelle puissance lierait cet esprit séparateur et diviseur de sorte qu'elle ne puisse plus le supporter, à savoir le pouvoir et l'autorité des Assemblées des hommes et des femmes, et le saint ordre qui y est pratiqué, et les bons effets qui en résultent, qui tendent à établir la vérité et la justice et à balayer toute tromperie, l'hypocrisie, l'impureté, et la fausse liberté afin que la maison puisse être proprement nettoyée partout, et qu'un soin pieux soit pris pour la garder ainsi.

Cela inquiète cet esprit méchant, et il s'enrage dans certains de ses instruments, bien qu'il apparaisse dans d'autres plus subtilement, ne se contentant pas de la liberté que la Vérité permet et de l'ordre qu'elle a établi, il n'y a pas assez de place pour leurs volontés et leur sagesse sensuelle.

Le Seigneur dans son amour et par sa lumière m'a clairement permis de voir son chemin, qu'il mène aux chambres de la mort et de l'enfer, et il a délivré mon âme de son piège, qui était autrefois en danger d'être pris par elle lorsque des Assemblées d'hommes et de femmes furent mises en place en commençant à raisonner avec elle. Et c'est de cette façon qu'il rassemble des forces et jette un voile sur les simples d'esprit.

C'est pourquoi, réjouis-toi, ô mon âme, et loue le Seigneur avec tous ceux qu'il a rachetés, parce que lui, par sa puissance glorieuse, écrase Satan, et les rachetés du Très-Haut se réjouiront et chanteront des louanges à celui qui est assis sur le trône et à l'Agneau pour toujours.

Et que personne ne dise :

- Qui est capable de faire la guerre à la bête, et le nombre de son nom.

Mais qu'elle vive par la foi. Et que votre foi demeure dans la suffisance de la puissance de Dieu, comme ceux qui dans la victoire et la domination de celui-ci peut dire

- Qui est capable de faire la guerre à l'Agneau et à ses disciples, car l'Agneau doit avoir la victoire et la couronne sera placée sur la tête de tous ceux qui persévèrent jusqu'à la fin ; les armes dont le combat n'est pas charnel, mais spirituel, et puissantes par Dieu, à qui soit la gloire et l'honneur pour toujours.

Chers Amis du monde, à ceux d'entre les mains de qui ceci parviendrait, prêtez l'oreille aux conseils de votre frère. Comme le Seigneur l'a fait pour mon âme, faites attention et prenez garde de toucher, de goûter, de manipuler cet esprit, ou d'engager un raisonnement avec lui afin que vous ne soyez pas vaincus. Je dis en tant que quelqu'un qui a une charge sur moi de vous avertir au nom du Seigneur, prenez garde et méfiez-vous de l'esprit qui produit ces mauvais fruits et de tels mauvais effets, bien que sous un prétexte juste, de peur que vous ne soyez trahi et séduit par-là, comme le serpent avait séduit Eve. Mais gardez votre zèle et conservez votre intégrité et votre premier amour pour le Seigneur, sa Vérité, et son peuple. Prenez garde et faites attention à ne pas céder à cette pensée qui vous ferait abandonner de vous-mêmes l'Assemblée parmi le peuple de Dieu, or de rechuter ou de réduire les Assemblées d'hommes et de femmes à une légère affaire, mais soyez en fidèles, prudents et diligents en gardant toutes vos Assemblées au nom et la puissance de Dieu, le premier jour et le jour de la semaine, et les Assemblées d'hommes et de femmes. Et ne regrettez pas : « Mes affaires, mes affaires, mon travail et mon commerce ! » quand vous devriez aller et attendre et adorer ou rendre un service quelconque au Seigneur. Mais occupez-vous de l'œuvre et des affaires du Seigneur et vivez par la foi, et vous aurez assez de temps pour faire les vôtres de peur que votre amour ne soit si grand aux choses éphémères au point que vous ne vous trouviez dignes de Jésus-Christ, auquel chaque âme doive se soumettre en toutes choses, digne de gloire et d'honneur pour toujours. Amen.

John Banks

Depuis Moorgate, dans le Cumberland, le 16e jour du septième mois, 1678

Et suivant ce que le Seigneur exigeait de moi ici, j'étais mu par la volonté de sillonner plusieurs comtés de cette nation pour porter mon témoignage contre cet esprit et ceux dont il guidait l'action. J'étais allé avec crainte et tremblement, mais le Seigneur m'avait fortifié avec la puissance suffisante pour accomplir ce qu'il exigeait de moi, bien que mes exercices fussent grands, à la fois physiques et spirituels. Alors que j'étais à l'Assemblée Annuelle à Londres, j'avais écrit la lettre suivante à ma femme.

Chère épouse,

Tu es vraiment pour moi, aussi près que l'os de mon os, et la chair de ma chair. C'est l'œuvre du Seigneur et nous sommes toujours engagés à lui rendre la louange et la gloire, à lui qui nous a bénis ainsi que nos enfants qui grandissent comme des plantes tendres devant lui, ce qui dulcifie mon cœur et mon âme à considérer le grand amour et la faveur de Dieu pour nous ici. Mon amour est avec toi et les tiens, et ma vie dans la Vérité vous atteint, bien que je sois ainsi séparé de vous. Et la supplication de mon âme est pour que le Seigneur puisse de plus en plus augmenter votre foi et votre patience, afin que dans l'espérance vous puissiez être convaincus contre tous les raisonnements de l'ennemi et que vous puissiez pour toujours avoir confiance dans le Seigneur et dans la suffisance de sa puissance, que tu sais, ma chère, ne nous a jamais manqués, ni ne nous manquera jamais, comme nous continuons jusqu'à la fin dans la foi de notre Seigneur et Sauveur Jésus-Christ.

Et comme il a plu au Seigneur de t'entraîner à me livrer à son service, ne m'attends plus avant que je ne l'aie accompli, car la volonté du Seigneur ne peut être faite qu'en portant la croix pour les nôtres. J'ai une grande raison d'exalter pour toujours le nom du Seigneur, qui non seulement m'a appelé à son œuvre et à son service, mais qui est heureux de m'équiper, par tous les moyens, avec de la sagesse et de la capacité à accomplir ce qu'il exige selon ma mesure.

Louons donc le Seigneur, parce que son œuvre prospère dans les villes et dans les campagnes. Que le Seigneur soit avec toi et les tiens, et qu'il réconforte et rafraîchisse ton âme dans les Assemblées de son peuple, avec qui tu te rencontres aussi souvent que tu le peux, le premier jour et le jour de la semaine, avec le reste de la famille, car tu sais que cela a toujours été ma préoccupation quand j'étais présent. C'est pourquoi je me levais de bonheur et me couchais tard, et travaillais et œuvrais avec toute la diligence nécessaire pour qu'il en fût ainsi, selon le désir de mon cœur, et pour que, par la même diligence en matière des affaires prescrites ainsi qu'avec la bénédiction du Seigneur, je puisse aussi décemment et conformément subvenir à tes besoins et te maintenir avec les enfants en ordre, selon la Vérité et ma capacité.

Et comme ceci était ma prudence et ma préoccupation quand j'étais présent, je ne peux pas faire moins que de te mettre dans l'esprit que de ces choses quoiqu'absent, n'étant pas indifférent à tes devoirs et préoccupations quant à l'extérieur, avec lesquels sympathise-je encore avec toi. J'espère que le Seigneur, comme il l'a fait, par la foi et la patience, et par diligence, te les facilitera. Car nous n'avons aucune raison de regarder en arrière et de dire : « Le Seigneur a manqué. » Mais d'autre part, il ne nous a rien caché dont il savait que nous en avions besoin, comme avec cela nous fûmes satisfaits, la gloire sans fin pour celui qui vit pour toujours !

Quant à notre Assemblée Annuelle, oh! que la puissance du Seigneur nous a-t-elle entouré, et que son amour pur et sa vie ont-ils coulé comme un torrent parmi nous, avec le déversement de son Esprit sur nous de manière abondante ; par l'assujettissement à l'Esprit saint duquel nous avions été disposés à parler et déclarer, un par un, de la grande œuvre de Dieu, en nous confirmant et en nous établissant les uns les autres dans toute fidélité. Et c'était dans une telle soumission et dans un tel ordre saint, avec de très nombreux frères étant présents, que mon cœur se brise de tendresse quand je pense à cela. Oui, telle était la glorieuse apparition de Dieu parmi nous dans nos Assemblées, tant des hommes que des femmes, tellement que l'esprit contraire n'était jamais en mesure de se soulever la tête, car la puissance de Dieu était sur tous afin que nous nous adonnâmes à la joie et réjouîmes devant lui en redonnant louange, honneur et gloire à celui qui est digne pour toujours, qui poursuit son propre travail afin de le perfectionner, et personne ne peut ni laisser ni entraver, bien qu'ils puissent s'opposer.

Malgré le grand bruit des guerres, toutes les Assemblées auxquelles j'ai eues à assister ici étaient pleines, paisibles et calmes, même aussi étaient-elles si pleines qu'il n'y avait pas beaucoup de maisons qui pouvaient les contenir, bien qu'il se supposât que certaines en contiendraient entre deux et trois mille. Voici un encouragement pour tout le peuple du Seigneur à poursuivre son chemin en se réjouissant, car le Seigneur notre Dieu est avec nous, et dans la foi et la patience de dire : « Viens ce qui peut venir, ô Dieu, que ta volonté soit faite! car toutes choses concourent au bien de ceux qui t'aiment jusqu'à la fin », à laquelle le Seigneur nous préserve tous. Amen !

J'ai l'intention, si le Seigneur le veut, d'aller d'ici demain et de me rendre à Bristol, et il se peut qu'il me reste un mois avant d'y arriver. J'avais voyagé dur pour venir ici une semaine avant l'Assemblée Annuelle, qui eut tendance à me décharger le plus tôt de cette ville.

Et maintenant, mes chers enfants, ayez à l'esprit la crainte du Seigneur, chacun d'entre vous qui peut voir une différence entre le bien et le mal, et prenez garde de faire ce qui est bon. Ainsi serez-vous préservés de ce qui est mauvais. Soyez sobres et paisibles, et prenez garde à toutes les paroles que votre mère dit, comme si j'étais là et que j'en parlais, car elle vous dit ce qu'elle voudrait que vous fassiez pour votre bien.

Veillez à lire aussi souvent dans vos livres quand vous en avez l'occasion, avec les Saintes Ecritures, sont le livre des livres.

Et à vous mes serviteurs, Jacques et Marie, mon amour est pour vous, avec un grand désir et un avis dans mon cœur pour que vous puissiez demeurer ensemble dans l'amour et l'unité dans la crainte de Dieu et marcher comme devient la Vérité, que le Seigneur, dans son amour, vous a donné la connaissance, dans laquelle je désire vraiment votre croissance et votre enrichissement, comme si vous étiez mes enfants. Alors tout ira bien.

Adieu ma chère épouse, mes enfants et mes serviteurs.

John Banks

Depuis Londres, le 16 du quatrième mois, 1679.

De là, me dirigeai-je vers l'ouest; mais ma plus grande tribulation était à Westmoreland, et à Hartford, quand j'étais arrivé à Londres, et par la suite à Reading, Wycombe, Charlcote, Bristol, en passant par

Wiltshire, là j'avais tenu quinze Assemblées en trois semaines, à toutes les Assemblées il y avait beaucoup de ces gens indisciplinés à l'esprit de division, bien qu'aucun d'entre eux n'eût le culot de s'opposer à moi; pourtant, après la plupart des Assemblées, ils étaient furieux derrière mon dos contre moi, et menaçaient avec ce qu'ils feraient à la prochaine Assemblée, mais jamais ils n'eurent le force d'ouvrir la bouche à l'Assemblée pour s'opposer; car il plut au Seigneur d'être avec moi d'une manière merveilleuse; à sa louange et à sa gloire, je le dis devant lui avec révérence et humilité; car mon témoignage était comme une flamme de feu parmi les ronces et les épines, comme beaucoup de gens du peuple de Dieu avaient pu en témoigner.

Mon compagnon, Christopher Story, fut pour moi d'une aide et d'un réconfort, bien que peu angoissé par cette tribulation; pourtant, il sympathisait beaucoup avec moi en esprit, et avait rendu un bon service aux Amis, et continue en homme solide et poids lourd dans le travail du ministère, tant au pays qu'à l'étranger.

Ah ! grande était la tribulation sous laquelle j'avais été éprouvée maintes fois, à la fois corporelle et spirituelle; car le poids et la méchanceté de l'esprit séparatiste avait porté un coup dur sur moi, mais la puissance du Seigneur l'enchaîna et le limita. J'avais peu bénéficié de la viande ou du sommeil, surtout dans le Wiltshire; car ceux qui y étaient me suivaient d'Assemblée en Assemblée.

La lettre suivante eut été écrite à ma fille, après qu'elle fut placée au service à Londres, en 1682.

Sarah Banks, ma fille ainée,

Tu m'es très chère depuis le jour de ta naissance. Avec une attention pieuse d'un père tendre j'ai prié pour que tu puisses être nourrie dès tes jeunes et tendres années pour ta préservation et avec beaucoup de désirs dans mon cœur pour Dieu tout-puissant que, comme tu mûris en âge, il puisse être heureux de te rendre sensible et de te faire comprendre de ces choses qui garantissent ta paix éternelle et le salut de ton âme dans le royaume de gloire quand le temps ici ne sera plus.

Et maintenant, chère enfant, le Seigneur ayant jusqu'ici répondu à mes désirs et m'ayant permis d'accomplir mes soins envers toi, j'ai une autre préoccupation dans mon esprit pour le bien de ton âme, qui, comme tu le sais vraiment, sera pour ton bien et ne t'empêchera jamais de tout ce qui est sûrement nécessaire pour toi.

Avant tout, je voudrais te rappeler que Dieu, selon sa Sagesse divine et sa Providence, t'a donné la vie et le souffle, que tu devrais prendre et valoriser comme des miséricordes, parmi beaucoup d'autres que tu as reçues de lui. Et toi aussi, tu es parvenue à un certain degré à comprendre comment te comporter comme un enfant de Dieu par la lumière et la grâce de notre Seigneur Jésus-Christ qu'il a placé dans le secret de ton cœur pour t'enseigner en toutes choses. Mon souci maintenant est de t'éveiller à cela en te rappelant d'être fidèle et obéissant à ses sommations, plus ou moins.

Cette lumière et cette grâce de notre Seigneur Jésus-Christ t'enseignent ton devoir envers Dieu, envers tes parents et envers tous les hommes. Elle t'enseigne d'abord à craindre et à aimer Dieu et à l'attendre, à l'adorer et à le servir avec toute ton esprit et toute ta force, afin que lui seul, par son Esprit, manifesté en Jésus-Christ et par Lui, soit ton amour et ta joie. Il t'enseignera, alors que tu es vigilante, à nier toute impiété et toute convoitise mondaine, à prendre plaisir à rencontrer le peuple de Dieu, à l'adorer en esprit et en Vérité, afin que tu deviennes de plus en plus à l'unité et à la communion avec ses enfants fidèles, selon ta mesure.

Cette pure lumière du Fils de Dieu t'enseigne à être humble d'esprit, sobre et vigilante à tes paroles, à ta posture et à ton comportement, dans ta vie et ta conversation, et à choisir ceux-là pour tes compagnons et non ceux qui, bien qu'ils professent la vérité, sont légers, impurs, dédaigneux, et suivent les modes du monde ; et qui bavardent, racontent des histoires, et se mêlent des affaires d'autres hommes et de femmes qui ne les concernent pas. Sois sûre à ne pas te trouver que dans ce qui te concerne et bien devient ta place à être une servante.

C'est là la façon de grandir dans la grâce et la connaissance salvifique et d'avoir l'ornement exquis, qui est l'ornement d'un esprit doux et tranquille qui, aux yeux de Dieu est de grand prix et est meilleur que l'accoutrement coûteux. C'est la façon d'être aimé de Dieu et de son peuple, de grandir en bonne femme, et d'aboutir à une fin bénie et heureuse. Cette voie bénie et ce cours de la vie, mon âme désire pour toi, ma chère enfant, que tu puisses en vivre soigneusement et en garder jusqu'à la fin de tes jours. Amen.

La lumière de Jésus-Christ qui t'enseigne ainsi ton devoir envers Dieu t'enseignera aussi ton devoir envers tous les hommes, femmes, serviteurs et enfants, spécialement maintenant dans ta place où tu es servante. Cela t'apprendra à être fidèle, disposée, et obéissante à ton maître et à ta maîtresse dans toutes les choses qui sont requises et convenables, à veiller à ce que rien de ce qui t'a été confié ne se gaspille sous ta main, ni autrement, et à veiller avec un œil pour le bien de tous dans la famille. Quel que soit d'autre choses qui arrivent, ne pas les dire à toute autre personne qui peut causer des dissensions, mais d'abord dire au parti concerné dans l'amour, pour que tu sois ainsi traitée. Cela est conforme à la loi juste de Dieu, qui est lumière, qui enseigne que nous fassions aux hommes ce que nous voulons qu'ils fassent pour nous. Et quand quelque chose se passe mal avec toi-même et on t'en parle et te réprimande pour cela, comme le conseil de Paul à Timothée concernant les serviteurs fut, je t'exhorte dans la tendresse, ne murmure pas ni ne répond pas à nouveau, sauf si c'est pour dire que ce sera rétabli.

Ma chère enfant, le désir de mon cœur est à Dieu Tout-Puissant qu'il puisse rendre efficace mon avertissement et mon conseil-ci pour toi et que dans l'examen sérieux de cela, avec des désirs honnêtes cultivés en toi pour accomplir et répondre à la même, que ton cœur puisse être vraiment dompté et saisi devant le Seigneur, et ainsi gardé dans toute humilité et modestie devant lui jusqu'à la fin de tes jours.

Ainsi prie ton tendre et affectueux père,

John Banks

Cette année, je retournai en Irlande, d'où j'écrivis la lettre suivante à ma femme

Chère épouse,

En ce qui incline mon cœur au Seigneur et m'attendrit vraiment devant lui, suis-je en ce moment enflé de tendresse envers toi, avec nos chers enfants et serviteurs, désirant que par la même puissance le Seigneur puisse dulcifier ton cœur de la tendresse devant lui afin que tu puisses croître de plus en plus et que nous puissions avoir un sens l'un de l'autre de notre enrichissement ensemble par la vertu vivante qui jaillit de la racine qui nous porte. Car comme notre habitation et notre demeure sont ici, bien que notre travail et notre service ne soient pas un en raison de la diversité des dons qui nous sont donnés, nous grandissons ensemble comme le font tous les fidèles en Jésus-Christ.

Que le Seigneur te préserve dans sa crainte et te guide dans sa sagesse afin que tu puisses être un bon exemple devant tes enfants et serviteurs, en prenant soin de les élever dans la même crainte, pour marcher comme en devient la vérité en toutes choses ; portant toujours un tendre regard sur eux, principalement pour le bien de leur âme, ainsi que de leur corps.

Ainsi, ma chère, soyez soucieux de leur bien pendant qu'ils grandissent dans la compréhension, car ils sont assez doués et inquiets (comme beaucoup d'enfants de cet âge sont), que tu peux vite discerner s'ils se livrent à quelque chose à laquelle ils ne devraient pas. Et si nous leur concédons ainsi, nous perdons notre tutelle et notre autorité sur eux.

Que notre soin soit d'atteindre et d'avoir la réponse du témoignage de Dieu en eux, même le témoignage de son Esprit gracieux, dont la plupart d'entre eux en ont un sens et par lequel ils savent ce qu'ils doivent faire et ce qu'ils ne devraient pas faire. Et comme cela se présente en eux et que nous nous en occupons, cela en fera de bons enfants. Et beaucoup réside dans les exemples que nous leur présentons.

C'est pourquoi je suis de plus en plus soucieux dans mon esprit de me comporter envers eux, afin que je puisse être affranchi de ma charge et de mon devoir à leur égard, particulièrement pour le bien de leurs âmes. Le Seigneur nous a richement bénis avec eux comme des miséricordes multiples, mais il reste encore un grand soin et une grande préoccupation sur nos parties à accomplir. Le Seigneur nous a richement bénis avec eux comme des miséricordes multiples, mais de notre part, il nous reste encore un grand soin et une grande préoccupation à accomplir. Faute de cela, je vois clairement que beaucoup d'enfants qui pourraient apporter l'honneur à Dieu, à sa Vérité, et à leurs parents sont, au contraire, un déshonneur pour tous, bien qu'ils puissent avoir de grandes possessions de ce monde, et la plénitude, la facilité, et un grand avantage comme on l'appelle. Mais avoir perdu de la Vérité, ne sert à rien, même si beaucoup de gens admirent trop cela, et négligent les questions plus fondamentales qui devraient constituer la plus grande partie de leur préoccupation.

Et maintenant, chers enfants, vous pouvez comprendre notre soin et notre sollicitude pour vous. C'est pourquoi vous qui êtes arrivés à cette intelligence, je vous avertis, comme un père tendre, dans l'amour de Dieu, que vous acceptiez cette bonne résolution, et disiez,

- Comment dois-je me comporter en toutes choses, tant en paroles qu'en actes, en conduite et en comportement, comme un enfant obéissant, à la fois à mon cher père et à ma chère mère, qui ont un tel soin pour mon bien et ma préservation à tous égards, et surtout à ma mère, alors que mon père est absent?

Et afin que vous soyez tous tels maintenant pour elle, et pour moi quand je serai présent, soyez tous sujets et obéissants les uns envers les autres. Vivez dans l'amour, la tranquillité et la bonne volonté les uns envers les autres ; et soyez sobres dans la crainte de Dieu, et gardez-vous hors de toute compagnie, exceptée celle de ceux qui sont sobres.

Et en aucun cas ne soyez oisifs à tout moment, mais donnez-vous une bonne œuvre, telle que votre corps et votre compréhension sont capables d'effectuer, avec un esprit disposé et prêt à être suppléants à votre mère dans ses sollicitudes. Et soyez attentifs à lire vos livres quand vous en aurez le temps. Relisez les livres des Saintes Écritures et ceux des Amis, et soyez diligents dans vos études et à votre ordre de tenir à des Assemblées, en semaine comme le premier jour, pour que le travail de vos mains soit plus aisé, plus doux et plus confortable pour vous, et que Dieu au-delà de tous, pour toutes ses bénédictions et ses miséricordes, puisse avoir la louange, l'honneur et la gloire, qui est éternellement digne.

Peter Fearon, qui fut mon serviteur durant sept ans, est maintenant mon compagnon acceptable dans l'œuvre de l'Évangile.

John

Depuis Mont Melick en Irlande, le 23 du quatrième mois, 1682.

Un récit de mon emprisonnement dans la ville de Carlisle à Cumberland pendant six ans et neuf mois parce que pour l'amour de la conscience je refusai de payer les dîmes demandées par George Fletcher de Hutton hall, dans le comté susmentionné, un juge de paix, soi-disant, pourtant un grand persécuteur du peuple de Dieu par l'emprisonnement et le pillage de leurs biens. Et au moment de ma condamnation, tout ce qu'il prétendait était que son dû était de huit shilling et six pence, ce qui montre son intolérance et son oppression.

Au début du deuxième mois de l'année 1684, je fus incarcéré à la poursuite de ce dit George Fletcher, extorqueur, parce que pour l'amour de la conscience, je ne pus m'empêcher de porter mon témoignage contre cette grande oppression des dîmes, étant d'abord cité à comparaître, et ensuite arrêté, parce que, en obéissance au commandement du Christ, je refusai de soumettre ma réponse sur le serment à son projet de loi.

Le jour même où je fus emmené en prison, douze hommes, munis d'un mandat de George Fletcher, étaient venus prendre sept livres et dix shillings de mes biens pour une partie d'amende de vingt livres contre un Ami du ministère qui avait pris la parole à notre maison d'Assemblée à Pardsay-Crag, ce fut au temps de l'acte pénal contre les conventicules. Les marchandises furent vendues par lui, ou à sa commande et encore beaucoup plus saisies chez d'autres Amis pour ladite amende, ce qui s'élevait à trente-cinq livres. Mon emprisonnement avait durée presque sept ans, moins trois mois, avant que je ne fusse libéré par l'acte de grâce du roi William.

Voici un vrai conte des abus et de brutalités que moi avec certains de mes prisonniers avaient souffert du geôlier, George Lancake, et l'ouvreur, Alexander Richardson, pour aucune autre cause que d'adorer Dieu dans notre cellule et par l'obéissance au Seigneur, parlant en son nom dans l'exhortation et la prière ; et parfois par des avertissements que j'étais contraint de donner aux gens qui passaient par la fenêtre de notre prison de leur retour du culte et à d'autres moments, de se hâter à tourner vers le Seigneur par une repentance et un changement de leurs voies. Le vingtième jour du cinquième mois, 1684, un peu avant le moment de notre Assemblée, comme il y avait cinq autres Amis prisonniers avec moi, le geôlier me dit que, si je ne lui promettais pas de ne pas prêcher ce jour-là, il m'emmènerait. Je lui répondis que je ne pouvais pas lui faire une telle promesse, et je ne savais pas non plus, avant le moment venu, que je devais prêcher.

- Alors, dit-il, j'ai préparé une autre place pour toi.

Il me prit par le bras, me conduisit et me mit dans une cellule bruyante et enfumée, dans laquelle ils brassèrent et il m'y enferma, là je restai trois jours et deux nuits sans lit. Alors le premier jour, le soir après que j'y fus enfermé, l'ouvreur était venu et avait ouvert la porte et m'avait dit que son maître l'avait envoyé pour me demander de venir et de rejoindre mes Amis. Mais répondis-je :

- Va dire à ton maître que je ne sortirai pas de ce lieu jusqu'à ce qu'il vienne me chercher lui-même, lui qui m'a mis ici.

Il était allé lui dire et le geôlier avait dit à son homme de me répéter que je devais rester là jusqu'à ce que je pourrisse avant qu'il ne vînt me chercher. Mais je n'avais rien remarqué, sachant bien ce que j'avais fait. Il y avait plusieurs prisonniers dans sa maison pour dettes, qui avaient gaspillé la plupart de leurs biens, qui disaient,

- Le Quaker dit qu'il ne sortira pas jusqu'à ce que vous alliez le chercher, c'est-à-dire, le geôlier, et vous dites qu'il restera là jusqu'à ce qu'il pourrisse avant que vous le fassiez. Nous verrons qui remportera la victoire.

Cette nuit-là et le lendemain et la nuit suivants passèrent, et le jour suivant vers la soirée revint l'ouvreur et me dit que son maître l'avait envoyé pour me traîner dehors par la force si je ne voulais pas venir volontairement, c'est la quatrième fois qu'il l'envoya. L'ouvreur était un homme méchant, vigoureux et robuste.

Étant assis, je m'étais levé devant lui, et lui avais dit :

- Si tu peux me prendre par la force, fais, me voici, lui dis-je en tendant mes bras.

Alors il me prit par un et me tira de toute sa force, mais il ne put pas me déplacer du tout

- Dieu bénis moi, je pense que le diable est dans l'homme. Je ne peux pas le déplacer, dit-il méchamment.
- Non, lui répliquai-je, le diable est en toi, et je suis plus fort par la puissance de Dieu que toi et le diable. Va, dis-le à ton maître.

Pendant tout ce temps je sentais que son maître était tourmenté.

Il était donc allé lui dire ce qu'il avait fait et ce que j'avais dit. Et il dit qu'il pensait que j'étais aussi fort que vingt hommes, car il ne pouvait pas me déplacer non plus comme si j'avais été un arbre. Mais peu de temps après, le geôlier lui-même vint à moi, et dit :

- Et maintenant, John, de quoi est-il que tu ne sortiras pas, alors que j'ai envoyé si souvent mon homme pour te laisser aller vers tes Amis?
- Parce que c'était ta volonté et ton plaisir de me conduire ici, tu me ramèneras aussi, ou c'est ici que j'ai l'intention de rester. Je serai un vrai prisonnier pour toi. Je ne m'en échapperai pas. Répondis-je

Après quelques échanges d'autres mots entre nous, il me prit par le bras, en disant :

- Eh bien, venez donc. Si rien d'autre ne peut suffire, je te ramènerai, ce qu'il fit, en bas des escaliers à travers la cour, à la porte d'où il m'amena, et il me poussa dedans, et dit,
- Suis tes voies, prie Dieu que je n'avais jamais vu ton visage.

Et ceux emprisonnés pour dettes étaient debout à sa porte, regardant pendant qu'il me conduisait, rirent et dirent,

- Le Quaker a remporté la victoire.

Après cela, nous tînmes sept Assemblées ensembles, l'ouvreur me traîna dehors et dans la maison du geôlier, étant encouragé par lui, avec de nombreux discours menaçants, ordonnant à son homme de ne pas laisser l'un de nous sortir par l'entrée de sa cour.

Vers cette époque, j'écrivis à ma femme comme suit :

Chère épouse,

Mon amour en notre Seigneur Jésus-Christ te salue, ainsi que tous les tiens et les Amis, comme si je les ai nommés. Mon âme continue toujours de battre auprès Seigneur pour votre préservation. Car nous avons raison de dire que le Seigneur ne nous a jamais manqué au moment de notre plus grand besoin, de porter nos esprits avec courage et audace pour l'amour de son propre nom. Et comme nous conservons notre intégrité jusqu'à la fin, il sera le même, même si nos épreuves et nos exercices sont plus grands que ceux qu'on a eu jusqu'ici.

Pour cela, marchons ensemble dans la joie, parce que le Seigneur est notre force, par la grandeur de sa puissance, qui nous a comptés non seulement dignes de croire en son nom, mais aussi de souffrir pour lui. Et bien que beaucoup se lèvent les mains et délient les langues contre le Seigneur et ses élus et rachetés, en vain luttent-ils. Car le Seigneur a décidé de poursuivre son propre travail à sa manière et de le terminer en son temps, en dépit de tous les ennemis et opposants de Sion ; toi et de couronner ses fidèles avec le pouvoir et la victoire.

Que le Seigneur te garde près de lui, dans l'ouverture et la tendresse du cœur pour que tu puisses sentir et recevoir de son réconfort divin et de sa douceur spirituelle en l'attendant dans les Assemblées de son peuple et par la fraîcheur de sa vertu que tu puisses être gardée vivante et tendre devant lui afin que par sa puissance tu puisses être préservé dans et par tous tes divers exercices, sachant que beaucoup sont les épreuves des justes, mais le Seigneur les délivre de tous. Et c'est là, le réconfort et l'encouragement des justes qui les rendent courageux et vaillant pour la Vérité sur la terre.

Je vais bien, avec tous mes coreligionnaires qui souffrent, malgré la rage des méchants qui continue contre nous. Et je n'ai pas plus de joie et de réconfort dans ce monde que de savoir que toi et tous les tiens allez bien, tant physiquement que spirituellement. Au temps du Seigneur, tout ira bien. Bien que je serais heureux de te voir ici, ne te décourage pas en aucune manière, car je suis vraiment content de l'épauler, même si c'était beaucoup plus, considérant tes préoccupations en cette saison de l'année, étant la période de la moisson, et le voyage étant si long.

Alors adieu dans le Seigneur,

John Banks

Depuis la prison de Carlisle, le 12 du sixième mois, 1684.

Le 17e jour du sixième mois, étant le premier jour de la semaine, nous étions réunis pour nous attendre au Seigneur notre Dieu de tout notre cœur, à sa louange et à sa gloire, dont la puissance et la présence, se manifestaient quotidiennement parmi nous. L'ouvreur, qui maintenant regardait toujours quand je parlais, vint, selon sa manière coutume, et m'emmena à la maison de son maître.

La rage et la cruauté du geôlier commencèrent à monter à une hauteur plus grande qu'auparavant et le mauvais arbre à produire plus abondamment des fruits corrompus et mauvais, comme en témoignent ses paroles corrompues, ses discours méchants et ses actions ci-après. Après que j'eus été dans sa maison un certain temps, il commença à éclater dans une rage et à dire que nous étions tous des voyous, et des fripons, et des filous tricheurs, et que la prison commune nous arrangeait très bien. Non, s'il pouvait nous faire entrer dans la maison d'arrêt du quartier général, il nous mettrait tous là, alors nous étions seize en nombre. Cependant, il ajouta qu'il mettrait six d'entre nous qui étaient dans une pièce dans le grenier enfumé et le reste dans sa grange, et nous devrions y rester comme des moutons dans leurs enclos. Il chargea l'ouvreur de ne pas laisser l'un d'entre nous sortir du portail, ni de ne pas acheter nos propres victuailles ou ce dont nous avions besoin, ce que son homme observa assez strictement afin que nous fussions obligés de trouver quelqu'un pour nous apporter de ces choses dont nous avions besoin.

Vers cette époque, William Johnson, un Ami, aussi prisonnier, dit au geôlier :

- En nous voyant si contraints de notre liberté que nous n'irons peut-être pas acheter nos propres vivres, tu devrais nous trouver quelqu'un pour nous le faire.

Il répondit qu'il n'en obtiendrait pas, et si l'un d'entre nous tentait de sortir du portail, il nous y conduirait à nouveau, comme les voleurs sont conduits à la potence.

Le sixième jour suivant, étant le 22e jour du mois, nous étions assemblés dans la crainte du Seigneur dans la cellule, ainsi que notre Ami John Carlisle parmi nous, un habitant de la ville. Dans notre attente du Seigneur, il apparut puissamment parmi nous comme à d'autres moments, et notre Ami John Carlisle ouvrit la bouche avec quelques paroles de réconfort aux Amis qui souffraient. Mais tout à coup, l'ouvreur vint et le mit à la porte. Mais il est revenu et a dit quelques mots au geôlier pour l'avertir de se méfier de ce qu'il avait fait. Mais le geôlier le poussa sur la poitrine avec son poing, à tel point que la femme du geôlier lui demanda s'il était fou.

Peu de temps après que l'ouvreur eut assailli notre Ami John Carlisle, l'esprit de supplication m'avait envahi, et en obéissance à cela, j'avais imploré le Seigneur pour ma propre préservation, avec le reste de son peuple souffrant. Puis l'ouvreur était venu et m'avait tiré alors que j'étais à genoux, ayant été ordonné par le geôlier qui lui avait demandé de me tirer par les oreilles, et se tenait au bout de l'escalier avec un bâton dans sa main, nous étions alors dans une chambre à l'étage. Et quand l'ouvreur m'amena au bout de l'escalier, le geôlier dit,

- Jette-le la tête en première et il sera plus tôt au sol.

Et me poussa-t-il avec son bâton, le plaçant sur mes côtes, tandis que l'autre m'halait. Ils me mirent dans la vieille pièce enfumée, et là me gardèrent jusqu'à un certain temps après que l'Assemblée fut terminée, ainsi fut leur manière. Et dans l'Assemblée quelque temps après qu'ils m'avaient halé, notre Ami William Johnson avait prononcé quelques mots d'exhortation aux Amis, et l'ouvreur était venu et l'avait traîné dans une autre pièce dans la maison du geôlier.

Deux Assemblés plus tard, l'ouvreur m'hala et abusa beaucoup de moi, parfois il plaçait mon chapeau sur mon visage quand je déclarais la Vérité, et activait un bruit de sifflement pour noyer ma voix pour que les gens de la rue ne puissent pas comprendre. D'autres fois, il venait derrière moi et mettait des mains sur ma bouche pour m'empêcher de parler, mais il ne pouvait pas.

Le 26ème jour du même mois, nous nous étions réunis pour accomplir notre devoir envers le Seigneur, une nécessité était venue sur moi pour le prier et ainsi avec son peuple alors présent, nous nous mîmes à genoux ensemble. Peu de temps après, le geôlier dit à l'ouvreur :

- Tirez-le vers le bas.

Alors il me tira des genoux le long du sol par un de mes bras, mais il ajouta qu'il ne pouvait pas m'avoir, et le geôlier me dit,

- Suivez-le.

Mais il ne put pas me faire le suivre dans l'esprit de l'autre. Et ainsi le geôlier me saisit avec une grande fureur par le même bras que l'autre tenait, et les deux m'entraînèrent le long du plancher, hors de la porte, en bas des escaliers, dans la vieille cellule enfumée à nouveau.

Et quand j'étais au pied de l'escalier, ces mots se levèrent dans mon cœur, que je disse au geôlier :

- Il aurait été mieux pour toi de n'avoir jamais pris cette arme dans la main, pour lutter contre Dieu, sa Vérité, et son peuple. Car le temps viendra que tu ne pourras pas résister et il se transformera en angoisse et douleur dans tes entrailles.

Laquelle Vérité avait-il avoué depuis et à plusieurs reprises.

Vers cette époque, le premier jour de la semaine, le maire de l'époque, John How, et les échevins, avec les grands prêtres, il y avait un grand nombre d'entre eux appartenant à la ville, avec plusieurs qui avaient un esprit de persécution, étant très furieux contre moi parce que j'avais souvent été obligé à son témoignage de la Vérité dans leurs oreilles comme ils revenaient de leur culte, moi étant dans leur vue, le cas de notre fenêtre donnant sur la rue, étaient venus à notre Assemblée dans notre geôle quand j'étais engagé dans le témoignage pour la Vérité. Et le maire en colère me demanda de me taire, remuant souvent son personnel contre moi, menaçant ce qu'il me ferait pour avoir prêché là et dérangé toute la ville, au mépris de l'autorité.

Je fis semblant de ne pas le remarquer pendant un certain temps, afin qu'il puisse se manifester davantage. Étant un homme très passionné, il me dit que si je ne me taisais pas, il fermerait la bouche. Alors je répondis et dis :

- Le Seigneur m'ouvrit la bouche et lui et toute l'assistance qu'il pouvait obtenir dans la ville ne pouvait pas l'arrêter.

Il dit qu'il me bâillonnerait et me mettrait dans la prison commune, et je devrais prêcher là-bas aux murs.

- Je ne crains ni toi, ni ton bâillon, ni la prison commune. Car, bien que tu sois maire, tu n'as rien à faire pour t'entremêler de nous, nous sommes les prisonniers du roi et en sécurité, et

voici notre gardien, dis-je, en pointant du doigt le geôlier, qui
        était présent,

-   afin que tu puisses vaquer à tes affaires, avec lesquelles il se
        tait, ajoutai-je.

Puis un des échevins me dit qu'il pouvait prouver que je n'avais
rien à faire pour prêcher. Je lui demandai comment il pouvait le
prouver.

Par la Bible. Répondit-il

Je demandai que l'on lui fasse parvenir rapidement une Bible. Un
autre échevin lui dit :

-   Laissez-le, monsieur, vous ne ferez rien de bon avec lui. Vous
        pouvez tout aussi bien parler au mur.

Il avait donc échoué avec sa preuve, et avec quelques mots
menaçants ils partirent tous et ne nous troublèrent plus.

Parfois, le geôlier semblait me flatter, pour voir ce qu'il pouvait
faire de cette façon, et disait :

-   Tu vois le maire et les échevins de la ville avec les prêtres et
        beaucoup d'autres sont contre moi parce que je te laisse
        prêcher, et disent qu'ils me colleront une amende, et que ton
        Assemblée est un conventicule. Si tu prêches, ne peux-tu pas
        prêcher dans une autre maison, loin de la rue, ou aller à l'autre
        bout de cette maison, qui est grande? Est-ce qu'il n'y a pas
        d'autre endroit pour toi que celui juste près de la fenêtre?

A ce sujet, je lui répétais à plusieurs reprises:

-   Je ne prête pas attention à ta flatterie, pas plus qu'à tes
        menaces, ni ne puis-je aller à un autre lieu à ta demande, ni à
        la leur. Mets-moi où tu veux, en tant que prisonnier, je resterai
        franc et soumis à toi. Mais en ce qui est exigé de moi dans
        l'obéissance au Seigneur, je m'engage à entreprendre cela en
        son nom et la crainte de me tenir fidèle dans mon témoignage
        pour lui en acte ou en souffrance, sans souci ni crainte à ce
        que toi ou l'un de ces persécuteurs doit dire ou faire pour
        m'en empêcher, malgré ta cruauté et tes menaces ainsi que les
        leurs. Car le Seigneur, mon Dieu, en qui j'ai confiance et pour
        la cause duquel je souffre, est mon sauveur. Je me souviens
        bien, et j'ai raison de le faire, qu'il y a plus de vingt ans, j'avais
        été fait prisonnier dans la prison commune de cette ville pour
        avoir prié Dieu Tout-Puissant et pour avoir fait partie
        d'Assemblée de son peuple, et aussi fus-je condamné à une
        amende et mes biens confisqués pour cela, et le Seigneur
        m'avait donné la force de souffrir tout cela avec joie et

jubilation. Et penses-tu que je vais jouer les lâches maintenant après tant d'années ? Non, et non, béni soit le nom du Seigneur pour toujours ! Je suis devenu tellement plus fort dans la foi et la patience, par la force de sa puissance, que j'espère et je crois de justesse que je serai en mesure d'endurer tout ce que toi et tous ceux qui épousent la même pensée que toi, s'il vous permettrait de m'en imposer. Ne te laisse donc jamais croire que tu prévaudras sur moi, ni par flatterie, ni par menace, ni par cruauté, ni par la prison commune.

Après cela, il dit à quelques-uns des conseillers dans un discours avec eux sur moi,

- J'ai utilisé tous les efforts que je pouvais jusqu'ici pour faire taire cet homme, mais je ne peux pas, et je ne sais pas comment cela peut être fait, sauf un, et je n'ose pas le faire. À moins que sa bouche ne soit cousue, j'ose dire qu'il ne renoncera jamais à la prédication.

Et durant quatre Assemblées après cela, soit le geôlier soit l'ouvreur venait m'haler et abuser de moi, et me mettait dans un autre endroit, jusqu'à ce que l'Assemblée arrive à échéance ; et par la cruauté et la maltraitance du geôlier, mon corps était meurtri et ma santé altérée.

Le 13ème jour du septième mois, notre Ami Peter Fearon étant venu rendre visite aux prisonniers, nous nous étions assis ensemble pour nous attendre au Seigneur, et après quelque temps Peter Fearon était mu à la prière. Mais en peu de temps après vint l'ouvreur dans une grande rage, et demanda à notre Ami,

- D'où viens-tu? Viens!

Et ainsi il commença à le tirer d'une manière très cruelle, le prenant par la cravate et le jetant de nouveau dans un lit, et dit que soit il le pendrait soit il l'égorgerait. Encore tremblant et tirant par sa cravate ou son écharpe, il le traîna hors de la porte dans la maison du geôlier, avec des jurons et des déclarations de ce qu'il lui ferait. Pour cela, je réprimandai à la fois le geôlier et l'ouvreur brusquement de sorte que sous peu de temps ils le laissèrent partir.

Aujourd'hui, j'ai écrit à ma femme et à mes enfants la lettre suivante:

Chère Épouse,

Tu l'es vraiment pour moi et même si proche que nous sommes vraiment un, pour aider à porter les fardeaux de l'autre, pour sympathiser et être vraiment concernés l'un pour la préservation de l'autre, tant au pays qu'à l'étranger, en prison ou en liberté, en maladie ou en santé, non seulement pour le corps, mais pour le bonheur éternel et le bien-être de l'âme. Telle est la juste préoccupation du mari et de la femme qui sont vraiment unis et qui sont parvenus à connaître le vrai mariage, qui est l'union de Dieu. Ah, comme cela aide, renforce, encourage et soutient au temps du plus grand exercice.

Le Seigneur, qui connaît mon cœur, sait combien de fois dans mon enfermement j'ai été sous une sérieuse considération de ta condition avec ta famille faible, quant aux choses matérielles, avec une exhortation au Seigneur dans la supplication de mon âme sur la tienne et en leur nom que tu puisses être préservée avec eux en santé avec la force pour la gestion de tes affaires. Et sûrement ton âme peut dire avec la mienne,

- Le Seigneur a entendu et a répondu—Il a été bon et gracieux pour nous ici pour que nous puissions dire que les choses sur cette main sont bien.

Ainsi, avec un cœur humble, bénissons et louons son nom saint et digne, et ayons ses miséricordes, ses bénédictions, et ses faveurs dans le souvenir éternel. Car le Seigneur a certainement un ordre secret dans ces choses. Et si, dans sa crainte et sa vraie foi, il nous donne à voir et nous rend aussi témoins, qu'il peut et fait passer les choses, bien au-delà de ce qui peut être vu ou attendu.

Et maintenant, ma chère, quant à mon état actuel sous la souffrance, il est bien, bien que je ne sois pas tout à fait en forme. Pourtant, au temps du Seigneur, j'espère que je le serai. Je dis que c'est bien, bien que ma condition soit ce qu'elle est. Car je suis bien assuré que c'est selon sa volonté, dans l'exécution que j'ai une grande paix et satisfaction, bien que la colère et la cruauté des hommes impies se déversent encore beaucoup sur moi. Mais je crois que ce ne sera pas long jusqu'à ce que le Seigneur, par sa puissance, les fasse tomber. Quoi qu'il en soit, quoi que le Seigneur puisse encore leur permettre d'infliger à mon corps, je compte tout ce qui peut être enduré ou passé par ici pour n'être que légère affliction, en raison de l'évidence et l'assurance de ce poids beaucoup supérieur de la gloire éternelle que j'ai en vue, par la foi en Jésus-Christ, et je suis la voie qui me conduira à cette possession éternelle.

Et ainsi, ma chère, suivons librement et fidèlement ces choses qui produiront notre paix et notre joie éternelles avec le Seigneur, par lesquelles nous pouvons avoir la pleine assurance du salut de nos âmes, dans le royaume du bonheur et de la gloire, quand le temps ici ne sera plus, tout ce qu'on aime en dehors de ce monde. Car plus ou moins, comme nous nous en contentons vraiment, ce sera suffisant. Le Seigneur donne et enlève, ou le permet d'être ainsi, selon sa bonne volonté et son plaisir, béni soit son saint nom et révérée soit sa puissance glorieuse, maintenant, dorénavant, et pour toujours. Amen!

Et maintenant, mes chers enfants, au sujet desquels mon cœur est souvent attendri, mes entrailles aspirent à votre préservation du mal, et afin que vous puissiez croître et vous enrichir en tout ce qui est bon. Écoutez chacun d'entre vous et prenez bonne note de ce que j'ai à vous dire.

John, mon Fils, et cher enfant, Dieu dans son amour, selon sa sagesse divine, t'a donné une mesure ou une manifestation de son bon Esprit, de sa grâce ou de sa lumière, qu'il a placé dans ton cœur et ta conscience, comme témoin contre toute apparence de mal. Ceci dans une certaine mesure, en es-tu parvenu à la connaissance par laquelle tu sais que tu dois faire ce qui est bon et éviter le mal. Cette lumière du Seigneur Jésus-Christ vous enseigne à ne pas être sauvage ou désœuvré, ou à ne pas te vaquer à des paroles oisives, ou peu recommandables. Et si tu devais faire ou agir contrairement, cette lumière pure te réprouvera et te jugera pour cela. C'est cela, mon enfant, que tu dois connaître et aimer. Et alors il ne découvrira pas seulement tout péché et tout mal pour toi, mais comme tu prends garde à ses contrôles, reproches et manifestations, tu recevras le pouvoir sur ces choses, l'un après l'autre, que la lumière te rende manifeste, pour éviter toute compagnie légère et floue et pour avoir ton esprit gardé dans la crainte de Dieu pour le servir.

Par-dessus tout il faut aimer la Vérité et ceux qui la vivent. Et aussi il faut aimer aller aux Assemblées des Amis, et te réjouis en leur compagnie. C'est ainsi que tu parviendras à être sevré de toute apparence du mal, et deviendras-tu sobre et solide, comme en devient la Vérité. C'est ton devoir envers Dieu. Prête attention à la pratiquer ; et comme tu te trouves dans l'exécution de cela, la pure lumière et la grâce de notre Seigneur Jésus-Christ, qui t'enseigne ton devoir envers Dieu et comment lui obéir, t'enseignera aussi ton devoir envers tes parents, et en particulier envers ta chère mère, et aussi à tes sœurs et à ton frère.

Toi qui es l'aînée à la maison, je m'attends à tes soins et à ta diligence en ceci, dans l'amour et la tendresse à ta chère mère, afin que tu puisses être une force et l'aider maintenant en mon absence. Je te charge d'y veiller, comme tu espères une bénédiction du Seigneur, et ma faveur et ma mine. Veille aussi à ce qu'il n'y ait pas de conflit entre vous, sœurs et frère, en aucune occasion, ni en paroles ni en actions. Mais soyez tendres et affectueux les uns envers les autres, et soyez sûrs que vous garderez tous le langage de la Vérité, tutoyant chaque individu seul.

Et maintenant à vous, Ann et Marie, mes filles et mes chères enfants, que j'aime beaucoup, avec tous les autres. Assurez-vous de ne pas dire du mal de l'un et de l'autre, ni à aucune personne. Ne charriez pas de ragots d'une maison à l'autre. Et quand vous êtes envoyées pour faire une course, allez et revenez vite. Soyez affectueuses, gentilles et respectueuses les unes envers les autres, ainsi qu'envers vos frères, sœurs et serviteurs. Et aidez-vous les uns les autres volontiers en toutes choses, mais surtout votre chère mère. Soyez honnêtes et obéissantes envers elle en toutes choses. Ce qu'elle vous ordonne de faire, je vous l'ordonne, faites-le naturellement et volontiers, sans murmurer. Mes chères enfants, gardez à l'esprit ces paroles chaque jour, afin que vous puissiez tous vous servir les uns les autres dans l'amour.

Et à vous, petit William et Emme, les plus jeunes. Mes chers enfants, soyez sûrs que vous vous aimez les uns les autres. Ne tombez pas quand vous allez à l'école ou en rentrant à la maison. Ne faites de mal à personne, et lisez attentivement vos livres pour devenir de bons érudits. Souvenez-vous bien de ce que je vous dis, et surtout, prêtez attention à ce que votre mère vous dit, et aimez votre frère et vos sœurs. Chers enfants, occupez-vous tous de vos livres. Lisez les Saintes Écritures, et que le Seigneur vous bénisse et vous préserve tous dans l'amour, l'unité, la paix et la tranquillité ; craignez, servez et aimez Dieu de tout votre cœur, et alors tout ira bien.

Je trouve une grande détérioration dans mon corps en raison de la cruauté et l'usage abusif du geôlier et de son ouvreur, ainsi que le manque d'air frais. Car je n'ai pas eu la liberté de marcher à l'étranger ces derniers mois, et le geôlier ne me permet pas de parler ou de prier durant toute l'Assemblée après qu'il m'a entendu, pour lequel le Seigneur le visitera certainement avec ses jugements.

Je suis ton mari affectueux, ma chère épouse, et votre tendre père, mes chers enfants,

John Banks

Depuis ma prison, à Carlisle, le 13 du septième mois, 1684.

Le 15 du même mois, dans la soirée, vint le geôlier et rangea Thomas Hall et moi-même à la prison commune parce que nous ne pouvions pas répondre à ses demandes déraisonnables. Mais il n'y avait pas de place dans la prison commune, car elle était entièrement prise avec les débiteurs pauvres et les voleurs. Comme je fus malade depuis un certain temps et ne fus pas bien récupéré, un Ami dit au geôlier :

- Si notre Ami meurt par ta cruauté et fermeté, son sang souillera inévitablement tes mains.

Il me répondit qu'il s'en fichait si je ne me remettais jamais debout, qu'il me mettrait dans la prison commune. Je lui demandai, si l'endroit était convenable pour que nous y fussions placés; surtout moi, n'étant pas en santé. Il répondit que c'était ce qu'il avait pour nous, et que nous pouvions soit nous asseoir, soit nous coucher. Et s'il n'y avait pas de place pour nous coucher l'un à côté de l'autre, nous pourrions nous coucher l'un au-dessus de l'autre. Et s'il n'y avait pas de place ailleurs, nous pouvions aller dans l'évier, un trou dégoûtant et puant, rempli de saleté et de paille, qui réalise l'adage :

- La miséricorde des méchants est la cruauté.

En conséquence, il nous mit tous deux parmi les débiteurs dans la prison commune où il n'y avait pas de place commode pour s'asseoir ou se coucher. Et nous fûmes obligés de nous asseoir toute la nuit près de l'évier. Mais le lendemain, le geôlier amena un des débiteurs pauvres chez lui, où il le logea. Alors, nous eûmes de la paille et de la litière à poser sur le sol, qui était très rustique et humide, à la place du débiteur, et nous eûmes des pierres pour notre châlit, la tête et les pieds de lit, où nous étions enfermés ensemble pour la plupart le jour et la nuit pendant treize jours et treize nuits. Et malgré la faiblesse qui m'accompagnait quand j'étais placé là et la méchanceté du lieu, le Seigneur fus heureux de le faire comme un lieu de guérison et de rétablissement de la santé et de la force pour moi, de sorte que lorsque le geôlier me reprit de ce lieu, comme je descendais la rue vers l'endroit d'où il m'avait pris, beaucoup de gens étant venus m'observer, plusieurs d'entre eux dirent,

- Il est plus beau qu'il ne l'était quand ils l'ont mis dans la prison commune.

Cela me réjouit, les louanges, l'honneur et la gloire soient donnés au le Dieu très haut, qui, par sa propre guérison, sa restauration et sa conservation, peut faire passer tout ce qui semble bon à ses yeux!

Un passage de plus est digne d'être pris en compte pour exposer la cruauté et la dureté de cœur du geôlier. Ma chère épouse, avec d'autres Amis, venant me rendre visite dans la prison commune, qui se situait au-dessus de vingt miles de ma propre maison, désirait que le geôlier fît tant qu'il pût pour me laisser sortir de cette prison à un autre endroit. Mais n'ayant aucune compassion en lui, il ne me permit pas de venir à elle, mais envoya un mot par son ouvreur que si elle voulait être avec moi, elle pouvait venir dans la prison commune, mais pas un autre endroit, ce qu'elle accepta à cœur joie et resta avec moi jusqu'au lendemain plutôt que de me quitter et d'aller dans un endroit meilleur.

Une fois, alors que je travaillais dans la prison commune, le geôlier vint à moi et me dit d'un ton moqueur :

- John, tu as peu de lumière pour ton travail (il y avait très peu de lumière dans la prison), mais peu importe, ajouta-t-il, tu as assez de lumière à l'intérieur.

- Oui, béni soit le Seigneur, mon Dieu, pour toujours, j'en ai, mais tu en as peu. Car si tu en avais plus, tu verrais mieux que maintenant ce que tu dois faire. Lui répondis-je.

Il se détourna de moi et ne dit plus rien, mais il amena mon compagnon de captivité, Thomas Hall, loin de moi au bout de treize jours, et il me garda là trois jours et trois nuits de plus, puis il me retira comme je l'avais dit.

Quand le geôlier constata que tous ses moyens ne produiraient pas leurs résultats de me faire renoncer et de nous faire louer la chambre, et étant troublé dans sa conscience jour et nuit, comme il l'avait avoué par la suite, la peur servile et à la cruauté l'accompagnaient toujours. Il s'engagea donc dans un nouveau changement inventé pour empêcher que le témoignage de Vérité que je portais n'atteignît point les oreilles du peuple. Vers cette époque, j'écrivis le document suivant :

Aux habitants de la ville de Carlisle, mais plus particulièrement à ceux qui ne peuvent supporter d'entendre le son de la voix d'un homme, bien que dans la prière au Dieu du ciel ou dans l'exhortation à ses compagnons de captivité ou à d'autres d'aimer et de craindre Dieu et de marcher devant lui en tant que chrétiens, et pourtant pouvant supporter d'entendre des hommes et des femmes maudire et jurer, sans reproche ni punition, et laisser des ivrognes tituber et rouler dans les rues avec des jurons et des serments, que j'ai souvent vu et entendu à la peine de mon âme depuis que je suis devenu prisonnier dans votre ville.

Sous ladite considération, un poids me pèse dessus pour vous mettre dans l'esprit ce que vous avez été et ce que vous êtes en train de faire, si heureusement vous pouvez parvenir à voir le mal que vous avez fait et vous repentir ainsi que vous réformer parce que nous devons tous rendre compte au Seigneur des actes faits en chair et d'os, qu'elles soient en bien ou en mal.

Quel mal ai-je fait ou quelle loi ai-je transgressé contre Dieu ou contre l'homme ? Montrez-moi si vous le pouvez, et faites savoir aux gens partout ailleurs quel grand crime j'ai commis ou pourquoi j'ai été et suis si maltraité ; même de tels abus qui n'ont jamais été infligés, je suppose, à aucun prisonnier dans cette ville auparavant, que ce soit par un geôlier ou d'autres.

Je dis, quelle est le prétexte pour lequel j'ai été et suis maintenant si menacé et maltraité, étant gardé prisonnier surveillé de près dans la prison commune? Est-ce pour prier Dieu ou exhorter les uns les autres ou avertir les gens de se repentir que le geôlier a été si menacé et accablé de s'en prendre à moi? Il m'a donc souvent maltraité, et aussi son ouvreur, parfois l'un et parfois les deux, me tirant et me halant sur les genoux quand je priais Dieu, les deux à la fois me prenant par le bras, me jetant vers le bas, et me traînant le long du plancher, menaçant parfois de me jeter de l'étage. Et pourtant les voleurs et les bandits et les autres malfaiteurs ont eu la liberté d'adorer à leur manière sans perturbation.

Pourquoi vos oreilles sont-elles si bouchées et vous êtes si gênés par le son de la Vérité, alors que vos oreilles sont si disposées à son contraire? Lisez les Ecritures et jugez vous-mêmes où vous avez de la faille dans la pratique d'un vrai chrétien sous la dispensation de l'Evangile, qui n'a jamais été de persécuter et d'emprisonner pour adorer Dieu. Lisez le Psaume 58:1-5 et voyez si vous n'êtes pas ceux qu'on dit être

- Comme un aspic sourd qui ferme son oreille, qui n'entend pas la voix des enchanteurs, Du magicien le plus habile.

Est-ce que vos oreilles entendent des reproches, ou est-ce que vous détestez les reproches et refusez l'instruction ?

Considérez vos états et conditions ce qu'ils sont. Ne soyez pas trompés, Dieu ne se moque pas, comme chacun d'entre vous sème, tels vous moissonnez. Ceux qui sèment pour la chair moissonneront de la corruption de la chair. Mais ceux qui sèment à l'esprit, moissonneront de l'Esprit la vie éternelle. Que devez-vous moissonner, est-ce que vous en pensez? Quand entrera-t-il dans vos cœurs pour vous examiner, vous qui semez chaque jour le mensonge, jurons et l'ivrognerie, la prostitution, et l'orgueil, qui ont grandi à cette hauteur dans votre ville comme s'ils devraient remporter la couronne.

- Mais malheur à la couronne d'orgueil, car elle doit être emportée.

- `Et bien que la main se joigne à la main, les méchants n'iront point impuni.

- Bien que vos sourcils soient comme de laiton, et que vos cous soient comme des nerfs de fer, et que vous marchiez avec des regards fermes et élevés, et que vous tintiez avec vos pieds pendant que vous marchez, le Seigneur peut vous briser et vous semer, et transformer tous vos chants en deuil, et votre orgueil et votre vaine gloire, sport, plaisir et passe-temps, en gémissements et lamentations amers, ce qu'il fera surement, à moins que vous ne vous repentiez, et que vous ne modifiiez rapidement vos actes, avant qu'il ne soit trop tard.

Ah ! pourquoi les oreilles des gens seraient-elles si bouchées contre ce qui est bon, et si disposées à entendre et à faire ce qui est mal, croire au mensonge plutôt qu'à la Vérité? Sondez les Écritures et lisez dans la crainte et avec compréhension Proverbe 17: 4,5. « Le méchant est attentif à la lèvre inique, Le menteur prête l'oreille à la langue pernicieuse. » Et Jérémie 5: 21, 22. « Ecoutez ceci, peuple insensé, et qui n'as point de cœur. Ils ont des yeux et ne voient point, Ils ont des oreilles et n'entendent point. » Voir Matt 28: 11-14. Qui était là dont les oreilles étaient plus désireuses d'entendre des mensonges que la Vérité, quoique par ceux qui étaient des témoins auditifs et oculaires ? N'étaient-ce pas les grands prêtres et les anciens qui faisaient ce qui était en eux, en tenant un conseil ensemble, pour garder la Vérité de la résurrection de Christ des oreilles du gouverneur; ou, s'il l'entendait, pour tenter de le persuader par des mensonges?

Faites des recherches parmi vous, examinez-vous et voyez s'il n'y a pas de tels grands prêtres et anciens qui font ce qui est en eux pour empêcher la Vérité de venir aux oreilles des gens ou pour les persuader de ne pas y croire. Et voir Actes 7: 51, 52. Qui étaient les cous raides contre lesquels Étienne témoigna, qu'il appela les incirconcis dans le cœur et les oreilles? Car il est dit qu'ils ont bouché leurs oreilles et se sont rués sur lui d'un commun accord parce qu'il leur avait dit la Vérité. Et pour le vrai témoignage qu'il rendit, ils l'eurent lapidé à mort. Lisez jusqu'à la fin du chapitre, et vous y trouverez peut-être vos exemples, vous les lyncheurs qui nous avez jetés des pierres et à nos fenêtres de prison pour aucune autre raison que de vous dire la parole de Vérité dans l'amour de vos âmes.

Et dans Actes 17: 18-20, voyez qui c'était dans la ville d'Athènes qui appela Paul un bavard ou un camarade de base, un passeur, en avant de dieux étranges, pour aucune autre raison que parce qu'il prêchait Jésus et la résurrection, l'appelant une nouvelle doctrine et disant qu'il avait apporté des choses étranges à leurs oreilles (et pourtant vraies,) mais ils n'aimaient pas à les entendre. Et donc certains d'entre eux se moquaient et d'autres ont disaient,

- Nous t'entendrons à nouveau de cette affaire.

Maintenant, vous tous examinez les Ecritures et voyez avec la lumière de Jésus-Christ, « la vraie lumière qui éclaire tout homme qui vient dans le monde, » de quel genre sont vos actions. Car Christ dit : « C'est la condamnation, que la lumière est venue dans le monde et les hommes aiment les ténèbres plutôt que la lumière parce que leurs actions sont mauvaises. Car quiconque fait le mal hait la lumière, et ne vient pas à la lumière, de peur que ses œuvres ne soient réprouvées. Mais celui qui fait la vérité vient à la lumière, afin que ses œuvres soient rendues évidentes, qu'elles soient accomplies en Dieu. »

Je vous le dis à tous, en qui il y a des désirs vivants et des souffles pour sortir du large chemin qui conduit à la destruction où beaucoup y vont marcher, entrez dans le chemin étroit que peu trouvent.

Considérez dans la crainte du Seigneur quel genre de vie vous menez et quels fruits vous produisez, et voyez si la lumière du Christ, l'Esprit de Vérité, le témoin fidèle et véritable de Dieu, L'Esprit de Vérité, le témoin fidèle et véritable de Dieu, sa grâce ou sa parole près de vous, placée dans vos cœurs et vos consciences, ne vous condamne pas. Et si votre cœur vous condamne, Dieu est plus grand. Mais si votre cœur ne vous condamne pas, alors ayez confiance en Dieu.

Si quelqu'un dit : « Si je crois en cette lumière, grâce, parole proche, témoin de Dieu, ou Esprit de Vérité, qui sont tous un, qu'est-ce que cela me suffira, car certains disent que ce n'est qu'une lumière naturelle? » Je réponds que c'est un enseignant dans le cœur et dans la conscience, « éduquant à nier l'impiété et les convoitises mondaines, et à vivre sobrement, légitimement et pieusement dans ce monde présent. » Remarquez-vous, non pas impies ou grossiers, comme beaucoup le font. Ceci, la lumière du Christ, la grâce de Dieu, l'Esprit de Vérité, fera pour toi si tu l'aimes et y crois.

Quand tu tentes de pécher, la puissance de Dieu te sera donnée par elle, que tu n'as pas de toi-même, pour vaincre le méchant dans ses tentations. Car il n'est pas péché d'être tenté, mais le péché c'est de s'exposer à la tentation. Ainsi, le pouvoir prime sur la tentation, et donc sur le péché. Une tentation et le péché qui s'en suivent sont progressivement surmontés, car tous ceux qui croient en Celui qui dit « Je suis la lumière » leur donne le pouvoir de devenir les fils de Dieu. Il les rachète de l'état des fils et des filles du premier Adam, tiré de la terre est terrestre, dans la condition des fils et des filles du second Adam, le Seigneur du ciel, l'Esprit vivifiant qui n'est jamais tombé (1 Cor. XV. 45, 46, 47), qui dit : « Voici, je me tiens à la porte, et je frappe. Si quelqu'un entend ma voix et ouvre la porte, j'entrerai chez lui, je souperai avec lui, et lui avec moi. » Apocalypse 3: 20.

N'est-Il pas à la porte de vos cœurs pour vous appeler à la repentance par sa lumière, sa grâce, et son Saint-Esprit? Et s'il n'y a pas un croyant en lui en obéissant à la même, quel bénéfice ont sa mort et la souffrance pour vous ainsi que le versement de son sang précieux pour vous, si le péché et la transgression ne sont pas terminés ici? Ephésiens 5: 5-21. Aucun impudique, ou impur, ou cupide, c'est-à-dire, idolâtre, n'a d'héritage dans le royaume de Christ et de Dieu. « N'a-t-il pas souffert pour les péchés de tous, afin que tous par lui croient? « Et ceux qui ne croient pas sont déjà jugés. »

Le péché n'était-il pas la cause pour laquelle il souffrait, et si la cause, par la foi en lui, n'était pas enlevée, comment cesserait-elle? Mais si la cause par la foi en lui est enlevée, alors l'effet cesse, et la félicité éternelle, monde sans fin, s'ensuit.

Ainsi, tous les hommes, dans l'amour tendre pour vos âmes, je vous exhorte, pendant que vous avez le temps, à le valoriser et à en faire bon usage. Considérez sérieusement les effets de votre foi et de votre croyance en Christ pour votre salut et votre libération du péché, qui se sépare toujours de Dieu. Car, comme le dit Jean, « Ceci est ce qui donne la victoire qui triomphe du monde, même votre foi. » Et si votre foi n'est pas telle, vous ne pouvez pas connaître la victoire sur le monde et le mal qui en est.

Que personne ne pense que le nom d'un chrétien le sauvera. Car avoir le nom d'un chrétien, et encore se trouver dans la pratique des païens, ne fait pas un chrétien. C'est la vie et la pratique vécues du christianisme à travers la foi en Christ qui fait des chrétiens, et pas en disant laconiquement que vous croyez. Et cette vie et cette pratique constituent une vie de « sainteté, sans laquelle personne ne verra le Seigneur. »

Maintenant, en ce qui concerne le fidèle et véritable témoignage de Dieu dans vos cœurs et vos consciences, qui accusera ou excusera, je recommande que ces choses soient pondérées et vraiment considérées par vous avec modération et la crainte du Seigneur, comme en deviennent de chrétiens, et quel genre de vie, de conversation, et de pratique se trouvent parmi vous. « Ne savez-vous pas, dit l'apôtre, qu'en vous livrant à quelqu'un comme esclaves pour lui obéir, vous êtes esclaves de celui à qui vous obéissez, soit du péché qui conduit à la mort, soit de l'obéissance qui conduit à la justice ? » Car lorsque le livre de votre conscience sera ouvert, avec cet autre livre qui est le livre de la vie, selon que vos actes et actions y seront trouvés, ainsi sera votre récompense, en quel jour de la résurrection générale nous devons tous comparaître devant le tribunal de la gloire de Dieu et le siège du jugement pour recevoir la sentence, soit « Venez, vous les bénis » ou « Allez-vous-en les maudits. »

De celui qui aspire vraiment au bien-être et à la préservation des corps et des âmes de tous les hommes et qui ne hait que le mal en n'importe qui, et qui pourtant souffre dans les entraves extérieures pour le témoignage de Jésus et d'une conscience altruiste,

John Banks

Donné à la prison commune de la ville de Carlisle, Cumberland, le 30e jour du septième mois, 1684.

Le sixième jour de la semaine, et aussi le premier jour suivant, étant le troisième et le cinquième jour du huitième mois, dès que le geôlier saisit que nous nous fûmes tous réunis, étant trente-huit prisonniers, il envoya son homme de main pour nous emmener un par un et nous mettre dans une arrière-cellule pour que nous y tînmes notre Assemblée, et pour ensuite nous laisser regagner nos places. Mais il devint de plus en plus las de ce travail, le son de ma voix atteignant autant la rue, il parcourut son esprit cherchant une place dans la ville. Et il se retira ainsi que nous et nous plaça dans des cellules au fond de la rue, dans une cour enfermée par des grilles, qu'il ordonna de fermer lorsque notre Assemblée commençait, surtout les premiers jours.

Depuis que nous étions ainsi retirés et placés, nous jouissions de nos Assemblées assez paisiblement, tant en ce qui concerne le geôlier et le reste de la ville, et avions-nous gagné notre autonomie et liberté, non seulement en prison et dans et autour de la ville, mais parfois pour rentrer à la maison, bien au-delà de ce qui aurait pu être attendu, que louanges, honneur, et gloire pour toujours soient au Seigneur notre Dieu, qui ne quitte jamais, ni abandonne son peuple qui reste fidèle dans leur témoignage pour lui. Par sa grande puissance, il est avec eux pour les soutenir et les préserver et aussi en son temps pour travailler leur délivrance et leur donner la domination et la victoire sur tous leurs ennemis, que louanges sans fin soient sur tout à celui qui gouverne et règne pour toujours et pour toujours. Amen !

Après avoir été libérée par l'acte de grâce, je voyageai pour le travail du ministère dans l'ouest de l'Angleterre depuis où j'écrivis les lettres suivantes à ma femme et à mes enfants :

Chère épouse, avec mes chers enfants,

Avec mon cœur battant pour l'amour de Dieu dans un vif souvenir de vous tous, comme à de nombreux autres moments, lorsque mes supplications sont adressées au Seigneur pour son peuple, je ne pouvais faire moins que d'écrire quelques lignes pour exprimer comment je me préoccupe du développement et de la prospérité dans la Vérité de chacun d'entre vous dans vos différentes mesures.

Que le Seigneur engendre et déploie l'amour dans vos cœurs envers Lui et les uns envers les autres, afin que vous y sentiez la vie et la vraie tendresse rejaillir à nouveau dans vos âmes comme un témoignage que vous êtes préservés près du Seigneur dans une attente intérieure et la dépendance dans la crainte devant Lui. Ce sont ceux qui sont gardés près du Seigneur dans leurs cœurs qui sont vivants, frais et tendres. Car il fait rejaillir sur eux sa pluie céleste et ses gracieuses averses, et les sources de vie s'épanouissent en eux, afin qu'ils se disent : « Quelle sorte d'amour est-ce, avec lequel le Seigneur notre Dieu nous a estimés! Et quel genre de personnes devons-nous être, dans toute vie sainte et dans toute conversation afin que nous puissions vivre et mourir la mort des justes, pour que nous puissions être heureux, lorsque le temps ici ne sera plus. »

Chers enfants,

Pensez soigneusement à l'accomplissement de votre devoir envers Dieu chaque jour, en le craignant et en l'obéissant, dans ce que vous savez de lui par sa lumière et sa grâce dans vos cœurs, quel qu'il soit si petit ; car si vous êtes fidèles au petit, le Seigneur vous confiera le règne sur beaucoup plus. Et alors que vous apprenez à connaître une évolution et une croissance, vous comprendrez aussi ce que c'est que d'avoir un trésor céleste dans des vases de terre, ce qui est bien mieux que les richesses matérielles et la gloire mondaine, avec des conflits et des disputes.

La vérité prospère très loin. De grands désirs sont engendrés dans beaucoup de gens après le chemin. Les Assemblées sont pleines et grandes presque partout dans les comtés où j'ai été récemment, et dans le Somersetshire, le Dorsetshire, le Devonshire. On pensait qu'il y avait près d'un millier de personnes à l'Assemblée à Spiceland où j'étais hier.

Certes, ici, le travail est grand mais les laboureurs sont très rares parmi eux. Ah, que le Seigneur serait heureux d'adapter, de préparer, et d'envoyer tant d'autres! J'espère pouvoir dire, en écartant toute vantardise, que le Seigneur a voulu rendre mon service non seulement acceptable pour beaucoup, mais efficace pour répondre à l'objectif du pourquoi il m'a envoyé, afin que mes tribulations et mes épreuves soient très douces et confortables pour moi, et que l'amour, la tendresse et le respect des Amis soient envers moi, étant heureux de me voir après mon long emprisonnement, et j'ai eu des temps célestes bénis parmi eux. Toute chose considérée dulcifie grandement mon esprit, et me rabaisse devant le Seigneur.

J'ai tenu cinq ou six Assemblées par semaine. Mon compagnon m'a quitté il y a environ trois semaines, et il avait une idée en tête de partir à Londres. Et je suis toujours consacré à ce pays et je ressens une préoccupation pour certains comtés de plus, je ne vois pas que je suis susceptible de rejoindre l'Assemblée Annuelle de Londres cette année, bien que je doive y aller avant de rentrer à domicile. Mais quand ? Je ne peux pas en rendre plus de compte à l'heure actuelle.

Au revoir, ma chère.

John Banks

Depuis Spiceland dans le Devonshire, le 25 du troisième mois, 1691.
Mon cher cœur,

Il m'incombe de te dire, à toi et aux tiens, que le sacrifice d'un cœur brisé et d'un esprit contrit que le Seigneur accepte et ne fit jamais et ne méprisera jamais, bien qu'il soit accompagné des soupirs et des gémissements qui ne peuvent être prononcés. En cela, le Seigneur vous garde et vous préserve tous, ce qui est le moyen de grandir dans la grâce et la connaissance salvifiques et de recevoir une bénédiction de sa main, qui enrichit l'âme et est meilleur que toutes les jouissances charnelles, qui ne sont que temporelles.

Il me semble que je suis toujours avec vous, dans le labeur et la préoccupation de votre esprit pour votre préservation de toutes les manières, comme je l'espère, vous êtes avec moi dans mes douleurs et diverses tribulations à la fois physiques et spirituelles, que le Seigneur eut été heureux de rendre douces et confortables pour moi. Et je crois qu'il a aussi béni mes efforts et mon travail d'amour pour le bien de beaucoup là où je suis allé. C'est la grande joie de mon âme de voir prospérer l'œuvre du Seigneur, qu'il précipite sur la terre, pour l'amour de sa propre Semence. Heureux sont tous ceux qui lui répondent par obéissance quand il appelle, et continuent dans la fidélité jusqu'à la fin, à laquelle, avec mon âme, le Seigneur vous préserve tous. Amen!

Chère épouse,

Par ceux-ci, que toi avec tous les tiens, et les Amis, puissiez savoir que je vais bien dans tous les sens, de grandes louanges au digne nom du Seigneur pour toujours!

Je suis venu dans cette ville le Sixième jour dernier et j'ai tenu cinq Assemblées depuis, dans tout ce que le Seigneur voulut engendrer efficacement par sa puissance et sa présence vivifiante. Les Assemblées ici sont très remplies et paisibles, et beaucoup de gens ont de grands désirs de la Vérité. Ah ! afin que ceux qui en eussent longtemps fait la profession trouvent de bons exemples à leur place, pour répondre au témoignage de la Vérité et au témoignage de Dieu dans les consciences des hommes, qui tendent beaucoup à faire avancer son œuvre et à faire prévaloir davantage la Vérité sur les hommes et que l'ennemi entrave. C'est pourquoi les fidèles sont bénis.

John Banks

Depuis Londres, le 9 du 5e mois, 1691.

Ce qui précède est la dernière lettre que j'avais écrite à ma chère épouse, Anne Banks. Elle mourut le deuxième jour du dixième mois, après la date de ladite lettre, tôt le matin et fut enterrée le quatrième jour après dans la sépulture des Amis à Eglesfield, dans le Cumberland.

Nous avons vécu confortablement ensemble de nombreuses années, et elle était une femme prudente et habile, élevant ses enfants dans le bon ordre qui s'est avéré vrai, dans la parole, le comportement et l'habitude. Elle était une compagnonne et un bon soutien pour moi dans mes labeurs, toujours prête et disposée dans le service de la Vérité et n'avait jamais été connue pour murmurer, bien que j'aie souvent dû la laisser avec une famille faible, malgré les épreuves dans de nombreuses affaires qu'elle avait dues s'en passer. Elle était bien aimée parmi les Amis et ses voisins, dont plusieurs centaines étaient à son enterrement.

Au moment de sa maladie, elle était très patiente et satisfaite jusqu'à la fin, étant sensible de sa lumière intérieure et de sa fin, me disant qu'elle devait me quitter, que c'était bien avec elle, et que ce serait bien avec elle pour toujours. Elle dit aussi qu'elle espérait que je serais, comme je l'avais été, un père affectueux et tendre pour ses enfants qui lui étaient chers et proches. Et quelque temps après, elle termina ses jours en paix avec le Seigneur et je suis bien satisfait de son bien-être éternel.

Bien que notre séparation par la mort eût été la plus grande épreuve que je n'eusse jamais rencontrée, et pourtant le Seigneur en qui j'ai confiance était et reste mon gardien en cela et dans bien d'autres épreuves et exercices profonds, à qui suis-je profondément obligé dans toute humilité pour lui rendre gloire et honneur, il est Dieu sur tous, béni pour toujours. Amen!

J'ai utilisé beaucoup de concision par rapport à beaucoup de mes voyages et exercices, ne voulant pas faire un grand tome. Il reste à remarquer que j'ai souvent visité les Assemblées des Amis de Cumberland à Londres, et à Londres, et dans l'ouest de l'Angleterre, dans mon chemin venant à la maison par ici, à la fois avant et après les Assemblées Annuelles; et dans beaucoup d'autres voyages hormis celles de l'an 1688 à l'an 1702.

Cette année, en me rendant à l'Assemblée Annuelle de Londres, j'avais envoyé la lettre suivante à mes enfants :

Mon cher amour dans la Vérité est ici rappelé à vous et aux Amis. Par ces mots, vous et eux pouvez savoir que je vais bien, avec vos confrères et consœurs. Je suis à la hâte, étant à la dixième heure du soir, puisqu'avec sept Amis d'Irlande nous devons faire notre voyage vers Chester très tôt demain, si le Seigneur le veut, et ensuite pour cette nation ; et donc je n'ai pas le temps de vous écrire ce que je désire.

Nous avons passé de longs et pénibles moments avec cet homme controversé, George Keith, pendant plusieurs jours ensemble. Il est d'un esprit très turbulent et gênant, vexatoire pour l'église du Christ. Mais la puissance de Dieu, pour toutes ses querelles, est sur lui, et la vie de nos Assemblées suit un cours pour mettre le jugement de la vérité sur sa tête. Car il nous a été clairement rendu manifeste, à la lumière du Seigneur Jésus-Christ, qu'il n'avait pas seulement épousé l'esprit de divertissement, de division, et de séparation, mais celui de l'envie et de la tromperie profondes, par lesquels il se démenait fortement pour prouver que les Amis dans le ministère prêchaient la fausse doctrine, et c'est lui-même qui prêchait le vrai, principalement sur le corps du Christ, et la lumière l'intérieur. Mais du fait de l'iniquité de son esprit et les ténèbres dans lesquelles il s'est enfoncé, il s'est démontré de telle sorte que toutes ses paroles alléchantes ne pouvaient avoir effets sur nous. Le Seigneur préserve les Amis dans l'innocence et la simplicité de la Vérité, où se trouve la véritable unité, la paix, et la sécurité hors portées du destructeur. Car l'esprit et la sagesse, dans la force de la raison de l'homme, assombrissent et arrêtent les sources de la vie.

Votre père affectueux,

John Banks

Depuis Londres, le 8 du quatrième mois, 1694

J'ai voyagé à travers la nation d'Irlande cinq fois et une fois de Carrickfergus à Dublin, étant la première fois, bien que j'omette, pour l'amour de la concision, de mentionner comment j'ai voyagé d'un endroit à l'autre, et la durée et le nombre de miles. J'ai aussi voyagé en Écosse et j'y ai visité le peuple de Dieu et l'île de Man.

Pendant que j'étais en Irlande, j'écrivis les lettres suivantes à mes enfants :

L'amour de Dieu pour vous a été de nature à vous donner la connaissance de lui-même, en Jésus-Christ et par Lui, la lumière véritable et salvifique. Et ce qui est exigé de vous, c'est l'obéissance et une marche assidue dans toute crainte, humilité, et modestie d'esprit. Car cela tend grandement à assurer les étapes dans le chemin de la Vérité et de la justice et il est tel que le Seigneur enseigne, à savoir, l'humble, par sa pure lumière et grâce.

Ah ! qu'un soin quotidien vous assiste à le suivre dans toute fidélité en réponse à ses sommations bénies, que ce soit dans les paroles ou les actions, à la maison ou ailleurs, car cela lui est agréable et m'est une réjouissance pour l'âme, qui est encore sous une lourde sollicitude et un soin tendre pour votre préservation par tous les moyens dans ce qui est bon, et plus particulièrement en constatant que le Seigneur ait été heureux de nous reprendre votre chère mère.

Je n'ai pas de plus grande joie que de savoir que vous grandissez dans la Vérité et que vous êtes sensibles et tendrement affectueux les uns envers les autres, dans la patience et la tranquillité d'esprit, en vous épaulant les uns les autres dans tous les devoirs qui vous concernent, ainsi vos activités seront plus faciles et plus confortables pour vous. Faites ce que vous pouvez pour participer aux Assemblées, et soyez-y respectueux l'un envers l'autre.

Et lorsque vous vous serez rassemblés avec le peuple du Seigneur, que la crainte et l'appréhension du Seigneur vous accaparent, afin que vous soyez maintenus en toute diligence dans l'attente de Lui, chaque jour pour sentir l'œuvre de son esprit dans vos cœurs, pour œuvrer en vous la vraie tendresse et la contrition afin que vous puissiez grandir et produire du fruit, à la louange et la gloire du Seigneur, et votre réconfort durable, qui est ma prière sincère au Seigneur pour votre compte.

Nous avons tenu une Assemblée très merveilleuse ici dans leur nouvelle maison d'Assemblée, où l'Assemblée n'eut jamais été tenu avant et nous devons avoir une Assemblée demain à Youghall, le lendemain à Cork, où l'Assemblée Provinciale de six semaines commence; deux Assemblées là le premier jour, l'Assemblée d'hommes et de femmes le deuxième jour, et le troisième jour nous devons parcourir dix miles pour une Assemblée à Bandon. Ensuite, nous irons quatorze miles à une Assemblée plus à l'ouest le quatrième jour et quarante-huit miles de retour par Cork à une Assemblée à Charleville le sixième jour.

Mon compagnon acceptable, James Lancaster, désire que je vous rappelle son amour à vous et aux Amis. Adieu, chers enfants,

Votre père affectueux,

John Banks

Depuis Waterford en Irlande, le 4 du 5e mois, 1694.

Chers enfants, John et Mary,

Ce véritable amour et cette sollicitude paternelle qui m'animent le plus, c'est que vous puissiez grandir dans la grâce et dans la connaissance salvifique qui édifie l'âme et dans un sens et un sentiment de ce témoignage, les enlacements divins de l'amour de Dieu, pour dulcifier vos cœurs devant Lui, parmi son peuple, et à d'autres moments. Suivez attentivement les choses au cours de votre vie qui garantissent la paix avec lui, selon les enseignements de son Saint-Esprit, par lequel le Seigneur vous a donné de façon mesurable une connaissance de lui-même et de sa volonté, ce qu'il voudrait que vous fassiez et comment marcher devant lui et tous les gens. Ah ! par conséquent, que vous puissiez avoir peur, l'aimer, et lui obéir de tout votre cœur, ainsi serez-vous maintenus humbles et modestes, ce qui est sain et sauf pour tous, mais plus particulièrement pour les jeunes, parce que leurs inclinations naturelles sont trop souvent ambitieuses c'est-à-dire, pour gravir et se surélever. Mais la Vérité, qui est son amour pour les fils et les filles des hommes, manifestée en et à travers Jésus-Christ, étant gardée et vécue, rabaisse le cœur et humilie, et maintient la nature sauvage là où la sécurité de beaucoup de choses blessantes est éprouvée.

Que par les mots ci-après, vous et mes Amis puissiez savoir, que mon compagnon et moi, J. L., nous portons bien, louanges soient données à celui qui vit pour toujours! Nous avons voyagé à travers le sud et l'ouest de cette nation à ce lieu une deuxième fois et avons l'intention, si le Seigneur le veut, d'aller vers le nord le prochain Deuxième jour. Et si je suis libéré après mon passage par le nord, je pourrais retourner à la maison, ce qui, si c'est le cas, aura lieu dans le huitième mois. Mais c'est plus difficile de voir encore clairement, et dois-je donc le laisser pour l'instant.

Le travail est énorme dans cette nation, et les ouvriers ne sont que peu nombreux. Mais le Seigneur a ici un peuple béni et zélé pour son nom et sa Vérité, rempli d'amour pour ses serviteurs. Cela se manifeste en grande partie en nous accompagnant d'une Assemblée et d'un lieu à l'autre, nous sommes, à la fois, entre dix et vingt personnes et parfois plus, la longueur de vingt-cinq miles, bien que ce soit la saison de la moisson (notez-le), et trois personnes ont voyagé de cette ville au-dessus de cent miles avec nous, il s'agit de, Amos Strettell, Samuel Baker, et Joseph Hankes, marchands considérables dans les biens matériels. Et deux autres ont aussi l'intention de voyager avec nous de cette ville au nord, à savoir : Abel Strettell et Peter Fletcher. J'écris ceci pour servir d'exemple à d'autres qui peuvent lire ces lignes et à qui dans l'amour je les lègue à leur observation.

Votre père affectueux,

John Banks

Depuis Dublin, le 18 du sixième mois, 1694.

Après avoir constaté que ce fut ma place et mon devoir de m'installer dans le Somersetshire, qui était en l'an 1696, J'avais souvent voyagé dans les comtés et shires proches, et aussi à l'autre bout de la terre en Cornouailles, souffrant avec des Amis pour maintenir des Assemblées pour le culte de Dieu, les Premiers jours et jours de la semaine. Et non seulement cela, mais garder et maintenir le bon ordre de la Vérité et avoir le même, mis en pratique. Et il plut au Seigneur de se servir de moi comme d'un instrument de sa création et de son apprêtage à en convaincre plusieurs, dont certains étaient devenus des ministres fidèles et compétents à leur époque. Et quelques-uns d'entre eux avaient achevé l'œuvre de leur Seigneur et Maître et se reposent avec lui dans la gloire. Le Seigneur les garde et les préserve, avec mon âme et tout son urbi et orbi, assidus et fidèles jusqu'à la fin. Amen!

John Banks

UN SUPPLÉMENT À SON JOURNAL
AVEC UN RÉCIT DE SES DERNIERS MOTS

Après s'être installé dans le Somersetshire comme susmentionné et son mariage avec sa deuxième femme, Hannah Champion, une femme honnête de Mear dans ledit comté, dans le huitième mois, 1696, il voyagea dans les comtés de l'ouest et proches dans le travail du ministère alors qu'il en était capable, en particulier dans le Devonshire et le Cornwall avec Paul Moon de Bristol en 1697. La même année, il rendit visite aux Amis dans son comté natal de Cumberland et se rendait habituellement à l'Assemblée Annuelle de Londres aussi longtemps qu'il le pouvait, et plusieurs fois dans le nord.

En 1704, il assista à l'Assemblée Annuelle de Londres et y rendit de bons services, ce qui fut la dernière fois qu'il y assista. Il demeura quatorze ans dans le comté de Somerset, de son aménagement là-bas jusqu'à sa mort, et était très serviable dans ce comté, non seulement quant à son ministère, mais en aidant les Amis à établir le bon ordre de la Vérité dans les Assemblées Mensuelles et Trimestrielles. Bien que je doive dire pour l'honneur de ce comté, ils avaient été depuis longtemps, même à partir de l'année 1660, dans la saine pratique de l'ordre de la Vérité dans leurs Assemblées, qui avaient été mis en place par la puissance de Dieu pour la bonne régularisation de notre Société religieuse, et que les Amis en général à travers la nation en pratiquent.

Vers le sixième mois, 1705, il tomba très malade et faible, étant beaucoup affligé par la goutte de sorte qu'il avait été confiné à son lit, dans quelle condition je l'avais trouvé quand j'étais allé le voir à Mear au début du troisième mois, 1707. Pourtant, il était très éveillé et vivant, et clair dans sa compréhension. Il m'avait révélé son esprit dans certains détails à ma satisfaction, et j'avais été réconforté de trouver le Seigneur ainsi avec lui. Son affaiblissement dura environ deux ans, de sorte qu'il ne pouvait pas voyager comme dans le passé; mais par la suite, il avait quelque peu récupéré et était allé à l'étranger. En 1708, il déménagea de Mear à Street, près de Glastonbury, pour veiller à sa santé et pour être près de ses Amis et de ses Assemblées, où il se plaisait mieux en santé pendant un certain temps. Mais il était encore souvent très affligé de sa vieille maladie et d'autres infirmités de vieillesse. Quelque temps après son déménagement à Street, il m'avait écrit une lettre d'amour, dont je vais transcrire une partie.

Cher Ami,

Ce qui nous rend proches et chers les uns aux autres, c'est que nous avons reçu une certaine connaissance que nous sommes les enfants d'un Père saint et céleste, engendrés à nouveau à une espérance vivante en Jésus-Christ et par Lui, par la vivification de son Esprit éternel, pour le servir, le Dieu vrai et vivant, dans la nouveauté de la vie. Il nous a instruits par les enseignements de sa grâce tout-suffisante et le Saint-Esprit comment nous pouvons l'attendre, l'adorer, et le servir, et dans quoi; même dans l'esprit et la semence de vie, par laquelle nous pouvons crier, « Abba Père. »

En un jour à ne jamais oublier par nous, il n'apporta pas seulement à la naissance, mais donna le pouvoir de faire naître. Et en tant que Père tendre, depuis notre enfance, par sa main secourable, il a toujours attendu d'être bon et gracieux envers nous, nous donnant la pluie et la rosée céleste, qu'il a fait descendre sur nous plusieurs fois, afin que nous puissions croître d'une stature et d'un degré de sainteté et de force à un(e) autre pour qu'ainsi, à notre époque, nous pourrions venir répondre au bon dessein pour lequel il a fait de nous un peuple. Non seulement nous devions nous assembler pour l'attendre, l'adorer et le servir en Esprit et en Vérité, bien qu'il y soit principalement, mais nous devions grandir ensemble, selon nos plusieurs dons de son Saint Esprit pur au degré des anciens et des pères pour faire le travail et le service dans l'église du Christ, et d'une manière plus publique parmi le peuple de Dieu, où il y a beaucoup à faire.

Heureux sont ceux qui peuvent dire en Vérité que ce qu'ils font dans ce service, ils le font au Seigneur et pour son digne nom et pour sa gloire. Grande sera leur paix et réconfort ici avec une bénédiction céleste en Jésus-Christ, et plus abondamment et éternellement dans le ciel des cieux.

Mais pourquoi t'écrirais-je ces choses? Seulement que nous nous plaisons à nous dire les uns les autres ce que le Seigneur notre Dieu a fait pour nos âmes, lui qui par sa grande puissance a été notre sauveur et notre soutien depuis qu'il a été heureux de nous donner la connaissance de lui-même, dans et à travers diverses épreuves, des tribulations profondes, des tentations et des afflictions, à la fois extérieures et intérieures. Et tout cela pour que nous puissions nous aider les uns les autres, en nous édifiant et en nous affermissant les uns les autres dans la très sainte foi, qui agit dans le cœur, comme membres vivants qui composent ce corps qui est complet en lui notre saint souverain, le Seigneur Jésus-Christ; comme ceux avec un sentiment de camaraderie qui sympathisent les uns avec les autres sous tous nos exercices. Car comment peut-il en être autrement, outre que les membres d'un seul corps, qui sont vivants et sensibles, devraient avoir un vrai sentiment les uns des autres, et un soin pieux et une vraie tendresse pour que personne ne soit blessé.

Mon cœur t'est ouvert, dans cet amour dans lequel notre unité fraternelle et notre communion fraternelle virent le jour et dans lequel tu es vraiment proche de moi, même dans l'amour de Dieu et l'unité de son Esprit béni, dans lequel le Seigneur nous préserve petit et humble à nos propres yeux, près de lui et les uns aux autres, fidèles jusqu'à la fin et à la fin. Amen !

Mon affliction fut grande, plus que je ne pus l'exprimer. Et de même, le tendre soin de mon Père céleste fut sur moi, au-delà de mon expression, en me préservant dans et à travers tout cela pour lui-même, sensible à ma condition intérieure, avec mon esprit ouvert et ma compréhension éclairée, louanges, louanges vivantes à lui, le Dieu vivant et éternel, qui a tout le pouvoir dans sa propre main et est capable de faire passer tout ce que bon lui semble! Car quand j'étais au milieu de mon affliction et que mes voisins furent appelés pour me voir quitter ce monde pénible, comme on le pensait par toute apparence extérieure, j'avais un peu récupéré, il avait surgi en moi de façon vivante, « Tu ne dois pas encore partir. Tu n'as pas entièrement achevé ton devoir de ce jour. » Ce fut la parole qui m'avait été adressée, et je l'avais crue. Et jusqu'à présent, le Seigneur mon Dieu l'a rendu bon et l'a accompli pour moi, lui qui n'a jamais rompu l'alliance avec son peuple ni n'a jamais altéré la parole qui est sorti de sa bouche.

Oui, jusqu'à présent le Seigneur a été heureux de me ressusciter, mais encore faible, afin que je puisse m'asseoir dans une Assemblée, et rendre témoignage à son nom, et rendre la louange, l'honneur et la gloire de tous à celui qui vit pour toujours. Amis, sans considération aucune de ma faiblesse, laissez l'Assemblée suivre son cours chez moi, à la fois pour le culte et aussi pour l'Assemblée Mensuelle des hommes, qui est pour moi la source de grande exhortation et de consolation.

La goutte, qui me gêne durement souvent, m'a laissé un tel engourdissement froid dans les pieds que je ne peux que parcourir de petites distances en boitant. Et il y a une telle fatigue et douleur dans mes articulations que quand je me tiens debout, je tremble comme une feuille. Tous mes doigts sont tellement estropiés que je puis seulement écrire peu, et parfois pas du tout. Cependant, j'ai voulu au moins une fois te donner quelques indices, comment il en a été et est avec moi. Pourtant, malgré toutes mes infirmités, je peux te dire en tant de mots, bien que j'endure la douleur et la faiblesse physiques, j'ai la paix, le réconfort, et la force à l'intérieur, et cela me récompense pour tous les manques. Alors je conclurai dans l'amour et je resterai,

Ton Ami et frère dans la Vérité vivante et précieuse,

John Banks

Depuis Street, dans le Somersetshire, le 29 du septième mois, 1708.

Mais bien qu'il fût quelque peu récupéré, il ne put pourtant pas aller loin à l'étranger. Et peu de temps après, sa maladie et sa faiblesse étant revenues, il était de nouveau alité. Je lui ai rendu visite au cinquième mois, 1709, étant la dernière fois que je l'avais vu et trouvé comme je l'avais fait deux ans auparavant, dans une exhortation vivante et le sens de l'amour et de la miséricorde du Seigneur pour lui. Et il avait parlé de beaucoup de choses. Il se leva pendant que j'étais là, mais il ne put guère s'en sortir sans aide, et il demeura faible la plupart du temps après.

Le 5 du troisième mois de 1710, après qu'il eut rendu compte de sa faiblesse, il écrivit : « Malgré cela tout va bien. Je vis à Dieu à travers tout cela, et qu'en tant que coupe pleine, elle pourvoit à tous mes besoins et atténue et rend mes afflictions plus faciles à supporter, gloire, honneur, et louanges éternelles à celui qui vit pour toujours ! »

Environ deux mois avant sa mort, il fut élevé au-delà des toutes les attentes d'une manière plus qu'ordinaire, qu'il se rendit à certaines Assemblées voisines, qui était admirable, compte tenu de sa faiblesse. Lors d'une Assemblée Mensuelle à Somerton, le 6 du sixième mois, qui était très grand, il se tint environ une heure et demie, alors qu'on ne pouvait guère s'y attendre, il aurait pu s'asseoir si longtemps dans une Assemblée et il porta un témoignage solide et fidèle à la Vérité avec une telle présence de l'esprit et la distinction de la doctrine que ce fut admirable pour ceux qui connaissaient sa condition faible, qui non mentionnée ici pour exalter l'homme, mais la puissance de Dieu. Et il démontra que sa mémoire était lucide, sa faculté éveillée et son jugement sain en matières des choses spirituelles, ce qui était confortable et fortifiant pour l'Assemblée. Il encouragea instamment les Amis d'un saint zèle pour Dieu, afin qu'ils soient fidèles dans les petites apparences de la vérité, encourageant ceux qui étaient faibles et mettant dans l'esprit des Amis de priser la liberté actuelle, car ce fut une saison d'été, et qu'un hiver pourrait suivre.

Après ladite Assemblée, il était si faible que ce fut une tâche pour deux hommes de l'amener à son logement. Il était très ravi, expliquant sa grande satisfaction d'être si capable de profiter la compagnie de ses Amis en étant si libéré de la douleur et il a tenu une soirée d'Assemblée le même jour avec des Amis et beaucoup d'autres dans la ville. Le lendemain, il partit à Long Sutton pour rendre visite aux Amis, et le lendemain à Knole, puis à Puddimore, et le lendemain à leur Assemblée Mensuelle et porta un très grand témoignage aux Amis. Le lendemain, il se rendit chez Samuel Bownas à Lymington, de là à Sock, et à une Assemblée à Yeovil, qui était très grande avec beaucoup d'Amis présents. Il était très faible, mais ses sens étaient vifs et éveillés, et il avait un bon discernement de l'état de l'Assemblée et plusieurs de ses détails et ce fut bien accepté par les Amis. Ce fut l'étendue de son voyage, après quoi il revint chez lui le 15 du même mois, étant parti environ dix jours. Beaucoup d'Amis pensaient qu'il n'aurait pas pu entreprendre un tel voyage, mais il ne pouvait pas être satisfait dans son esprit sans l'entreprendre, bien qu'il eût été pensé qu'il était très affaibli.

Environ deux semaines plus tard, le 2 du septième mois, alors qu'il marchait dans son verger, il fut frappé d'une douleur au dos, de sorte qu'il fût à peine en mesure d'entrer, ce qui s'avéra très éprouvant pour lui pendant plusieurs jours avant sa mort. Pourtant, il disait souvent que malgré toute sa douleur, son âme louait et glorifiait le Seigneur pour sa bonté envers lui, bien que sa douleur fût si grande parfois qu'il la trouva plus aiguë que la mort. Il avait exprimé sa certitude que le Seigneur lui avait fourni une place dans le ciel et combien il serait bien si le Seigneur était heureux de l'enlever. Beaucoup d'Amis et d'autres étaient venus lui rendre visite alors qu'il était malade et souvent il avait un grand témoignage pour eux par le biais de l'exhortation, des recommandations et des conseils. Le 22 du septième mois, plusieurs Amis étant présents, après un temps d'attente en silence sur le Seigneur, il dit en ce sens :

« Chers Amis, je vous conseille, dans l'amour et la crainte de Dieu, de tenir vos Assemblées pour le culte et le service de Dieu, aussi bien les premiers jours que les jours de la semaine, et aussi les Assemblées Mensuelles et Trimestrielles, qui avaient été mises en place par la puissance de Dieu pour garder les choses en bon état parmi nous.

Amis de Glastonbury et de Street, mon amour pour vous a été si grand que j'ai risqué ma vie à travers les eaux profondes pour venir vous rendre visite quand j'ai eu une sollicitude de Dieu sur mon esprit, afin que vous puissiez dire que j'ai été un bon exemple pour vous dans la tenue des Assemblées, ainsi que dans d'autres choses.

« Bien que je sois faible dans mon corps, et que je ne sache pas si je vivrai beaucoup plus longtemps ou non, je suis cependant fort dans le Seigneur et dans la force de sa puissance, et je n'ai rien à faire que de mourir, car je suis riche de foi envers Dieu et ma coupe est pleine de l'amour de Dieu. Que je vive ou que je meure, mon âme se portera bien, car béni soit le Seigneur ! Je peux dire avec le sage et saint apôtre Paul que j'ai mené un bon combat et ai gardé la foi, et désormais il est prévu pour moi une couronne de vie éternelle. Et l'apôtre, a-t-il dit que c'était pour lui seul? Non, il était plus sage que cela, mais pour tous ceux qui aiment l'apparence bénie du Seigneur Jésus-Christ. »

Quelques Amis de Somerton prenant congé de lui, dit-il, « Donne mon amour cher aux Amis, et dites-leur que mon âme est vivante pour Dieu. » Parmi eux, il y avait un jeune homme récemment convaincu de la Vérité bénie, à qui il a dit, « Le Seigneur soit avec toi; et je te désire dans son amour de te rendre par obéissance aux œuvres de l'Esprit de Dieu dans ton cœur, et alors il fera de grandes et glorieuses choses pour toi. Et ne trébuche pas sur la croix, car plus tu la regardes et la repousses, plus il te sera difficile de la prendre. Un Ami le prenant par la main, il a dit, « Mon cher amour est pour toi, et tous ceux qui sont fidèles à Dieu. » Un autre l'avait pris par la main et lui a dit adieu. Il répondit : « Je m'en sors bien dans le Seigneur. Mon amour est pour toi et pour tous les fidèles dans le Christ, » ajoutant, « Joseph est encore vivant, et cela suffit. »

Il désirait sincèrement que les Amis se gardent dans l'unité de l'Esprit, qui est le lien de la paix parfaite, avec beaucoup plus de bons conseils et de conseils aux Amis, il fut assisté par la puissance divine qui toucha le cœur de beaucoup de ceux qui étaient présents et fit couler des larmes de leurs yeux.

Le 24, Thomas Freeman partit le voir et lui demanda comment c'était avec lui. Il répondit, « Très malade et plein de douleur, mais le Seigneur m'aide, sinon je devrais crier à haute voix. La Vérité m'aide, et elle l'a toujours été depuis que j'y ai cru. Quelques jours avant sa mort, il dit à quelques-uns qui étaient avec lui, qu'il pourrait dire comme la femme de Samarie dit, qu'il avait rencontré quelqu'un qui lui avait dit tout ce qu'il avait fait et qu'il n'avait pas l'intention de coudre des oreillers à tous les trous de bras, ni de se couvrir de mortier, ni de pleurer comme le font les prêtres et d'autres professeurs, la paix, la paix, quand il y a une destruction soudaine.

Quelques heures avant sa mort, il avait dit à ceux qui étaient avec lui : « Eh bien, c'est pour n'avoir rien à faire à part mourir. » Une autre fois, il avait dit, « Il est bien avec moi et je suis assuré qu'il sera bien, et je n'ai rien d'autre à faire que de mourir, et je finirai dans la Vérité comme je l'ai commencé. » Il était très sensible à la dernière, et après toutes ses douleurs violentes, il avait eu une transition très facile et fut mort en paix, le 6 du huitième mois, 1710, âgé de soixante-treize ans et deux mois, et fut enterré le 12 du même mois dans le cimetière des Amis de Street, où il était mort.

Son corps fut accompagné jusqu'à la tombe par de nombreux Amis de diverses parties, et plusieurs témoignages vivants eurent été portés à la Vérité et à la puissance de Dieu qui l'a ressuscité et préservé jusqu'à la fin, à l'honneur de Dieu et à la louange de son grand nom, et en mémoire du défunt, qui est sans doute entré dans ce repos qui est préparé pour le peuple de Dieu. Le Seigneur nous adapte et nous prépare de plus en plus à y entrer par les seuls mérites et la médiation de son cher Fils, notre Seigneur et Sauveur Jésus-Christ. Amen!

La fin bénie des justes qui meurent dans le Seigneur et de ceux qui sont fidèles à la Vérité en leur temps, si différente de celle des professeurs lâches et négligents, devrait être un encouragement pour tous ceux qui ont des désirs après le Seigneur pour embrasser la Vérité et d'y être fidèle, aussi que leur dernière fin puisse être comme la sienne, pour l'amour de laquelle et la Vérité, j'ai fidèlement recueilli le compte-rendu qui précède de ceux qui en eurent été les témoins oculaires et auditifs.

JW

ÉPÎTRES ET ARTICLES POUR VOUS AVEC QUI J'AI TENU UNE FOIS LA CONVERSATION

La Vérité dans l'assurance a soutenu et a déclaré à ceux avec qui j'ai autrefois tenu une conversation, vous qui demeurez encore dans le nuageux jour obscur, qui êtes jeté de montagne en colline, et ne peuvent pas trouver un lieu de repos pour vos âmes, mais pleurez, « Il y a tellement de façons, d'adorations et d'opinions exprimées dans le monde que nous ne savons plus quelle est la vraie voie. Car si nous ne connaissions que la voie de Dieu, nous marcherions en elle. »

Pour vous qui pleurez ainsi et en qui il y a de véritables aspirations à suivre le chemin de Dieu, j'écris. Comme j'ai appris du Christ qui est la vraie lumière du monde et qui instruit tout homme qui vient dans le monde, moi qui ai déjà tenu avec vous la conversation sur les vaines coutumes du monde, je vous le dirai de même.

Pendant que je restais avec vous dans des sports, des plaisirs, et d'amoralité vains, et que j'aurais pu me livrer aux mêmes excès du cynisme dans lesquels se trouvent encore beaucoup d'entre vous, vous auriez pu dire du bien de moi, quoiqu'avec le vice, parce que c'était un plaisir pour l'esprit vain, que la lumière du Christ dans ma conscience m'eût reproché, je ne savais pas alors ce qui m'était reproché et me laissait voir que je ne devais pas le faire. Par conséquent, j'étais enclin à croire ceux qui l'appelaient lumière naturelle ou le restreint d'une conscience naturelle, une chose qui ne suffit pas pour apporter le salut, comme le monde l'appelle. « Car, disent-ils, nous savons que nous avons tout ce dont vous nous parlez, mais ce n'est qu'une lumière naturelle ou le frein d'une conscience naturelle. »

Est-ce naturel ce qui réprouve en matière des choses spirituelles? Laissez le sage au cœur juger par l'évangile ordinaire. Satan est-il contre lui-même divisé? Comment donc son royaume subsistera-t-il? C'est la doctrine houleuse des prêtres, pour laquelle ils n'ont pas l'Ecriture, et donc ils ajoutent leur sentiment à celui-ci ou en diminuent pour tromper le simple d'esprit. Mais les Ecritures témoignent contre ceux qui vous disent que la lumière du Christ est naturelle. C'est l'Esprit de Vérité qu'il a envoyé, qui réprouve le monde du péché, de la droiture et du jugement, en qui quiconque qui y croit ne restera pas dans les ténèbres, mais aura la lumière de la Vie. Ce sont des séducteurs que dénonce le prophète, chacun cherchant son propre chemin, pour son profit depuis son quartier. Car, mis dans leur bouche ils crieront la paix, la paix. Mais éloignez-vous d'eux et ils prépareront même la guerre contre vous. Et ainsi ils sont les faux prophètes contre lesquels les vrais prophètes ont exhorté et par lesquels le peuple de Dieu dans tous les âges a souffert le gaspillage de leurs biens. Car ceux qui veulent vivre pieusement en Jésus-Christ doivent souffrir la persécution.

Quand est-ce que l'alliance a-t-elle été changée ou quand recherchez-vous ces jours déclarés dans les Écritures ? « Voici, les jours viennent, dit l'Eternel, Où je ferai avec la maison d'Israël et la maison de Juda Une alliance nouvelle, Non comme l'alliance que je traitai avec leurs pères, Le jour où je les saisis par la main Pour les faire sortir du pays d'Egypte, Alliance qu'ils ont violée, Quoique je fusse leur maître, dit l'Eternel. Mais voici l'alliance que je ferai avec la maison d'Israël, Après ces jours-là, dit l'Eternel: Je mettrai ma loi au dedans d'eux, Je l'écrirai dans leur cœur; Et je serai leur Dieu, Et ils seront mon peuple. Celui-ci n'enseignera plus son prochain, Ni celui-là son frère, en disant: Connaissez l'Eternel! Car tous me connaîtront, depuis le plus petit jusqu'au plus grand, dit l'Eternel; Car je pardonnerai leur iniquité, Et je ne me souviendrai plus de leur péché.»

Eloignez-vous donc de l'homme dont le souffle subsiste dans ses narines et venez aux enseignements du Seigneur en esprit, où la Nouvelle Alliance est connue, car Dieu est un Esprit et ceux qui l'adorent vraiment doivent l'adorer en esprit et en Vérité. Et il cherche à l'adorer en ce jour éternel. Et les enfants du Seigneur sont enseignés par le Seigneur et dans la justice sont-ils établis, et grande est la paix de ses enfants.

Ainsi, tout le monde, tournez votre esprit vers ce qui vous reproche en secret ce pour quoi personne ne peut vous accuser, afin que par elle vous puissiez être conduit et guidé dans toute la Vérité. C'est la lumière du Christ, l'Esprit de Vérité, qu'il a envoyé pour réprimander le monde du péché, de la justice et du jugement. Et prenez garde aux hâtifs qui diraient, « Débarrassez-vous de cette lumière; si c'est votre chemin, nous ne désirons pas la connaissance de celui-ci. »

Ne l'appelez pas ainsi, mais essayez de prouver sa force et écartez-vous du mal qu'il rend manifeste, et ne l'appelez pas naturel ou une chose pas suffisante parce qu'il n'apparaît que peu en vous, car c'est à cause de votre désobéissance à elle. Tout ce que la lumière démontre à être mauvais, éloignez-vous-en; mensonge, jurons, ivrognerie, et toutes sortes de profanations. Oui, s'il s'agit d'une pensée secrète ou d'une intention cachée en ton sein contre ton prochain ou tout homme ou toute femme que ce soit, toujours aussi secrètement, mais rendue manifeste par la lumière dans ta propre conscience, tu dois t'en éloigner sinon l'indignation du Tout-Puissant tu devras un jour connaître le poids sur toi pour la désobéissance quand le Seigneur Jésus-Christ sera révélé du ciel avec ses anges puissants dans un feu ardent, se vengeant sur ceux qui ne connaissent pas Dieu et qui n'obéissent pas à l'Évangile de notre Seigneur Jésus-Christ. Car toutes les choses qui sont réprouvées sont rendues manifestes par la lumière. Et ceux qui croient en la lumière ne demeureront pas dans les ténèbres, mais auront la lumière de la Vie. Notez les paroles, ne demeurez pas dans les ténèbres, mais aurez la lumière de la Vie. Et bien que ces choses ne paraissent que peu à vos yeux, soyez fidèles en un peu et vous serez faits maîtres sur plus. Vous connaîtrez le pouvoir sur toutes les œuvres des ténèbres et sur le pouvoir du diable.

Le peuple de Dieu témoigne d'une purification et d'une sanctification dans tout son corps, son âme, son esprit et le sang de Christ les purifie de tout péché, car la main de l'Eternel n'est pas trop courte pour sauver, Ni son oreille trop dure pour entendre. Son pouvoir est le même et aussi suffisant que jamais. « Mais vous ne voulez pas venir à moi pour avoir la vie! », dit le Christ, et ainsi vous demeurez dans le péché et dans la mort. Et celui qui pèche est du diable et n'a pas vu Dieu, et ne le connaît pas. Et comme la mort laisse de tels, ainsi le jugement le trouvera.

Par conséquent, dessaisissez-vous de tous ceux qui font de vous des proies pour de gain malhonnête, qui conduisent des femmes stupides captives chargées de péché, emportées par diverses convoitises, apprenant toujours mais ne pouvant jamais parvenir à la connaissance de la Vérité telle qu'elle est en Jésus-Christ, qui est la vraie lumière, le chemin, la vérité et la vie ; et nul homme ne peut venir au Père que par lui. Je dis, débarrassez-vous de tous ces scribes, pharisiens, hypocrites, et trompeurs qui marchent dans de longues robes et sont appelés maîtres des hommes, qui aiment les grandes tribunes dans les synagogues, les salles supérieures des fêtes, et les salutations dans les places du marché, à eux appartient le malheur, eux qui enferment le royaume de Dieu aux hommes, et qui n'en entreront pas eux-mêmes, et qui ne laisseront pas entrer ceux qui le voudraient.

Ah ! tous les peuples débarrassez-vous d'eux et venez aux enseignements du Seigneur en esprit, car les nations de ceux qui sont sauvés doivent marcher dans la lumière de l'Agneau. Mais c'est là la condamnation, que la lumière est venue dans le monde et les hommes aiment-ils les ténèbres plutôt que la lumière parce que leurs agissements sont mauvais. Mais celui qui agit dans la Vérité vient à la lumière pour que ses œuvres puissent être rendues manifestes qu'elles sont réalisées en Dieu.

Repentez-vous, repentez-vous, et tournez-vous vers le Seigneur Jésus-Christ qui est la pierre reniée et rejetée par tous les bâtisseurs du monde. La même pierre est devenue la pierre angulaire, louanges éternellement à son saint nom, qui nous a retirés des ténèbres à sa lumière merveilleuse, où nous marchons et ne sommes pas fatigués, courons et ne sommes pas fatigués. Il ne nous a pas seulement appelés, mais il nous a aussi choisis du monde, et c'est pourquoi le monde nous hait, car le monde aime les siens. Et bien que nous soyons haïs, persécutés, raillés, méprisés, et jugés comme un peuple qui n'est pas digne de vivre par cette génération méchante et infidèle qui dit du mal de ce qu'ils ne savent pas et que la bête pousse avec ses cornes et le faux prophète jette sa jalousie et sa colère contre l'Agneau et ses disciples, ils seront pourtant tous deux vivants et jetés dans l'étang de feu, et les saints se réjouiront à jamais.

Si jamais vous parvenez à connaître la voie de Dieu et à marcher sur elle, vous devez finir par l'adoration spirituelle, car Dieu est un esprit et ceux qui l'adorent doivent l'adorer en esprit et en Vérité, et tels sont ceux qu'il cherche à l'adorer en ce jour éternel. C'est pourquoi, Vous donc, qui avez des désirs soignés, Sortez du milieu d'eux, Et séparez-vous, dit le Seigneur; Ne touchez pas à ce qui est impur, Et je vous accueillerai, Dit le Seigneur tout-puissant. Soyez prudents maintenant alors que vous avez le temps de chasser les œuvres des ténèbres et d'être séparés de toutes vos adorations d'idoles, car le Seigneur en a marre d'elles. Rattachez-vous à l'amour éternel de Dieu, qui vous a épargné si longtemps; vingt, trente, quarante ans et plus; et pourtant vous pleurez, si nous connaissions la voie de Dieu, nous marcherions dans elle. Et pour vous exaucer, vous dites : « Nous espérons que nous sommes sur le chemin », ce qui prouve que vous n'en avez aucune certitude. Je le répète, repentez-vous et détournez-vous du mal de vos habitudes, de vos paroles vaines, de vos plaisanteries déraisonnables et de vos rires moqueurs, qui sont folie et divagation; oui, de toutes vos vaines conversations, de peur que la destruction soudaine, qui tombera sur tous les méchants qui aiment et fabriquent de mensonge, ne s'abatte sur vous à moins que vous ne vous repentiez rapidement et changiez vos habitudes, non seulement en confessant vos péchés, mais en les abandonnant. Il n'y a pas d'autre moyen d'obtenir la miséricorde de la main du Seigneur. Car ne vous trompez pas, Dieu ne sera pas moqué, comme chacun sème, tel sera sa moisson. Ceux qui vivent selon la chair mourront, mais ceux qui ont une part dans la première résurrection, sur ceux-là la seconde mort n'aura aucun pouvoir.

Par ceci vous pouvez voir clairement, si vous n'êtes pas volontairement aveugle, que vos professeurs n'ont pas été envoyés de Dieu, car ils ne vous ont pas prospéré et vous apprenez toujours, embarqués au loin par diverses convoitises, mais jamais en mesure d'arriver à la connaissance de la Vérité. Certains sont conduits au mensonge, aux jurons, à l'ivrognerie, aux combats, aux querelles, aux jeux d'argent et aux sports, et à des tels fruits.

Et bien que les prêtres et les gens crient et disent que nous sommes les faux prophètes et les trompeurs venus dans les derniers jours, Je réponds comme le dit l'Ecriture, par leurs fruits les faux prophètes sont connus. Cueille-t-on des raisins d'épines ou des figues de chardons? Non, ils ne sont pas si aveugles. Ainsi, que nous ou les prêtres et les maîtres du monde, qui ont les paroles, mais qui sont étrangers à la vie, portent les fruits des faux prophètes, que celle de Dieu dans toutes les consciences et l'Ecriture ordinaire jugent.

Le Christ a dit, « Les faux prophètes viendront, » et Jean a dit qu'en ses jours, « beaucoup de faux prophètes et antéchrists sont déjà venus dans le monde; par quoi, » il a dit, « nous savons que c'est les derniers jours. » Je crois que beaucoup d'entre vous confesseront qu'il n'y avait pas de Quakers (comme nous sommes maintenant appelés par dérision) dans le temps de Jean, mais il a dit qu'ils savaient que c'était la dernière fois alors parce que beaucoup de faux prophètes et antéchrists étaient déjà venus dans le monde. Vous dites que la dernière fois n'est venue que de nos jours. Et donc, que ce soit Jean ou les professeurs et les prêtres et les maîtres du monde qui ont soutenu la Vérité dans cette chose, laissez le sage dans le cœur et Écriture ordinaire juger. Le Christ, qui est la lumière et la vie des hommes, est la porte par laquelle vous devez entrer dans le Royaume, si jamais vous entrez, « car celui qui y accède d'une autre manière est à la fois voleur et cambrioleur. »

Et si jamais, il vous arrive de connaître Dieu et le chemin qui mène à son royaume, vous devez connaître la lumière du Seigneur Jésus-Christ dans son apparence intérieure pour être votre maître, votre chef et votre guide. C'est même lui, la vraie lumière, qui est le Chemin, la Vérité et la Vie. Et si vous vous repentez rapidement et vous tournez vers Dieu de celui de qui vous êtes tombés et que vous mettez de côté le mal de vos actes avant qu'il ne soit trop tard pour la repentance, vous serez heureux. Mais si, autrement, vous vous révoltez contre la lumière et les efforts de son Esprit bienveillant et de la grâce que Dieu a placés dans vos cœurs pour témoigner contre tout péché et toute iniquité, et vous endurcissez vos cœurs, arrêtez vos oreilles, et fermez vos yeux, vous chercherez la repentance avec des larmes et ne la trouverez pas. Et vous le saurez au jour du Seigneur, quand vous lui rendrez compte de toute parole vaine et de toutes les dures paroles que vous avez prononcées contre ses serviteurs, sa pure voie de Vérité et son peuple. Vous avez été averti de la repentance dans votre vie par un bien-aimé de toutes vos âmes, mais en tant qu'enfant et l'un des moins nombreux parmi les enfants et les gens du Seigneur. Pourtant, il a obtenu la faveur du Seigneur et la miséricorde de sa main par le vrai jugement pour le péché et la transgression. Et donc a plutôt choisi de souffrir avec le peuple de Dieu plutôt que de jouir du plaisir du péché pour une saison. »

John Banks

Prononcé en 1661.

Pour vous qui connaissiez autrefois la Vérité, et la lumière comme votre justification; mais étant passé du monde impur, c'est maintenant votre condamnation

Afin que tous ceux en qui il reste encore quelque tendresse, ou souffle vers le Seigneur et sa Vérité, et que l'ennemi de la paix de leur âme éprouve d'abandonner la Vérité, pour la jouissance de ce qui périra en un instant, puissent être prévenus de peur qu'ils ne soient aussi livrés à la dureté du cœur.

Avez-vous connu une fois la Vérité pour vous convaincre des coutumes maléfiques, des modes, et des traditions vaines, ainsi que tous les cultes et les formes mortes qui sont dans le monde et êtes-vous maintenant comme le chien tourné vers le vomi et la truie qui furent lavés au vautour dans le bourbier?

Ah ! comment mon âme pleure et se lamente pour vous en secret, à la considération de votre état, vous qui fûtes une fois convaincus par la lumière du Seigneur Jésus du mal qui est dans ces choses et eûtes su son pouvoir de vous racheter dans une certaine mesure. Et comme vous aviez obéi à ce qui manifestait le mal et vous en étiez sortis, comment votre paix a-t-elle augmenté de sorte que vous aviez été rapprochés du Seigneur en esprit, et l'avez adoré dans la Vérité et la justice, par laquelle vous aviez senti l'acceptation avec lui, et il était bien content. Et êtes-vous maintenant partis de cela, et retournés dans les ténèbres de l'Egypte, parmi les chairs, qui vous font avoir une mauvaise odeur?

Contemplez vos habitudes et regardez en arrière d'où vous êtes tombés et retournez à ce qui vous a réhabilité et vous condamne maintenant, ou bien vous devez périr éternellement. Où se trouve votre joie, votre paix et votre réconfort? Ou en quoi pouvez-vous vous contenter? Se trouve-t-il dans la jouissance de la tromperie des richesses ou dans ce qui périra en un instant? « Insensé! cette nuit même ton âme te sera redemandée », et alors pour qui seront toutes ces choses, pour lesquelles tu as abandonné ma précieuse Vérité, dit le Seigneur, qui de mon amour éternel t'ai-je manifesté pour le salut de ton âme. « Car comme je vis, » dit le Seigneur, « je ne veux pas la mort d'un pécheur—Ah gens insensés et imprudents, qui vous a fascinés, » pour que vous abandonniez la Vérité pour être condamné pour toujours, à moins que vous ne vous repentiez. Repentez-vous donc, examinez vos habitudes, et soyez sages, vous qui n'avez pas entièrement abandonnés la dureté du cœur et l'amertume du passé alors qu'il faut bien les abandonner. Repentez-vous et revenez de tout votre cœur au Seigneur Dieu et soyez séparés de toutes adorations d'idoles et abandonnez ces gens qui y ont recours, dont le cours est mauvais, et dont les manières ne sont pas justes. Car si vous ne le faites pas, mais continuez dans la rébellion et la dureté du cœur, (remarquez ce que je dis) sept autres esprits plus méchants que celui qui a régné en vous avant vous en pénétreront de sorte que vous deviendrez deux fois plus les enfants de l'enfer que vous ne les étiez avant.

Ah ! votre état est triste et votre condition lamentable, vous qui vous êtes déviés de la lumière, le Christ Jésus, le chemin, la Vérité, et la vie, dans les ténèbres, pour être entraînés et conduits au loin par le diable. Votre état est misérable, vous qui vous déviez de l'adoration du Dieu vrai et vivant en esprit et en Vérité, quelle adoration il accepte et n'accepte nulle autre, de l'adoration mise en place par l'invention et la tradition de l'homme et l'abandon de la Vérité, la lumière, sous quel qu'autre prétexte, couleur, ou couverture que ce soit. Si vous prétextez de rester chez-vous, justifiez pourquoi vous ne pouvez pas y servir Dieu autant bien qu'en venant à nos Assemblées et que vous attarderez-vous un certain temps à la maison et sans vous joindre, en conséquence, à autre peuple. Ah ! Ne croyez pas, et n'écoutez pas l'ennemi de la paix de votre âme, dans ce genre de raisonnement de son esprit menteur par lequel il vous conseillerait ou sous quel autre prétexte que ce soit, car ceci est l'art et la subtilité du vieux serpent.

Il vous offrira toute la gloire et le bonheur du monde si vous l'adorez ou cette ressemblance qui est maintenant établie, sous quel nom ou de quelle manière que ce soit, que ce soit en restant à la maison ou avec quelque autre piège qu'il puisse vous prendre. Car il ne se soucie pas d'où va et où se trouve le corps, de sorte qu'il peut dans sa subtilité, conquérir la règle du cœur et les appétits liés aux choses terrestres.

Si vous lui prêtez l'oreille, vous deviendrez de plus en plus mauvais, comme le font les méchants. Et bien que vous puissiez profiter de tous les plaisirs que le monde puisse se permettre, vous devez mendier et désirer toujours. Que celui qui a des oreilles entende ce que l'Esprit dit aux Eglises! Cette mascarade, ou toute autre que l'Esprit de Vérité, ne peut vous cacher de la colère du Seigneur. Car où se trouve votre exemple? Ceux qui craignaient le Seigneur et l'adoraient en esprit et en Vérité, se rencontraient souvent, bien que parfois sur les montagnes et les routes et célébraient l'église dans les maisons des uns des autres. Et ceux qui abandonnent de s'assembler avec le peuple de Dieu, sous quelle couleur ou sous quel déguisement, je dois le déclarer pour la libération de ma conscience, quel que soit ce qu'ils prétendent, ils n'adorent ni ne servent Dieu, et lui non plus ne se plaît avec eux, parce qu'ils se rebellent, « car si quelqu'un se rebelle, mon âme n'a aucun plaisir en lui, » dit le Seigneur. Tous ces prétextes ne sont que ceux de feuilles de figuier, car « Malheur, aux enfants rebelles, Qui prennent des résolutions sans moi, Et qui font des alliances sans ma volonté, Pour accumuler péché sur péché! », dit l'Eternel. Toutes les autres couvertures seront arrachées dans le jour du Seigneur, et ceux qui sont sous de telles couvertures seront déshabillés et mises à nues et consumée par sa jalousie.

Ah! comme la Vérité est déshonorée par vous qui vous en détournez. Ah! comme les gens vaniteux se vantent contre elle et plaident pour faire le mal. A cause de vous viennent les offenses, « mais malheur à ceux par qui ils viennent; il valait mieux qu'une meule de moulin fût pendue autour de leur cou, et qu'ils fussent jetés au fond de la mer. »

C'est pourquoi je vous dis à vous tous qui avez un vrai coup de pouce vers le Seigneur et sa Vérité encore restant et ressentez encore l'Esprit du Seigneur luttant avec vous, en qui l'ennemi de la paix de vos âmes se tracte et s'introduit pour vous en chasser et pour vous persuader d'abandonner la Vérité (mais sous un autre prétexte), pour ce qui périra en un instant et apportera le tourment éternel, je vous le dis dans un amour vrai et tendre, avant qu'il ne soit temps, prenez garde à la considération de ce que j'ai déjà dit concernant l'état de ceux qui ont dévié de la Vérité, de peur que vous ne soyez aussi livrés à la dureté du cœur.

Mes Amis, connaissez-vous la Vérité dans une mesure qui abonde dans vos cœurs, oui, bien que jamais si peu, et sentez-vous l'Esprit du Seigneur encore à lutter avec vous, qui ne luttera pas toujours? Et êtes-vous sensible à ce qu'il cherche ? Et connaissez-vous la Vérité, et qu'il n'y a pas une autre voie ni Vérité qui puisse amener les gens à Dieu? Et savez-vous que vous êtes en cela, et si vous vous détournez de cela, ce doit être pour votre propre condamnation?

Et la Vérité vous permet-elle de voir que toute adoration et toutes les formes, et de nombreuses façons et opinions dans le monde, sont mortes, sèches et vides et que toutes les coutumes vaines et les modes changeantes dans le monde sont corruptrices et souilleront ? Et n'êtes-vous pas conscients que le Seigneur, par son amour éternel, vous a révélé et fait connaître ces choses, afin que vous en sortiez et que vous vous en sépariez, et que vous l'attendiez et l'adoriez en esprit et en Vérité, selon sa propre instruction. Et si vous vous parez de cette précieuse Vérité qui vous a séparés de toutes ces choses, ou du moins vous les a rendus manifestes pour être mauvais, dans le monde où toutes ces choses sont, vous serez souillés par elles.

Je dis : Mes Amis, savez-vous et la Vérité vous a-t-elle rendus sensibles à ces choses? Ah! alors pour toujours tenez bon, fidèle, et obéissant et continuez jusqu'à la fin et vous serez sauvés. Que personne ne fasse défaut dans son esprit ni ne s'asseye d'ailleurs, mais dans la mesure de la lumière qui engendre la vie, courrez au Seigneur et continuez jusqu'à la fin, ainsi la fin vous receviez la couronne de vie, le salut même de vos âmes.

Mais ceux qui ne sont pas disposés à porter la croix ne peuvent pas obtenir la couronne. Et ceux qui vivront pieusement en Jésus-Christ devront subir la persécution. Ceux qui ne sont pas disposés à souffrir avec lui, ne peuvent pas régner avec lui (remarquez cela) et « celui qui aime le père ou la mère, la femme ou les enfants, la maison ou les terres plus que moi, » dit le Christ, « n'est pas digne de moi. »

Chers Amis, alors que vous appréciez le salut de vos âmes, qui est d'un grand poids, « choisissez plutôt de souffrir l'affliction avec le peuple de Dieu, que de profiter du plaisir du péché pour la courte durée, » et n'écoutez pas cet esprit en vous qui dirait que vous pouvez aller à l'adoration du monde et pourtant vivre honnêtement et servir Dieu suffisamment bien. Chers Amis, que personne n'écoute cela, car c'est la semence du malin, du diable, qui était menteur dès le commencement. « Vous ne pouvez servir Dieu et Mamon. » Vous ne pouvez pas abandonner la Vérité et servir Dieu, bien que l'ennemi de la paix de vos âmes puisse vous dire qu'en vous éloignant ou qu'en évitant de venir aux Assemblées suivant la voie et la manière selon lesquelles le peuple de Dieu se réunit pour l'adorer en esprit et en Vérité, et que vous puissiez servir Dieu d'une autre manière, et vivre honnêtement dans ce monde. Chers Amis, ne soyez pas trompés par la subtilité de l'ennemi, car on ne se moquera pas de Dieu. Tel que chacun d'entre vous sème, tel sera sa moisson. « Ceux qui sèment pour la chair moissonneront de la chair la corruption; mais ceux qui sèment pour l'esprit moissonneront la vie éternelle de l'Esprit. »

Mais réjouissez-vous, mes Amis souffrants, qui semez pour l'Esprit, dont vous récolterez la vie éternelle. Réjouissez-vous, je dis, et réjouissez-vous, même dans le Dieu de votre salut. Que votre joie soit à porter la croix de notre Seigneur Jésus-Christ, par laquelle vous êtes crucifiés pour le monde et le monde pour vous, agneaux de la bergerie de mon Père avec qui je me couche et suis-je en sécurité, même dans le repos sans fin. Ah réjouissez-vous, vous qui êtes librement livrés pour suivre l'Agneau partout où il va en ce jour de l'épreuve « dans lequel il va purger complètement son plancher, et stockera le blé dans son grenier, ainsi qu'il brûlera le ballot avec un feu dévorant. »

En ce jour le loup cherche à vous tourmenter et les bêtes voraces cherchent à faire une proie de vous. Et si l'on laisse le dévastateur enlever ce dont vous jouissez comme à l'extérieur, je vous le dis encore une fois, réjouissez-vous, comme celui que le Seigneur a rendu sensible de votre état, comme étant un membre du même corps, pour la révolte de l'esprit pur en vous, afin que vous puissiez être plus sensible à son amour dans votre épreuve, et que vous puissiez répondre la même par l'obéissance pure. Louez et magnifiez le Dieu de votre salut en marchant dans l'obéissance à ce qu'il exige de vous ou laisse survenir à vous pour l'épreuve de votre foi, vous qui êtes comme ceux qui n'ont rien, tout en jouissant de toutes choses à la louange du Seigneur. Oui, vraiment, mes Amis, ceci peux-je dire à votre réconfort, que dans tout ce que vous souffrez librement et volontairement, pour avoir tenu le témoignage de Jésus dans la justice, vous recevrez cent fois dans ce monde, bien qu'il ne puisse pas être vu avec un œil perceptible, et dans ce qui est à venir, vie éternelle.

Heureux sont vos yeux qui voient et vos oreilles qui entendent et vos cœurs qui comprennent les choses de Dieu correctement, car vous entendrez et recevrez les choses qui appartiennent à votre paix. Oui, alors que vous écoutez avec diligence cette petite voix intérieure encore en vous, qui est la voix du vrai Berger qui appelle les brebis de son pâturage dans son bercail, vous connaissez sa voix et la voix d'un étranger que vous ne suivrez pas. Comme tu te tiens près de ce qui mène dans les vallées basses où se trouve la surabondance de pâturage, tu recevras la force qui te permettra de passer par les plus grandes épreuves et de sauter sur la plus haute montagne qui s'élèvera sur ton chemin. Vous finirez ainsi votre témoignage pour le Seigneur et sa voie pure de la vérité et de la justice dans la foi en Jésus-Christ, dans laquelle vous avez commencée, qui est d'aboutir à une fin bénie et heureuse et parfaite. Car ceux qui persévèrent et persistent jusqu'à la fin dans toute fidélité seront sauvés. Ce à quoi le Seigneur vous préserve tous, courageux et fidèles pour la vérité, alors qu'ils sont encore sur la terre.

Ceci est le souffle et la peine de mon âme dans l'amour tendre de la Semence de Dieu en tous.

John Banks

POUR LES AMIS DE L'ASSEMBLÉE DE PARDSAY, OU AILLEURS DANS LE CUMBERLAND; À LIRE PARMI EUX DANS LA CRAINTE DU SEIGNEUR

Chers Amis,

Le fondement de Dieu est sûr et ceux dont sur qui est la bâtisse demeurent en sécurité, là où l'ennemi ne peut venir. Chers Amis, veillez à ce que rien ne vous pénètre le cœur, si ce n'est le bien-aimé de vos âmes, dont avec l'amour vous avez été si coutumier, au point que par lui une volonté a été forgée en vous pour que vous vous débarrassiez de tout en son nom. Ah! donc, pressez vers la rétribution de la récompense, le suivant toujours, afin que vous puissiez sentir la paix douce avec lui en vos seins. Car voici, il vient rapidement, et sa récompense est avec celui qui peut délivrer, du feu et de l'eau.

Que personne ne trouve anormal l'épreuve ardente dans laquelle le Seigneur a senti bon de vous éprouver parmi le reste de son peuple, comme si quelque chose d'étrange était arrivé. Mais vous tous soyez fidèles au Seigneur jusqu'à la mort et vous recevrez une couronne de vie. Ce ne sont pas ceux qui ont bien commencé et qui s'assoient en chemin qui vont recevoir cette rétribution de récompense, mais ceux qui, dans la fidélité, continuent jusqu'à la fin, qui connaissent la santé salvifique d'Israël, et qui sont guéris de toutes leurs infirmités.

Pour avoir une place dans votre cœur, que personne ne peine à dire : « Pourquoi est-ce ainsi ou pourquoi le Seigneur l'a-t-il fait ainsi? » Mais vous tous gardez la foi et retenez votre intégrité et demeurez fermes dans vos esprits, car avant que le jour ne s'achève, l'épreuve doit être plus grande avant la séparation des scories de l'or pur. Car le Seigneur, notre Dieu, est sur le point de faire un travail approfondi sur la terre pour vous faire des vases sains pour son usage, par lesquels il se fera honneur et vous fera briller vous qui êtes fidèles.

Bénis et heureux êtes-vous tous, mes chers Amis, qui honorez Dieu dans votre génération et malheur à ceux qui le déshonorent dans leur vie et leurs conversations, qui sembleraient honorer Dieu avec leurs bouches et leurs lèvres, et pourtant leurs cœurs sont loin de lui, sur la terre. Et tous ceux qui se sont livrés au bavardage et à la confabulation, à l'esprit chuchotant et à l'esprit occupé, c'est pour le jugement. Et quelle que soit la bouteille dans laquelle ces choses sont conservées, elle éclatera et brisera en morceaux.

Par conséquent, veillez contre toute apparence de mal, à l'intérieur et à l'extérieur, avec une vigilance pour le bien l'un sur l'autre, pour que là où il y a un mauvais œil, il puisse être arraché et ainsi l'œil étant unique, le corps tout entier sera rempli de lumière, par laquelle les ténèbres parviennent à être expulsées. Et ceux dont le lieu de séjour est ici n'ignorent pas qu'il est agréable de demeurer ensemble dans l'unité. « C'est comme l'huile précieuse qui, répandue sur la tête, Descend sur la barbe, sur la barbe d'Aaron, Qui descend sur le bord de ses vêtements. C'est comme la rosée de l'Hermon, Qui descend sur les montagnes de Sion; Car c'est là que l'Eternel envoie la bénédiction, La vie, pour l'éternité »

Chers frères, demeurez ensemble dans l'unité, afin que cette bénédiction soit témoignée parmi vous, même la vie pour toujours. Et afin que cette rosée éternelle soit sentie distillée parmi vous, pour que vous soyez tous des membres de ce corps qui est convenablement encadré par des assemblés et des bandes, que le Seigneur Dieu a préparés pour exécuter sa volonté.

Et tous mes chers Amis dans le Seigneur Jésus-Christ, qui avez gardé vos vêtements souillés du monde et qui avez apporté un témoignage fidèle pour lui en ce jour difficile et en ce moment périlleux, que la paix vous soit accordée. L'amour de Dieu remplit vos cœurs et son unité vivante vous unit pour toujours, avec qui je suis vraiment lié dans ce faisceau d'amour et de vie qui ne peut jamais être brisé. Sûrement mon âme vous aime et je suis vraiment attaché à vous dans cet amour et cette unité dont la durée du temps, la distance du lieu, et les mers étendues ne peuvent faire aucune brèche ou séparation. Ah ! Soyez tous encouragés à suivre le Capitaine de votre salut, qui jusqu'à présent est allé avant vous et a plaidé votre cause avec vos ennemis, à l'intérieur comme à l'extérieur. Vous avez certainement une bonne expérience de la manière dont il a répandu sa bannière sur vous, qui est l'amour, qui pour vous a été comme une couverture de la chaleur et une cachette de la tempête et l'orage. Oui, il en est ainsi, car il n'y a jamais eu aucune arme encore formée contre vous qui ait prospéré comme vous vous êtes tenus dans son conseil pur.

Ainsi, tout ce que le Seigneur peut encore laisser survenir pour l'épreuve ultérieure de votre foi, ne craignez pas, vous les petits troupeaux, car il lui plaît de vous donner le royaume. Et même si les flots se jettent, vous n'avez pas besoin d'être troublés, car celui qui a délivré Daniel de la fosse aux lions et Schadrac, Méschac et Abed Nego de la fournaise ardente est comme il a toujours été. « Car je suis l'Eternel, je ne change pas; Et vous, enfants de Jacob, vous n'avez pas été consumés », mais préservés, et cela à sa louange et à sa gloire, même tous ceux qui sont de cette semence et de cette descendance.

Et bénis êtes-vous tous qui souffrez pour la vérité et la justice, qui ne comptez rien trop dur, trop proche, ou trop cher pour être séparés pour cette juste cause de votre Dieu. Grande est votre récompense dans le ciel, même la vie éternelle, monde sans fin. Et comme l'Éternel, votre Dieu, vous a non seulement comptés dignes de croire en son nom et en sa Vérité, mais de souffrir pour lui, ah! souffrez joyeusement de la perte de vos biens. La femme, ou le mari, ou qui que ce soit, se séparent et se livrent librement, que ce soit à la prison ou au pillage des biens ou à toute sorte de mal. Le serviteur n'est pas plus grand que son Seigneur. « Comme ils m'ont fait, » dit le Christ, « ainsi feront-ils pour vous, » moi, qui ai souffert jusqu'à la mort sur la croix, par le conseil des principaux sacrificateurs, scribes, pharisiens, et les Juifs au cœur coriace.

Chers Amis, considérez l'amour éternel de Dieu pour vous, qui n'avait pas épargné son Fils unique à cause de vous, afin que par lui, par sa mort et sa souffrance, vous puissiez être rachetés de votre misérable état et de votre condition perdue et défaite. Par cet amour, le Seigneur votre Dieu a forgé une volonté dans vos cœurs. Et Ah! afin qu'il travaille de plus en plus, pour que, dans le vrai sens du terme, vous soyez préservés pour la tendresse de vos esprits dans la véritable unité et communion avec Lui et entre vous. Dans un sentiment intérieur béni de cet amour, de cette vie et de cette unité céleste qui sont en ce moment dans mon cœur, je prends congé de vous et me conduis vers le Seigneur, afin que nous puissions tous être préservés jusqu'à la fin.

Votre frère dans la Vérité vivante qui ne change pas.

John Banks

Depuis Malloe dans le comté de Cork en Irlande, le 19e jour du sixième mois, 1671.

LE TÉMOIGNAGE DE LA VÉRITÉ CONTRE TOUTES LES COUTUMES, LES MODES, LES HABITUDES, LES PAROLES, LES CULTES, LES PAREMENTS ET LES COMPORTEMENTS MONDAINS QUI SONT HORS DE LA VÉRITÉ

Avec une exhortation et un avertissement à tous ceux qui professent la Vérité et viennent parmi le peuple de Dieu, et pourtant se trouvent dans lesdites coutumes, modes, agissements, paroles, etc., et l'apologie pour eux. Nous, le peuple de Dieu, par mépris appelés Quakers (Trembleurs) renions et n'avons aucune communion avec de ces œuvres infructueuses des ténèbres, mais plutôt nous les réprimandons, parce que le témoignage de la Vérité est contre elles.

Ne soyez pas semblables au monde, car le monde, et sa gloire comme la fleur des champs, passe. Et le monde, par la sagesse, ne connaît ni Dieu ni les choses de son royaume, car sa sagesse vient d'en bas, qui conduit et tire vers le bas dans les éléments et les rudiments mendiants. L'homme à l'esprit charnel ne connaît pas les choses de Dieu ni son royaume, même celles qui appartiennent à la paix de l'âme, car elles sont pour lui folie parce qu'elles sont spirituellement discernées. L'esprit charnel et la sagesse mènent à des choses charnelles et visibles à nourrir sur des cosses parmi les cochons, car au dehors ce sont les chiens, les sorciers, etc.

Cet esprit qui règne dans le cœur des enfants de la désobéissance conduit à diverses convoitises, plaisirs, coutumes, modes, bavardage inutile, sottises, mensonges, jurons, orgueil, et ivresse. Ceux-là ne discernent pas le corps du Seigneur, mais le crucifient, et disent, comme certains l'ont fait autrefois, qu'ils ne veulent pas cet homme, même le Christ, pour dominer sur eux parce que par sa lumière, il les réprouve pour leurs mauvaises actions. Ainsi ils crucifient à nouveau le Fils de Dieu et le font rougir en péchant contre lui. Et chez ceux qui produisent ces fruits, les justes souffrent parmi les injustes.

Car ce sont les fruits de la chair et de ceux qui prêchent et enseignent pour les doctrines les préceptes des hommes, et se trouvent dans les nombreuses inventions dans les lavages extérieurs, manger et boire, sous prétexte que Dieu exige ces choses à leurs mains quand comme il dit, « Qui vous a demandé ces choses? » Ces choses ne font pas tant que nettoyer l'extérieur et sont donc loin de rendre ou de garder le cœur ou la conscience propre, ou vide d'offense envers Dieu. Le témoignage de la Vérité est contre toutes ces manières, adorations, coutumes, et les modes, car ces choses sont pratiquées parmi ceux qui disent être perdus et égarés de la voie de Dieu, comme des brebis galeuses. Et ainsi, sur une bonne base, le peuple de Dieu les rejette.

La pratique du monde est de changer de mode en mode, dans l'arrogance de l'habillement, de friandises et de la beuverie, dans un concours de voir qui dépasserait les autres dans l'orgueil et la mentalité dédaigneuse aux fins que leurs yeux et l'esprit puissent regarder les uns après les autres.

La pratique de ceux qui craignent vraiment le Seigneur est d'être simples et décents dans leurs tenues, et non de s'adonner au changement, comme ceux du monde, ni de porter autre chose que ce qui évolue la Vérité et peut avoir tendance à orner l'Évangile de notre Seigneur Jésus-Christ. Là où Dieu a donné beaucoup, ils ne doivent pas être excessifs à cause de cela. Ni ceux qui ne sont dotés qu'avec peu, ne doivent s'efforcer d'exhiber la partie charnelle au-delà de leur capacité. Pour les riches comme pour les pauvres, ce serait fait que l'œil regarde dehors et que l'esprit erre. Mais le peuple de Dieu s'efforce de se surpasser l'un l'autre dans le bon exemple à la fois dans les friandises, la beuverie, et la tenue, en utilisant seulement ce qui est décent et charmant jusqu'à la fin pour que chaque œil puisse être tourné vers l'intérieur, et que tous apprennent à être humble d'esprit.

Les voies du monde sont nombreuses, tortueuses et impures, et elles font des va-et-vient dans le mensonge, les jurons et l'ivrognerie; oisivetés, vanités, inutilités, des paroles peu recommandables; de vaines coutumes et d'orgueilleuses habitudes qui sont à l'origine de leurs voies tortueuses et impures.

La voie du peuple de Dieu, qu'il a racheté du monde, n'est qu'une voie droite et pure dans laquelle ils suivent l'Agneau dans la régénération, qui les conduit de toute impureté à la pureté et à la sainteté. Les paroles des hommes du monde sont nombreuses, inutiles et peu recommandables. Mais les paroles du peuple de Dieu sont rares et savoureuses.

L'adoration des gens du monde, qui nient la vraie lumière, est dans les ténèbres et leur prière n'est pas entendue ni répondue, car en priant ils crient : « Seigneur pardonne nos péchés », et pourtant ils ne croient pas qu'ils puissent s'en être libérés ainsi que des gens à qui ils prêchent, vivent dans leurs péchés et ne sont donc jamais meilleurs.

Le culte du peuple de Dieu est dans l'esprit et la Vérité. Ils prient avec l'Esprit et avec la compréhension, et leurs prières, il entend et répond. Ils prêchent, étant envoyés de Dieu, et profitent ainsi au peuple. Et ceux-là reçoivent la fin de leur espérance, le salut de leurs âmes, par Jésus-Christ le juste.

Et maintenant, à vous qui professez la Vérité et assemblez-vous parmi le peuple de Dieu, et pourtant vous n'êtes pas en réalité ce que vous devriez être, soit dans vos paroles, soit dans vos pratiques, mais vous qui êtes lâches et infidèles, par amour pour vos âmes, ceci est écrit comme un avertissement fidèle, étant le témoignage de la Vérité.

Prenez garde, vous vieux et jeunes qui vous façonnez selon les excès du monde, au-delà des limites de la Vérité, soit dans votre tenue, vos expressions, vos attitudes, ou vos comportements. Quoi ! ne pouvez-vous pas donner l'exemple aux peuples du monde selon la Vérité, et s'ils n'y arrivent pas, ne vous rendez jamais pour vous joindre à eux, embrasser ou suivre leurs modes vaines et obscènes?

Et vous qui êtes des vieux et des vieilles, pour ce qui est de la persuasion et des années, veillez à la crainte de Dieu contre la hâte, l'imprudence, la mesquinerie et l'irritabilité d'esprit, car c'est un mauvais exemple pour vos enfants et pour ceux qui sont jeunes et faibles dans la Vérité. Mais soyez graves et tempérés, comme des pères et des mères qui allaitent. Et roulez sept fois votre langue dans la bouche, afin que vous n'offensiez personne avec votre langue.

Et vous vieux et jeunes qui faites une profession de la Vérité, prenez garde à ne pas prononcer des paroles peu recommandables dans vos communications, et n'utilisez point le nom du Seigneur et de Dieu dans votre conversation commune, comme c'est la manière et la coutume des gens du monde. C'est prononcer le nom de Dieu en vain, et tel il ne le tiendra pas innocent. C'est la mauvaise communication qui corrompt les bonnes manières. « Vous êtes le sel de la terre », dit le Christ Jésus à ses disciples, « Mais si le sel perd sa saveur, avec quoi la lui rendra-t-on? Il ne sert plus qu'à être jeté dehors, et foulé aux pieds par les hommes ». Ainsi ayez du sel en vous-même.

Chers Amis, dès que vous avez été convaincus vous savez que la Vérité ne permettrait ni n'admettrait aucune de ces choses ci-dessus et c'est la même chose maintenant et pour toujours. Considérez donc de quelle racine proviennent ces choses, car elles proviennent toutes de la Vérité et reniées par les enfants de la lumière, ainsi que le témoignage de la Vérité est contre elles.

Vous qui êtes parents d'enfants, instruisez-les dans la crainte du Seigneur, comme devient la Vérité, et ne leur donnez aucune liberté, ni ne leur accordez de parole ou d'action qui soit contraire à la Vérité de Dieu. Enseignez-leur le langage simple de tutoiement de chaque individu, et nommez les jours de la semaine et les mois de l'année, selon le témoignage de la Sainte Écriture, car cela est selon la Vérité, et non pas comme le font les peuples du monde, après les noms des dieux païens. Et méfiez-vous, vieux et jeunes, de prendre la liberté et de présumer de faire de telles choses que vous appelez des petits défauts, jusqu'à ce que de plus grands maux éclatent, car alors la honte frappera ouvertement de tels et la Vérité ainsi que le peuple de Dieu souffriront.

Et que personne ne se joigne aux gens du monde dans leurs coutumes de mariages, de festins, de beuveries, de sports, de plaisirs ou de vaines manifestations, mais prenez garde à la lumière du Seigneur Jésus-Christ qui rend manifestes toutes les choses qui sont condamnables et pour la damnation.

Prenez garde vous tous qui professez la Vérité bénie d'être vaincus avec de boisson forte ou d'autres liqueurs, car par-là la Vérité souffrira un grand reproche. Prenez garde à des paroles vaines, à des plaisanteries insensées ou à des discours justes. Pour plaire à vos relations dans la chair à une fin terrestre, plus que la Vérité ne le permettra, c'est une chose perfide. Ne soyez pas des délateurs, des gribouilleurs, des diffamateurs qui attisent des querelles, ou des fouineurs qui s'entremêlent dans les affaires des autres hommes et des femmes.

Soyez vigilants dans la crainte de Dieu et prenez attentivement soins de et obéissez soigneusement à, sa grâce d'enseignement et son Saint-Esprit, l'Esprit de Vérité qui conduit à toute vérité. Et comme nous tenons à cela, nous ne pouvons pas en conscience nous joindre au peuple et à l'esprit du monde, car cet esprit retire de la Vérité et mène au grand chemin qui conduit à la destruction. Ainsi, vous tous qui, dans une certaine mesure, avez lavés et nettoyés vos vêtements des pollutions du monde, faites attention qu'ils ne soient pas tachés et souillés à nouveau en vous familiarisant avec les gens du monde dans les discours vains et lâches de leurs communications. C'est la porte d'entrée de nombreux maux. Car nous ne pouvons-nous unir à l'esprit du monde qui conduit à la vanité et à l'excès, sans qu'il n'y ait d'abord un départ de l'Esprit de Vérité en nous-mêmes, car la lumière n'a pas de communion avec les ténèbres. Par conséquent, lorsque l'esprit est parti de la lumière pure ainsi que de la grâce tout-suffisant, l'œil fuit à l'étranger après beaucoup de choses, qui devraient être intérieurement au Seigneur. Et ainsi que l'œil et l'esprit en deviennent trop unis avec le monde, ainsi commencent-ils à espionner laquelle est la plus nouvelle et la plus fine coupe et mode, et les esprits de ces derniers s'agitent jusqu'à ce qu'ils l'aient, ayant renoncé à la Vérité en eux-mêmes, dans laquelle se trouvent le vrai repos et la paix.

Et pourtant vous seriez possédés et appelés Amis! « Vous êtes mes amis, » dit le Christ, « si vous faites tout ce que je vous commande. » Et il dit : « recevez mes instructions, car je suis doux et humble de cœur. » Sa grâce enseigne à ne pas être orgueilleux ou d'esprit hautain, car c'est l'œuvre de l'ennemi, et l'esprit du monde s'y joint, mais pas l'Esprit de Vérité.

Mais certains sont des amis du monde et des ennemis de Dieu. Considérez donc si vous êtes des amis de Christ ou du monde. Car, selon le bienheureux apôtre Paul, « Ne vous y trompez pas: on ne se moque pas de Dieu. Ce qu'un homme aura semé, il le moissonnera aussi. Celui qui sème pour sa chair moissonnera de la chair la corruption; mais celui qui sème pour l'Esprit moissonnera de l'Esprit la vie éternelle. »

Maintenant, il est distinct et clair pour tous ceux qui savent ce que c'est que d'avoir leurs yeux dans leur tête, (qui est le Christ) que ceux qui suivent et se joignent au monde, dans leurs habitudes inutiles et extravagantes, sèment pour la chair et le mauvais esprit, pour certains desquels le prophète Isaïe, au chap. 3, de ver. 16 jusqu'à la fin de celui-ci, réprouve l'attitude et le comportement hautain des filles de Sion.

C'est pourquoi, je vous le dis, partez avec votre pneu rond comme la lune, (comme dit le prophète) et mettez vos robes haut au-dessus de vos sourcils avec vos cheveux poudrés, mais ornez-vous dans un vêtement décent, avec pudeur et modestie, sans vous parer de tresses et d'or ou de perles ou d'habits somptueux, mais de bonnes œuvres, comme il convient à des femmes qui font profession de servir Dieu, comme l'a dit l'apôtre Paul, I Tim 2:9, 10. Et pour plus de preuves lire Jérémie 10:2, 3; I Cor 7:31; I Pierre 1:14, et 3:3-5 et là vous pouvez voir combien de modes les apôtres nomment-ils.

Les modes que beaucoup trop d'entre vous en suivez, n'avez-vous pas votre exemple des gens du monde et n'avez-vous pas été enseignés par l'esprit de celui-ci pour soutenir et plaider pour eux, et non pas de ceux qui craignent vraiment et servent Dieu ni encore de son pur Saint-Esprit? Car le témoignage de l'Esprit est contre vos modes que la Vérité n'a jamais conduites. Et ceux qui mènent la vie de l'Esprit doivent se tenir dans leur témoignage contre eux. Ces choses ne peuvent pas être cachées au monde, étant quotidiennement et publiquement pratiquées et vues de leurs yeux. Comme Thomas Ellwood l'a dit dans son Épître aux Amis, « Il arrive qu'à peine qu'une nouvelle mode surgisse, ou qu'une coupe fantastique soit inventée, il y a quelqu'un ou un autre qui professe la Vérité clamant être le premier à en courir. Oh! les Amis, le monde voit cela et sourit et pointe le doigt dessus. Et cela est à la fois une blessure au particulier, et un reproche à la Société en général. »

Si vous ne voulez pas que l'on parle ou écrit contre ces choses, ôtez la cause, et l'effet cessera. Veillez à ce que l'intérieur soit propre et l'extérieur le sera aussi. Rejetez les œuvres des ténèbres et revêtez l'armure de lumière, prenez volontiers la croix du Seigneur Jésus-Christ et portez-la avec joie, et elle vous crucifiera au monde et le monde à vous, avec toutes les vaines formes, paroles et actions du monde, avec toutes les convoitises pécheresses de la chair.

Et comme notre cher frère aîné George Fox, qui était un bon exemple pour nous à son époque, l'a dit : « Tous les Amis partout, avertissez-vous les uns les autres, jeunes et vieux, que vous ne couriez pas après chaque mode qui est inventée et mise en place par la lumière et l'esprit vain, car si vous le faites, comment pouvez-vous juger le monde pour de telles choses? Et n'édifiez pas et ne revêtez pas ce que vous avez fait jadis avec la lumière, mais en toutes choses, soyez clairs, afin que vous puissiez orner la Vérité de l'Evangile du Christ et juger le monde, et que vous gardiez dans ce qui est gracieux et décent. »

Alors écoutez et craignez, entre temps, et mettez à cœur et considérez ces choses, car l'Esprit du Seigneur est attristé à cause d'elles, et le cœur des justes est attristé. Veillez donc à ce que ces choses soient modifiées, car toutes ces choses sont pour le jugement.

Et vous qui professez la Vérité et vous rencontrez parmi le peuple de Dieu, et pourtant vous allez dans le monde pour chercher des femmes ou pour vous joindre au monde pour des femmes ou des maris, le témoignage de la Vérité et des saintes Ecritures et tout le peuple de Dieu est contre vous parce que vous avez la communion et vous vous joignez à ceux qui sont dans les ténèbres. Ce faisant, vous vous éloignez de la Vérité en vous-mêmes, et vous perdez ainsi votre unité avec les enfants de lumière et de cire froides dans votre amour et votre affection envers Dieu, sa Vérité et son peuple, et vous devenez durs, orgueilleux et élevés d'esprit, et vous comptez cela comme une question de lumière. Mais il s'avérera lourd pour ceux-là à la fin, sauf qu'ils se repentent impitoyablement. Ah! ne vous trompez pas, vous ne pouvez servir Dieu et Mammon; vous ne pouvez pas vivre dans la Vérité, même si vous en faites la profession, et vous joindre au monde.

Pourquoi êtes-vous si vaniteux dans votre imagination, et pourquoi vos cœurs insensés sont-ils si obscurcis ? C'est sûrement parce que vous n'avez pas été vigilants dans la crainte de Dieu contre les débordements de votre esprit. Et ne gardant pas ce qui est bon, le mal vous a vaincus. Car si vous aviez habité dans la lumière pure, elle aurait expulsé vos pensées obscures, et alors l'esprit du monde n'aurait eu aucune place en vous.

Il n'a jamais été la pratique du peuple de Dieu, à aucun âge du monde, d'être unis en mariage par un prêtre stipendié. Mais le mariage étant une ordonnance de Dieu, et la véritable union étant dans et par son Esprit, le peuple de Dieu qui garde la loi des mariages a pris les uns les autres dans les Assemblées des justes, ou devant des témoins, et ils étaient et sont des témoins à ce sujet.

Et ainsi, chers Amis, que Dieu a rachetés du monde et du mal qui s'y trouve, gardez-les de la même, gardez vos vêtements non souillés. Prenez garde à ce qui pourrait salir et abîmer vos vêtements et votre image céleste. Mauvaises paroles dans votre de communication tache et entache. Les manières corrompues, maugrées, hâtives, et des humeurs passionnées, conduire et guider le cœur loin de Dieu et hors du chemin de la Vérité. Les mauvaises coutumes et les modes changeantes salissent et souillent vos vêtements. Condescendant à l'esprit mondain pour plaire aux relations ou aux autres, pour une fin terrestre, efface votre domination dans la Vérité. Les mariages mixtes par un prêtre, et pourtant la Vérité professée, tendent à introduire dans la mentalité mondaine. Et là où la terre et l'amour pour le monde dominent l'esprit pur, cela opprime le juste.

Vivez et demeurez dans la puissance rédemptrice de Dieu qui libère et préserve ainsi, tous ceux qui y demeurent. Il préserve les voies, les coutumes et les modes du monde; par des paroles peu recommandables, par la hâte, l'amertume et l'irritabilité de l'esprit; par l'orgueil, et la supériorité, les mauvais mariages et autres choses semblables, et préserve l'esprit de Dieu pour chercher d'abord son royaume et sa justice, et alors toutes les autres choses, au temps du Seigneur, seront ajoutées. Ainsi vous pouvez être de vrais témoins que celui qui est en vous est plus grand que celui qui est dans le monde. Jésus-Christ, la puissance éternelle de Dieu, vous devez tous le suivre, l'entendre et lui obéir. Il conduit à la pureté et à la sainteté. Il conduit dans les verts pâturages qui engraissent. Mais l'esprit et la puissance du prince de l'air et des ténèbres qui règne dans le monde, si vous lui cédez la place, conduit à l'aveuglement, et aux ténèbres, et à la dureté du cœur, et à la maigreur de l'âme. Et quand l'âme est dans la mort, que profiter-t-il d'avoir un nom pour être vivant et étant mort? Quel réconfort une femme, un mari, des maisons, des terres, de l'or ou de l'argent peuvent-ils apporter à qui que ce soit, surtout quand leur heure de mort arrive et qu'ils n'y sont pas préparés, car la tribulation, l'angoisse et le malheur seront alors pour toute âme qui fait le mal.

Ainsi, sachez que Jésus-Christ est la puissance de Dieu pour être votre chef et votre mari, et ne l'abandonnez jamais pour aucun plaisir ou bonheur dans le monde, car le monde passe et la gloire de celui-ci. Mais lui, le chemin, la Vérité et la vie, durera et continuera pour toujours, dont le nom est appelé la Parole de Dieu. Il a dit : « Je suis l'Alpha et l'Oméga, le début et la fin, le premier et le dernier. » Il fut avant, et survivra à toutes les manières du monde, adorations, coutumes, modes, dîmes, types, figures, ombres, et inventions des hommes. La substance est venue et nourrie, béni soit son nom pour toujours.

Et, chers Amis, gardez toutes vos Assemblées en son nom et en son pouvoir. Réunissez-vous de façon ordonnée au temps et à l'heure fixés, et non pas de façon éparpillée, les uns après les autres, car ce n'est pas un bon exemple pour le monde, ni si profitable pour votre croissance dans la Vérité dans vos propres particularités. Gardez vos Assemblées dans la constance et la fidélité, aussi bien le jour de la semaine que le premier jour, comme notre manière était au début. Prisez la Vérité et la gloire de Dieu, car la Vérité est la même qu'elle a toujours été. Et le Seigneur ne veut pas à son peuple maintenant, pas plus qu'autrefois, à ceux qui dans la fidélité l'attendent, l'adorent, et le servent.

Et quand vous vous rencontrerez ensemble, soyez fidèles et diligents pour maintenir votre garde, et prenez garde que vous ne soyez pas vaincus par l'esprit de sommeil, en particulier vous qui êtes anciens et officiels dans les affaires et les préoccupations de la Vérité, sans profession aucune à attendre, à adorer et à servir Dieu, ni vieux ni jeune. C'est une mauvaise nouvelle et une mauvaise odeur, et c'est très rare de voir une pierre d'achoppement dans la voie des faibles, une blessure de leur propre âme, et une douleur pour le cœur des hommes droits.

Chers frères et sœurs, soyez fidèles et diligents dans vos Assemblées et vos attentes, vos vies et vos conversations, afin que vous puissiez orner l'Évangile de notre Seigneur Jésus Christ, pour que la vie que vous vivez soit la vie des justes, qui est par la foi dans le Fils de Dieu. Car cela ne donne que la victoire sur le monde et sur tout le mal qui y est. Retenez-le ferme jusqu'à la fin, pour recevoir la couronne de vie et de gloire immortelle. A Dieu seul, qui vous a appelés par une sainte vocation et qui vous a rassemblés par sa main et son bras puissant pour vous servir, adorez et servez celui qui n'a jamais dit à la maison de Jacob, cherchez mon visage en vain, donner la louange et pour toujours, ayez la justification de lui rendre l'honneur et la gloire, qui en est digne pour toujours. Amen.

John Banks

Depuis Mooregate, à Cumberland, le 22e du douzième mois (année inconnue).

Chers Amis et frères, à qui parvient la salutation de mon amour.

Dans toutes vos Assemblées ensemble pour rendre service au Seigneur, à sa Vérité et aux hommes ainsi que pour veiller à ce que le bon ordre règne dans les églises du Christ, attendez avec diligence à être pourvu de puissance et de sagesse d'en haut, qui est pur et paisible, afin que, par la même, vous soyez guidés à juger et à déterminer tout ce que vous avez commis à votre confiance et à votre charge, que ce soit en matières spirituelles ou temporelles. Ainsi, le bon ordre, l'unité bénie et la communion fraternelle qui se trouve dans l'unique Esprit peuvent être préservés parmi vous et la justice peut être rendu à chacun, et le vrai jugement dans la puissance et la sagesse de Dieu peut être la charge de ceux qui sont indisciplinés, têtus et rebelles. Car prenez garde que quiconque qui professe être membre du corps, ou de l'Assemblée, où les choses doivent être faites dans l'unité, selon l'ordre, et établi et convenu par les anciens et les anciens frères de l'Église du Christ, chacun d'eux devrait être soumis et courtois l'un à l'autre dans des choses qui sont déjà convenues et établies quant à l'ordre de l'église, et personne ne devrait dire dans ceci ou l'autre, « Je serais laissé à mon indépendance et ma liberté. »

Que tous considèrent sérieusement que si chacun d'entre vous, une fois rassemblés, devait être de cet esprit, cela n'aurait-il pas tendance à mettre de côté et de briser tout ordre, règle, et la fraternité comme il est déjà convenu selon la Vérité dans nos Assemblées de hommes et de femmes, comme jugé conforme dans la sagesse de Dieu? Oui, ça le serait sûrement. C'est pourquoi je ne peux que vous dire pour la purification de mon esprit qu'il faut prendre soin de maintenir le bon ordre établi dans l'église, malgré que certains dans leur jugement particulier soient contre elle. Je parle avec tendresse, pour le bien et la préservation de tous ceux qui aiment le bon ordre et l'unité avec le peuple de Dieu, méfiez-vous de tout raisonnement au-dessus de la simplicité de la Vérité, car l'apôtre a averti que vous preniez garde à ne pas être trahis de la simplicité qui est dans le Christ, comme le serpent a séduit Eve.

Chers frères et sœurs, veillez tous à rester discrets et proches du Seigneur, et alors vous serez gardés proches et chers les uns aux autres, et la Source de vie et de sagesse divine vous sera ouverte, et ses ruisseaux se répandront abondamment parmi vous, ce qui rendra toutes vos Assemblées et entreprises douces et confortables dans la sagesse et la puissance de Dieu et dans la communion céleste de son Esprit. Tous les désordonnés, les indociles et les rebelles seront jugés et chassés du milieu de vous.

C'est pourquoi, chers Amis, restez proches de l'un l'autre, comme un corps convenablement encadré dans l'unité, ainsi rien ne manquera. Car nous n'avons pas besoin de manquer quelque chose entre nous qui puisse nous renforcer contre l'ennemi à l'intérieur ou ses instruments à l'extérieur. Car l'ennemi est fort et subtil et ils sont nombreux, tous cherchant à nous dévorer et à nous briser, ce que tous les pouvoirs de l'enfer et de la mort ne pourront jamais faire, car notre soin est de rester proches. Que vos soins continus et les miens soient que rien, à quelque titre que ce soit, ne puisse être cédé qui puisse avoir tendance à nous faire du mal ou à faire quelque brèche que ce soit entre nous. Mais comme le Seigneur nous a honorés par sa Vérité au-dessus de beaucoup, à sa louange et gloire et à notre réconfort soit-il dit, il nous a préservés dans l'unité et la douce communion ensemble pendant de nombreuses années.

Ah! que nous soyons toujours concernés comme un seul homme, d'un seul cœur et d'un seul esprit, pour continuer et persévérer jusqu'à la fin, dans ce en quoi nous avons commencé et sommes jusqu'à présent préservés, vivant pour Dieu, zélés pour son nom, sa Vérité et sa gloire. Par notre soin attentif et notre persévérance inébranlable sur le roc et sur la racine vivante qui nous porte, nous pouvons produire des fruits plus abondants par les sources fraîches de la vie qui jailliront de nouveau en nous, en et par Lui, qui est la source de toutes nos miséricordes, les bénédictions, les faveurs et les sauvegardes afin que les louanges vivantes dans nos cœurs et nos bouches dans nos Assemblées puissent célébrer le Seigneur dans un sens de vie, étant brisés et soumis devant lui, pour bénir, louer et magnifier son saint et honorable nom, pour notre protection dans sa

Vérité près de lui, et dans l'amour et l'unité les uns avec les autres, ce qui est le travail et la préoccupation vivante et la prière de votre frère, afin que vous soyez ainsi gardés et préservés pour toujours, jusqu'à la fin, Amen. Connu de vous par le nom de

John Banks

Depuis ma prison de Carlisle, à Cumberland, le 29 du troisième mois, 1684

LES BIENHEUREUX EFFETS DE LA FOI VRAIE ET SALVIFIQUE

Avec encouragement à tous les Amis partout qui souffrent au nom de la vérité et de la justice.

Chers Amis,

La grande œuvre de Dieu dans les fils et les filles des hommes est de purifier le cœur ainsi que les parties intérieures, qui sont par la foi en son Fils. La foi est le don de Dieu et l'œuvre de celui-ci est de purifier le cœur et de purifier des œuvres mortes pour servir le Dieu vrai et vivant en nouveauté de vie, d'apprêter le vieux levain, et de mouler en une masse nouvelle, de renouveler le cœur, le mental céleste, et l'âme vivante.

Ah, les effets bénis de la foi vraie et salvifique, même cette foi qui se trouve dans la puissance de Dieu ! qui, dès que l'homme en parvient à la connaissance, poussent vraiment de tels à croire en Dieu et à faire la confession avec la bouche pour le salut, et ainsi progressivement ils rejettent et abandonnent tout ce qui est mal, duquel un apprentissage de bien faire suivant les enseignements de la grâce à travers la foi se fait de plus en plus connaître. Tels sont les bienheureux effets de la foi vraie et salvifique, qui opère la tendresse dans le cœur, au lieu de la dureté, et amène ceux qui avaient été renfermés à la véritable largeur d'esprit, et dans une proximité avec le Seigneur et les uns avec les autres, même ceux qui avaient été séparés de lui par de mauvaises œuvres. C'est cette vraie foi qui agit dans le cœur pour le vaincre, qui sauve ceux qui avaient été égarés, qui vivifie ceux qui étaient morts, et les amène par la force et la puissance de celle-ci pour servir le vrai Dieu vivant dans un renouvellement de la vie.

Les effets bienheureux de cette foi vraie et salvifique sont de rendre propre, pur et saint et de sanctifier tout au long, dans le corps, l'âme et l'esprit; de faire une nouvelle créature et d'amener à une véritable connaissance, ce qui est d'être en Jésus-Christ. Et ainsi le cœur avec toute l'affection parvient à être braqué sur des choses célestes, immortelles, et éternelles. Ah! le changement pur et l'altération bénie qui vient d'être connu par les présentes. L'homme qui a été impur est purifié, et l'homme et la femme qui ont été profanes et impures sont sanctifiés et purifiés. Et ainsi, dans la vie sainte, des hommes saints et des femmes saintes viennent adorer et

115

servir le Dieu saint pur dans la nouveauté, la vivacité et la tendresse de celui-ci. Selon leur mesure, ils viennent avec l'apôtre béni pour dire par expérience vivante, « La vie que je vis maintenant est par la foi dans le Fils de Dieu. Les choses anciennes sont passées, et voici, toutes choses sont devenues nouvelles ». Les vieilles paroles sont passées, les mauvaises actions et la conversation vaine repoussées, qui sont pour le jugement et la condamnation, et la lumière de l'armure revêtue par les effets bénis de celle-ci.

Par cette foi véritable et salvifique qui se tient dans la puissance de Dieu, son peuple parvient à porter son armure, par laquelle ils sont transformés en plus que des conquérants, capables de résister à toutes les flèches de feu du diable, et tous ses instruments à l'intérieur comme à l'extérieur, et avec le prophète pour sauter par-dessus un mur, courir à travers une troupe, et de briser ce qui est comme un arc d'acier spirituellement, qui autrement ne peut pas être vaincu, traversé, ni brisé. Ah ! qu'y a-t-il de trop dur pour ceux qui sont dans cette foi véritable et salvifique ?

L'auteur aux Hébreux, dans le onzième chapitre, verset trente-deuxième, ayant parlé en grande partie des fruits et des effets de la foi, dit, « Et que dirai-je encore? Car le temps me manquerait pour parler de Gédéon, de Barak, de Samson, de Jephthé, de David, de Samuel, et des prophètes, qui, par la foi, vainquirent des royaumes, exercèrent la justice, obtinrent des promesses, fermèrent la gueule des lions, teignirent la puissance du feu, échappèrent au tranchant de l'épée, guérirent de leurs maladies, furent vaillants à la guerre, mirent en fuite des armées étrangères. Des femmes recouvrèrent leurs morts par la résurrection; d'autres furent livrés aux tourments, et n'acceptèrent point de délivrance, afin d'obtenir une meilleure résurrection. Et d'autres subirent les moqueries et le fouet, les chaînes et la prison; ils furent lapidés, sciés, torturés, ils moururent tués par l'épée, ils allèrent çà et là vêtus de peaux de brebis et de peaux de chèvres, dénués de tout, persécutés, maltraités, eux dont le monde n'était pas digne, errants dans les déserts et les montagnes, dans les cavernes et les antres de la terre. Tous ceux-là, à la foi desquels il a été rendu témoignage, n'ont pas obtenu ce qui leur était promis. »

Ainsi, chers Amis, d'où que cela vienne, à qui la salutation de ma vie parvient, éprouvez-vous, mettez-vous à l'épreuve, afin que vous sachiez si vous êtes dans cette foi ou non, par laquelle tous ces effets bienheureux se produisent et s'accomplissent, et bien plus encore, à la parfaite réalisation tout au long. Que personne ne se contente ou ne se satisfasse de parler la foi ou de la simple profession de foi. Mais prenez garde à ce que dit Jésus-Christ notre Seigneur : « Si tu as la foi comme un grain de sénevé, tu diras à cette montagne : Transporte-toi d'ici là, et elle se transporterait. » Si la foi dans cette petite mesure ou degré, par les effets bénis de celui-ci, est ainsi puissant, ou ceux dont la foi n'est pas plus, remporte ainsi la victoire, combien plus de victoire remporteront ceux-ci qui le gardent jusqu'à la fin. Car ce sont ceux qui terminent avec la même foi dans laquelle ils ont commencé qui seront sauvés et pour qui la couronne de vie et la gloire immortelle est mise en place. Mais certains qui sont jeunes dans la Vérité et dont l'ennemi peut durement tourmenter par les tentations peuvent dire : « Je pensais avoir de la foi dans une certaine mesure, et pourtant ces choses se dressent sur mon chemin comme des montagnes, de sorte que je ne peux pas encore surpasser, et de grandes oppositions et tentations que je rencontre, à l'intérieur et à l'extérieur, qui prévalent sur moi. »

Cher Ami, mon âme respire auprès du Seigneur avec beaucoup de tendresse pour ta délivrance. Et afin que tu sois délivré de ce qui t'opprime en esprit ou de ce qui se tient dans ta voie, retiens bien ce que je te dis. Tu en veux trop, et par ta volonté tu cours trop vite et tu te hâtes trop, t'efforçant de surmonter les choses qui sont la grande cause pour laquelle tu viens à court d'obtenir la victoire par la foi et que tu n'arrives pas à connaître les effets bénis ou l'œuvre de celui-ci dans ton cœur. Souviens-toi du conseil donné à Israël d'autrefois : « C'est dans le calme et la confiance que sera votre force. » La vraie force et la vraie victoire par la foi sur et contre les ennemis à l'intérieur et à l'extérieur est de rester tranquille et d'être calme et paisible dans ton esprit. Car, comme l'attestent les Écritures de la Vérité, il est certainement vrai que ce n'est pas en lui que la volonté et la course. Le combat n'est pas pour les forts ni pour la course aux rapides. Et Christ dit : « Qui de vous, par ses inquiétudes, peut ajouter une coudée à la durée de sa vie? »

Reste tranquille et attends patiemment de recevoir la puissance que le Seigneur donnera à tous en son temps, et non dans le leur, qui l'attendent patiemment, afin que la patience en toi puisse achever son œuvre parfaite et que tu puisses remporter la victoire sur toutes les tentations de l'ennemi, par la foi en la puissance de Dieu. Et ainsi toutes ces choses que tu es en train de questionner et de raisonner parviendront à être enlevées de ton chemin. La vraie foi donne la victoire et est connue par ses effets bienheureux. Et comme l'a dit l'apôtre, « la victoire qui triomphe du monde, c'est notre foi. », et c'est la manière de connaître un ancrage et une consolidation sur le rocher sûr, à travers la foi et l'espérance, qui ne font jamais la honte.

Et maintenant, chers Amis, à vous tous que Dieu par Jésus-Christ son Fils a non seulement appelé à croire en son nom, mais aussi à souffrir pour la Vérité et la justice, vous serez bénis et heureux du Seigneur si vous continuez jusqu'à la fin. Vous avez une vraie connaissance et une juste compréhension, que votre souffrance est pour la Vérité et la justice, pour l'amour de Christ, comme ceux qui sont les siens, qu'il a rachetés et sauvés et sanctifiés par son sang, sa mort et la souffrance. Vous n'êtes pas les vôtres, ni rien de ce que vous avez ou dont vous jouissez, afin que votre souffrance soit pour Christ votre Rédempteur, votre Sauveur, votre Berger, votre Conseiller, Roi, Prêtre et Législateur, et ainsi pour l'amour de la justice, comme ceux qui, à cause de la tendresse de leur conscience, ne peuvent ni consentir à faire ce qui est méchant, injuste ou illégal, selon la loi juste de Dieu.

Bénis et heureux vous tous dont la souffrance est à cet égard. Car ce n'est pas seulement ce que perd n'importe qui, que ce soit en santé ou en biens matériels, qui aura tendance à ramener la récompense à la maison pour le confort et la joie de l'âme, comme un encouragement confirmé dans la souffrance, mais aussi que vous savez tous pour ce que vous souffrez, à savoir, le nom, la puissance, la Vérité, dans la Semence qu'est Christ. Voici la vraie aisance, la vraie paix, et la tranquillité en esprit sous la souffrance. Cela rend le joug facile et le fardeau léger, et la récompense bénie de la main de Dieu vient à tous ces cent fois dans cette vie, et ceux-là aussi hériteront la vie éternelle, comme Jésus-Christ notre Seigneur a dit à Pierre que là où il y a une volonté d'abandonner le père ou la mère, la femme ou l'enfants, les maisons ou les terres à cause de son nom, ce sera leur récompense.

Donc, chers Amis, mon conseil et mon conseil à vous tous est que vous soyez tous vraiment prudents pour ce que vous souffrez, afin qu'aucun ne puisse avoir seulement un nom pour vivre étant mort. Mais souffrez comme ceux qui ont foi en Christ, et qui sont dans un travail spirituel. Car si quelqu'un souffre physiquement ou perd les biens, et non dans la Vérité, ce sera une triste souffrance et sans réconfort.

Alors que comme une grande miséricorde de Dieu, vous avez encore la santé et la liberté de vous assembler ensemble pour l'adorer et le servir, soyez fidèles à vous rassembler souvent ensemble, le Premier jour et les jours de la semaine, dans les Assemblées d'hommes et de femmes. Et quand vous vous rencontrerez, soyez diligent à l'attendre, pour recevoir de temps en temps de sa puissance vivante. C'est ce qui convient vraiment, fournit et prépare toute bonne parole, tout bon travail et service. Faites bon usage du temps et prêtez vraiment attention à la façon dont vous le dépensez, car c'est le mauvais usage fait du temps, ou le gaspillage insouciant loin de lui, qui rend beaucoup inaptes à un temps d'épreuve lorsqu'on les y appelle.

Rappelez-vous, les dix vierges avaient toutes des lampes, mais cinq voulaient de l'huile, et on dit que leurs lampes étaient éteintes. Il semble qu'elles brillaient une fois. Et elles étaient tous appelées à se préparer, mais les cinq insensées voulaient de l'huile, et elles avaient été laissés derrière, et la porte leur avait été fermée à l'entrée dans le repos et du partage de la joie à cause de leur inaptitude dans le temps qui leur avaient été donné. Et bien qu'elles soient venues appelant et pleurant par la suite, c'était inutile. La porte était fermée. Il est clair qu'il fut un temps où la porte était ouverte quand les sages, qui avaient à la fois les lampes et l'huile, sont entrées. C'est pourquoi, vous tous devez continuellement être sur votre garde, prenant soin d'avoir de l'huile dans vos lampes, afin d'entrer dans le lieu de repos où vous prendrez part à une joie indescriptible et pleine de gloire, comme dans une habitation de sécurité, où personne ne peut effrayer. Si la tempête ou l'épreuve orageuse dure longtemps, vous ne manquerez jamais de pain, mais ce sera sûr et votre eau ne manquera jamais. Car celui pour le nom de qui vous souffrez dressera votre table, remplira votre coupe et défendra votre cause. Là, votre communion sera douce avec le Seigneur, et votre unité et votre communion seront très confortables, que vous aurez avec tous les fidèles qui souffrent.

Tel est le avis et le conseil de votre frère, dans un tendre amour, afin que tous ceux qui souffrent de l'oppression pour la Vérité et la justice, que puisse se faire de cette manière, afin que vous ayez tous un grand encouragement sous la souffrance, que ce soit physiquement ou en perte de biens matériels. Ceci je peux porter en Vérité par une bonne expérience, ayant eu mes propres biens gâtés et mon corps emprisonné à plusieurs reprises, et maintenant je suis prisonnier, parce que par conscience, je ne peux pas soutenir cette grande oppression de la dîme. Le même jour et à l'heure où je devais aller en prison, les pillards emportaient mes biens pour aucun crime plus grand que d'adorer et de servir l'Éternel, mon Dieu. Et ah! la joie, la gaieté, et la jubilation qui étaient dans mon cœur parce que j'étais vraiment sensible à la cause pour laquelle je souffrais. Ma joie était impénétrable sous cette considération, que le Seigneur mon Dieu ne devrait pas seulement me compter digne de croire en son nom, mais aussi de souffrir pour la même chose. Jésus-Christ, le Fils de l'amour du Père, a souffert pour sauver et racheter mon âme et, par conséquent, ne devrais-je pas offrir volontairement tout ce que j'avais et que j'ai apprécié en réponse à ce que Dieu, par le Christ, son Fils, avait fait pour moi ? Oui, sûrement, j'ai dit dans mon cœur, « Je vais offrir tout librement. » Je parle de sa louange et de sa gloire, et de l'encouragement de tous ceux qui sont fidèles et volontaires, dont les souffrances ne seront jamais lassantes ni fastidieuses pour vous. Aucun murmure, aucune plainte n'aura de place dans le cœur pour dire ou penser : « Comment vivrai-je ? Ou comment ma femme et mes enfants seront-ils entretenus ? Car si nous ne devons pas être dépourvus d'un soin honnête dans ces choses, nous ne devons pas non plus murmurer à cause de la souffrance.

Quoi! Dieu Tout-Puissant n'est-il pas tout suffisant pour l'âme? Et ne doit-on pas compter sur lui, grâce au Christ, son Fils, notre Seigneur, pour son salut? Et celui qui est tout-suffisant pour l'âme, n'est-il pas suffisant pour le corps aussi? Oui, assurément, mon âme peut le dire par expérience vivante. Et la terre et tout ce qu'elle contient n'appartiennent-ils pas au Seigneur? Et ne peut-il prendre et donner selon sa bonne volonté et son plaisir?

Que tous se souviennent de la patience de Job pour garder son intégrité dans sa profonde affliction et sa souffrance, que ce soit en perte de biens ou en douleur corporelles, dont la femme lui a donné de mauvais conseils, en disant : « Tu demeures ferme dans ton intégrité! Maudis Dieu, et meurs! » Mais il le refusa et la réprimanda, et il perdit ses milliers de brebis et de chameaux, et des centaines de bœufs, et tous ses enfants et serviteurs. Pourtant, le Seigneur lui a rendu le double, de sorte qu'il est dit, « Les derniers jours de Job étaient beaucoup plus heureux et béni que le commencement. »

Ah! afin que tous ceux qui sont appelés à souffrir prennent soin de refuser les mauvais conseils donnés soit par la femme ou le mari, parents ou relations, qui les persuaderaient de rendre le mal au Seigneur pour le bien et de renoncer à leur témoignage dans la souffrance. Ceux qui donneraient des conseils à cet égard, « Ce n'est qu'une petite affaire, et l'autre n'est qu'une petite chose. Que tu puisses le fais assez bien, ou laisse-en un autre le faire pour toi. » « Non, je dois d'abord être fidèle dans le petit, et alors mon Seigneur et Maître me fera régner sur plus. Et ce que je ne peux pas faire pour ma conscience, je ne peux souffrir aucune connivence pour le faire pour moi, car c'est de l'hypocrisie et de la dissimulation, dit l'honnête et fidèle à Dieu. »

Ah! quel encouragement ont tous les fidèles dans la souffrance de faire confiance au Seigneur avec tout ce qu'ils ont et apprécient, et de considérer la patience de Job, la fidélité de Daniel, et la foi, le courage et la noblesse de Shadrac, Méschac et Abed-Nego. Daniel ne pouvait qu'ouvrir sa fenêtre et prier son Dieu, bien qu'un décret ait été saisi de le jeter dans la fosse aux lions. Mais l'ange de la présence de l'Éternel ferma la gueule des lions et sauva Daniel, le serviteur du Dieu vivant, comme le roi l'appelait lorsqu'il vit sa fidélité.

Les rois et les chefs de la terre, avec beaucoup de gens, sont obligés de confesser que nous sommes le peuple de Dieu, en effet quand ils nous voient rester fidèles dans notre témoignage, comme Nebucadnetsar eut été fait pour appeler les trois serviteurs du Seigneur, « serviteurs du Dieu suprême, sortez et venez! » bien qu'il avait menacé, comme certains à notre époque, que s'ils ne se rendaient pas et adoraient l'image qu'il avait mis en place, ils devraient être jetés dans la fournaise ardente, sept fois plus chaude que jamais; et qui est ce Dieu qui sera en mesure de délivrer de ma main! Or, comme le Seigneur l'avait fait alors, il a maintenant un chemin pour délivrer tous ceux dont la confiance est en lui, au-delà de l'attente des hommes méchants et cruels, malgré leur fureur. Schadrac, Méschac et Abed-Nego dirent : « Que tu saches, ô roi, que nous ne servirons pas tes dieux, car notre Dieu, que nous servons, peut nous délivrer de la fournaise ardente. Et si ce n'est pas le cas, nous n'avons pas besoin de te répondre là-dessus. » Et parce qu'ils ne pouvaient s'incliner devant l'image du roi, au son de plusieurs sortes d'instruments de musique, ils étaient liés et jetés dans la fournaise ardente avec leurs manteaux, leurs chaussettes mi-bas et leurs chapeaux. Et la flamme de la fournaise était si grande que ces hommes qui les avaient jetés furent tués, mais pas autant qu'un cheveu des trois fidèles serviteurs du Seigneur ne fut brûlé, ni l'odeur du feu ne fut sentie sur leurs vêtements.

Quel grand encouragement y a-t-il pour tous ceux qui, dans quelque mesure que ce soit, connaissent Dieu, à croire et à se confier en Lui dans la souffrance, que ce soit physiquement ou en perte de biens matériels, bien que toujours si profonde. Car c'est par là qu'il est évident que le Seigneur a toujours eu et a une véritable considération pour son peuple. Et plus ils ont besoin de lui, plus il apparaît, et il opère leur délivrance, selon cette parole : « Car le sceptre de la méchanceté ne restera pas sur le lot des justes. » Non seulement ainsi, mais il apporte des fléaux et des jugements sur la tête des persécuteurs et des tortionnaires de ses fidèles, « de la tête de qui aucun cheveu, » dit le Christ, « ne tombera à terre sans l'avis de votre Père. »

Quand le roi Hérode, le trublion de l'Église, tua Jacques, et, parce que cela plaisait aux Juifs, prit aussi Pierre, et le mit en prison, dans l'intention de l'amener au peuple, cette nuit-là, bien que Pierre fût lié en prison par deux chaînes entre deux soldats, un ange de Dieu vint sur lui, délia ses chaînes et fit ouvrir la porte de fer tout seul. Et Paul et Silas, qui furent mis dans la prison intérieure après qu'ils eurent été battus et maltraités et leurs pieds liés dans les bois, ont prié et ont chanté des louanges à Dieu à minuit et tel était l'aspect merveilleux de la grande puissance du Dieu puissant qui a fait ouvrir les portes de la prison qu'il est dit, les fondations de la prison furent ébranlées et, quand le geôlier se réveilla, et, lorsqu'il vit les portes de la prison ouvertes, il tira son épée et allait se tuer, pensant que les prisonniers s'étaient enfuis. Mais Paul cria d'une voix forte: « Ne te fais point de mal, nous sommes tous ici. » Et il entra tout tremblant, quand il vit ce qui était arrivé, et dit : « Que faut-il que je fasse pour être sauvé? » Paul et Silas lui annoncèrent la parole du Seigneur et lui répondirent de croire au Seigneur Jésus Christ, et qu'il sera sauvé. Et lui et toute sa famille crurent.

Il y a un grand encouragement pour tous les Amis fidèles et honnêtes qui souffrent en allant de l'avant en toute fidélité, abandonnant librement la vie et la liberté et tout dans la main du Seigneur, et sont disposés à prendre soin d'eux et à faire toute confiance en Celui qui a tout le pouvoir en sa main pour accomplir ce que bon lui semble à ses yeux. Les méchants sont souvent frustrés au sommet de leur méchanceté et le peuple de Dieu, au-delà de toute attente, est préservé et délivré, duquel vous-mêmes avez souvent été les témoins vivants. Retenez-le, chers Amis, dans votre souvenir !

Et vous pouvez également voir que lorsqu'il y a un libre abandon de ce que le Seigneur exige, par la force de sa puissance, les cœurs et les consciences des gens sont atteints, les faisant trembler, par lequel de bons désirs sont engendrés et la question soulevée, « Que faut-il que nous fassions pour être sauvés, » bien qu'ils aient eu avant eux des persécuteurs et des tourmenteurs du peuple de Dieu. Ceux qui se soucient ainsi de marcher et de montrer une conversation et un exemple pieux en faisant ou en souffrant afin d'atteindre le témoignage de Dieu dans les consciences des gens, bien qu'ils soient dans la prison intérieure comme l'étaient Paul et Silas, ils n'ont pas seulement lieu de bénir et louer le saint nom de Dieu pour les accompagner par l'ange de sa présence, mais aussi ont-ils lieu de chanter et de faire la mélodie pour lui dans leurs cœurs.

Chers Amis et frères qui souffrent, bien que le Seigneur notre Dieu trouve bon d'éprouver votre foi et votre patience pour voir comment vous vous confierez en lui à l'heure de la tentation et du temps de l'épreuve, et les hommes sont autorisés à saisir vos biens et aussi à vous séparer de vos relations les plus proches, vos chères épouses et vos jeunes enfants, et vous mettre en prison, mais ceci est votre joie et votre réconfort, étant conscient de la cause pour laquelle vous souffrez, et cet homme avec toute sa puissance et rage ne peut pas vous séparer de la jouissance pure de la présence du Seigneur, mais il atteint ses agneaux bien-aimés souffrants, bien que dans un cachot. Si ce n'était pas le cas, nous aurions été très malheureux. Mais maintenant, au-dessus de tous les hommes, nous sommes bénis et heureux, bénis et loués, et magnifiés pour toujours, soit le saint nom et la grande puissance de notre Dieu, par lesquels il transporte à travers tous ses enfants et son peuple fidèles, car il est à jamais digne de toute louange, il lui sera donné, à lui seul, honneur et gloire, maintenant et pour toujours. Amen.

Chers Amis, revêtez-vous de courage et d'audace comme d'une armure, au nom, de la peur et de la puissance du Très-Haut, fidèlement pour suivre votre Capitaine, le Seigneur Jésus-Christ, qui ne vous quittera jamais ni ne vous abandonnera, si ce n'est que vous le quittez d'abord, qui vous conduira à travers le bon et le mauvais rapport, le feu et l'eau, et en toute détresse et en tout exercice, il sera votre sauveur qui soutient tout par sa parole et sa puissance. Dans la fidélité, suivez votre chef partout où il va, car comme vous le suivez avec diligence, il vous fera sortir en son temps. Heureux sont ceux qui l'attendent patiemment jusqu'à ce moment-là bien qu'ils se trouvent dans la plus grande épreuve qu'aucun de son peuple n'ait jamais souffert. Cependant, si vous êtes fermes dans la foi, il vous fera sortir, et vous rendra plus éblouissants et plus pur, saint et pur, car l'épreuve de feu le fait, au sujet de laquelle, comme l'apôtre Pierre dit, « Bien-aimés, ne soyez pas surpris, comme d'une chose étrange qui vous arrive, de la fournaise qui est au milieu de vous pour vous éprouver. Réjouissez-vous, au contraire, de la part que vous avez aux souffrances de Christ, afin que vous soyez aussi dans la joie et dans l'allégresse lorsque sa gloire apparaîtra. » Ainsi, un témoignage vrai et fidèle, soit en faisant ou en souffrant physiquement ou en perte de biens, peut être porté à la Vérité et pour Dieu et son culte saint pur, et contre toute oppression et l'injustice, afin qu'ils soient consignés après les âges comme une confirmation de leur foi et qu'ils tendent à leur encouragement, tout comme l'exemple de ces témoins fidèles qui ont déjà terminé leur cours dans la foi de notre Seigneur Jésus-Christ et qui sont partis à leur repos tend à renforcer grandement la foi et à encourager ceux qui voyagent maintenant de la même manière.

Dans ce même amour, cette vie pure et cette vraie tendresse dans lesquelles vous avez été d'abord engendrés et élevés pour porter un témoignage fidèle pour le Seigneur, sa Vérité et sa gloire, quoique dans de petites choses, quand rien n'était trop proche ou trop cher pour que vous vous sépariez, puissiez-vous tous persévérer afin que celui qui était connu pour être le premier, puisse être soigneusement suivi et reconnu pour être le dernier ; l'Alpha et l'Oméga, le début et la fin, le même hier, aujourd'hui et pour toujours, qui est de l'éternité à l'éternité, afin que la couronne de vie et la gloire immortelle réservée pour tous ceux qui, dans la fidélité, continuent jusqu'à la fin soit placée sur vos têtes. A quoi le Seigneur Dieu de la vie, de par la grandeur de sa propre puissance, vous préserve tous fidèles dans la vie et jusqu'à la mort. Amen.

John Banks

Depuis ma prison de Carlisle, à Cumberland, le 17 du cinquième mois, 1684.

Une Exhortation aux Amis

Chers Amis,

Beaucoup ont été les miséricordes, les privilèges et les délivrances dont le Seigneur votre Dieu vous a fait riches participants puisque vous avez été fidèles, depuis qu'il vous a rassemblés hors du monde par un bras étendu de grande puissance.

Et avant tout, permettez-moi de vous rappeler son amour et sa bonne volonté envers vous en vous appelant et en vous rassemblant ainsi. Et c'est grâce à ses soins paternels sur vous que vous avez été préservés jusqu'à maintenant. Il faut chérir pour toujours les mêmes en toute humilité devant lui, car il est digne.

Et maintenant, chers Amis, vous savez que la bonne fin du Seigneur en vous appelant et en vous rassemblant pour être un peuple à lui-même n'était pas seulement que vous deviez croire en son nom, mais que vous deviez aussi souffrir pour la Vérité et la justice. Et un grand travail que le Seigneur a œuvré en vous et aussi pour vous par sa puissance et le Saint-Esprit de Vie pour vous préparer et vous fournir et vous donner la force, afin que vous puissiez faire la course à venir sans lassitude ni évanouissement où vous rencontrez de nombreux conflits par l'ennemi à l'intérieur et des exercices profonds et des épreuves dures à l'extérieur, de sorte que la parole s'accomplisse en vous, « par beaucoup de tribulations qu'il nous faut entrer dans le royaume de Dieu. » Et pourtant, malgré le danger de toute main qui faisait parfois peur et trembler, et malgré le fait que la houlette des méchants était lourde et avec des coups tranchants sur vous, pourtant par tout le Seigneur votre Dieu, par la même puissance avec laquelle il vous a rassemblés et vous a fait traverser toutes ces choses, il a opéré votre délivrance et vous a amenés à votre refuge désiré.

Et ces miséricordes, ces faveurs et ces délivrances que vous avez reçues de sa main ne doivent jamais être oubliées. Bien souvent, on s'y attendait peu, que ce soit intérieurement ou extérieurement. Et dans les deux sens, quand vos voyages et votre exercice étaient grands, quand un peu de paix a été donnée et que les fardeaux ont été soulagés, combien cela était doux et précieux pour vous et comment a-t-il eu tendance à vous humilier devant le Seigneur et à vous rabaisser devant lui, à renouveler votre fraternité et votre communion avec Lui et les uns avec les autres.

Chers Amis, gardez toujours ces choses en mémoire, afin que, comme tant de bons chefs de famille, vous puissiez vous retrouvés en train de révéler du bon trésor de votre cœur, des choses nouvelles et anciennes, et pourtant toutes douces et savoureuses.

Ah! l'amour et la bonté inexprimables du Très-Haut vous appellent et vous rassemblent, vous vivifient et vous donnent la vie par son Esprit et sa puissance éternels, et font briller sa lumière céleste hors des ténèbres pour vous donner de voir votre chemin hors de la même, dans laquelle vous pourriez assister de plus en plus à la vie. Et son amour et ses soins paternels pour vous nourrir, vous rafraîchir et vous nourrir, faisant tomber sur vous, sur sa pépinière, ses douches gracieuses, afin que la semence de vie et de justice croisse en vous dans la fraîcheur et la tendresse.

Ah, l'amour, la miséricorde et la bonne volonté de votre Dieu envers vous qui êtes restés fidèles dans votre témoignage pour lui et sa pure Vérité. Au jour de ton procès, il a porté ta tête sur tous ses ennemis et sur tous tes ennemis, afin que tu ne t'enfonces pas au milieu de la détresse et qu'il remplisse tes coupes et maintienne ta cause, et qu'il rende cent fois la joie et la paix dans tes seins. Même quand le corps était en prison et les biens pillés, et le mari séparé de la femme, et la femme de mari, parfois à la mort le Seigneur dans toutes ces choses a été comme un mari à la veuve et plus à la femme qu'elle ne pouvait demander ou penser, et comme un père pour les enfants orphelins.

Et au temps où, pour ce qui est de l'aspect extérieur, vous auriez pleuré et lamenté à cause de vos exercices profonds, vous aurez alors été fait pour vous réjouir et donner des louanges à Dieu qui ne vous considérait pas seulement digne de croire en son nom, mais de souffrir pour la Vérité et la justice, et de dire aussi avec Job le persévérant, « Le Seigneur donne, et enlève, &c., » ou le souffre pour se réaliser ainsi, béni et loué soit son saint nom et sa grande puissance pour toujours.

Ah Amis! que vous rappeliez-vous ces choses pendant que vous soyez vivant. Car comment l-e Seigneur a-t-il marché devant vous comme le Roi et le Capitaine pour vous conduire, vous qui n'avez rien compté de trop proche ni de cher pour vous en séparer, afin que, dans la fidélité, vous puissiez librement et pleinement le suivre, comme Caleb et Josué l'ont fait, malgré les vents et les tempêtes. Et comment il vous a aussi suivi avec ses miséricordes, ses bénédictions et ses faveurs, quand de grandes dépouilles et des ravages eurent été faits de vos propriétés et la récolte et il vous eut donné. Oui, comment le Seigneur a-t-il fait croître et augmenter ces choses de nouveau en abondance, de sorte que vous avez eu de bonnes raisons de dire que vous avez été béni en récolte et en réserve. Et bien que certains n'aient eu que peu, mais ayant de la nourriture, de la boisson et des vêtements, que ceux-ci soient satisfaits, car ainsi nous apprenons par les enseignements de la grâce de Dieu qui est suffisante dans tous les états et conditions.

Chers Amis, laissez souvent ces choses venir sous votre considération, lorsque vous vous couchez et vous levez, et allez et rentrez. Ainsi vous sentirez que vos esprits travaillent de plus en plus dans la vraie tendresse et la rupture pour mettre à cœur ce que le Seigneur a fait depuis son jour céleste. Ne puis-je pas dire à ceux qui savent lire et comprendre : « un seul en poursuivrait-il mille, Et deux en mettraient-ils dix mille en fuite ». L'œuvre est celui du Seigneur, la louange et la gloire appartient à celui à qui elle est due, maintenant et pour toujours. Amen.

Et maintenant, chers Amis, dans sa bonté et sa bienveillance envers vous, après de longues années de souffrances cruelles, de tribulations et d'exercices profonds, le Seigneur a permis le jour de facilité et de liberté de venir à vous, selon le désir de vos cœurs, duquel ne devait-on pas s'attendre étant donné l'apparence extérieure, qui vous a libéré de votre condition de souffrance, à la fois physique et de saisie de vos biens, à de nombreux endroits. Et bien qu'il ne parvienne pas à me libérer de mes entraves, pourtant le Seigneur sait que je suis vraiment satisfait de ma condition et pas plus fatigué que je l'étais le premier jour que je suis entré dans la même. Et mon cœur et mon âme se réjouissent de ce qui est étendu à beaucoup d'Amis.

Une heure d'un tel jour et d'un tel temps, une fois, aurait été grandement appréciée par beaucoup, quand les prisons étaient pleines, les maisons et les magasins cassés, les marchandises gâtées, et les Assemblées grandement troublées par des informateurs méchants et d'autres, sûrement un tel jour comme aujourd'hui est, ou une heure de celui-ci, aurait été grandement prisé comme une miséricorde du Seigneur, et laquelle beaucoup a sans doute tant désiré et pour laquelle d'autres ont œuvré avec beaucoup de soin et de diligence.

Et le jour et le temps est maintenant venu (et pourtant cela continue pour combien de temps encore, je laisserai au Seigneur) de si grande liberté et autonomie que je n'ai pas besoin de mentionner. Et n'est-il pas apprécié par tous comme une grande miséricorde, une faveur et une délivrance, voyant que beaucoup de portes de prison sont ouvertes, et la femme jouit de nouveau de son mari, et les enfants de leurs parents, et nos Assemblées se poursuivent d'une manière des plus paisibles, louanges à Dieu en haut pour toujours? Je dis, n'est-ce pas prisé par tous? J'espère que c'est par beaucoup et mon désir est qu'il puisse être par tous. Car quel dommage qu'une telle miséricorde riche soit sous-estimée par qui que ce soit, ou qu'elle ne soit pas considérée et prisée en fonction de sa valeur, ou de ce qu'elle peut produire si elle est utilisée à bon escient. Mais je crains, et j'ai une pieuse jalousie, qu'il y en ait qui soient si indifférents et si insensibles aux miséricordes du Seigneur qu'ils le rendent plutôt mauvais que bon.

Ah! Que tous prennent garde et veillent qu'en raison du temps actuel de la liberté et de la situation, aucun d'entre vous ne puisse prendre plus de facilité et de liberté pour vous-mêmes dans la rencontre ou hors de la rencontre que ne deviennent ceux qui professent la Vérité. Non, pas plus que si c'était une journée d'épreuve et d'exercice. Car vous avez encore un ennemi inavoué avec qui faire la guerre qui ne néglige aucune occasion qui peut accomplir son but par beaucoup de tentations à l'intérieur et mauvais conseillers à l'extérieur.

Et bien que ce ne soit pas le moment pour lui et les siens de se fâcher et de rugir comme s'ils dévoraient tout à la fois, et pourtant il rampera maintenant dans sa ruse et subtilité plus mystérieusement et hideusement pour obscurcir l'intérieur, pour blesser et entraver votre croissance dans la Vérité, en présentant un objet physique délicieux. Et il n'y a aucun moyen de le faire découvrir ni de recevoir la puissance contre lui, mais en attendant et en veillant avec diligence et une vraie crainte dans la lumière pure du Fils de Dieu. Il y est reçu la puissance par laquelle la puissance des ténèbres est foulée et maintenue en dessous afin qu'il soit connu pour régir et régner, dont il a le droit, qui est Dieu sur tous les cieux et toute la terre, béni pour toujours.

C'est l'œuvre du prince et de la puissance de l'air, ce mauvais esprit, où il prend place et règne, pour faire ce qui lui fait mal parmi les plantes tendres de Dieu, pour entraver l'œuvre de Dieu, comme cet esprit déchirant de rupture dans ceux qui se divertissaient, il a utilisé toute sa ruse infecte en rampant dans l'obscurité pour blesser et abîmer l'intérieur, et ainsi faire des brèches et des ruptures apparentes. Car il est clair et évident, ce qui tendrait grandement à monter tous les Amis contre elle, et à convaincre ceux qui en sont, que cet esprit et la puissance qui prétend être l'Esprit de Vérité et la puissance de Dieu n'est pas l'Esprit de Vérité ni la puissance de Dieu. Car, bien que de tels soient prédicateurs, ils n'ont jamais contribué depuis qu'ils en eurent fait partie, j'en suis pleinement persuadé, à convaincre qui que ce soit de péché ou à retirer qui que ce soit du monde. Leur travail a été, et reste toujours, de tromper les simples, et les riches et les sages, qui aiment plus la facilité et le plaisir que Dieu, sa Vérité et le peuple, et se régalent d'une fausse liberté et d'indéterminisme, parce qu'ils n'aiment pas porter la croix et vivre dans le déni, parce que ceux qui sont de cet esprit aiment la facilité et la liberté à la chair et l'esprit de chair. Le moment de temps présent aurait pu les aider à travailler, mais ils ont déjà manifesté jusqu'ici de quel esprit sont-ils à tous ceux dont les yeux sont ouverts, en volant et se cachant au moment de la persécution et en privant les Amis d'accès à leurs maisons d'Assemblée. Pour qu'ils puissent faire plus de mal, bien qu'ils rampent çà et là. Car cet esprit serpentin a tiré son dard et a dépensé le plus grand de sa force, de sorte que tout enfant de Dieu puisse maintenant marcher sur elle sans mal ou danger.

Chers Amis, comment peut-il en être autrement, mais toutes ces choses correctement considérées auront beaucoup tendance à confirmer votre foi contre elle, plus jamais de toucher avec elle, ni ceux qui sont de celle-ci, et aussi ouvrez les yeux des autres, pris comme dans un piège, pour briser le piège et quitter ceux qui sont de cet esprit, afin que ceux-là puissent être restaurés et guéris. Tous ceux qui se sont échappés, qu'ils y prisent l'amour de Dieu pour toujours.

Je dis qu'ils n'ont jamais, depuis qu'ils ont reçu cet esprit que j'ai décrit, joué un rôle pour convaincre quelqu'un de péché ou joindre qui que ce soit du monde à Dieu. Il est donc évident que tels ne sont ni son envoi ni sa préparation. Ils ne sont pas des ministres du Christ, mais de celui qui est opposé au Christ, parlant à partir d'une puissance et d'un esprit obscurs qui se rassemble dans les ténèbres hors de la vraie lumière, où les gens ne peuvent pas voir le vrai chemin.

Car l'œuvre des vrais ministres de l'Evangile éternel est encore de rassembler des ténèbres dans la vraie lumière et la vraie vie, et ainsi dans l'Homme céleste, qui était avant que la puissance des ténèbres ne fût, Christ Jésus la puissance de Dieu, là pour vivre, se déplacer, et avoir un être où cet esprit terrestre, séparatiste, déchireur ne peut venir. Car elle a sa puissance d'en bas, de la fosse des ténèbres où se trouve son habitation et sa demeure, d'où le Seigneur, le Dieu de la vie, vous garde et vous préserve tous, mes chers Amis, dans vos habitations de lumière, pour toujours pour y vivre et y habiter.

Que tous prennent garde et se méfient de la tromperie de l'ennemi dans l'obscurité, qui, dès le début, a autant fait souffrir l'homme en arrachant un accès d'entrée par ses mensonges, contrairement à la connaissance que Dieu donne par sa lumière et sa grâce. Il va indubitablement maintenant persuader à la facilité charnelle, la sécurité insouciante, l'esprit mondain, de chercher soi-même et son intérêt, si la montre ne sont pas soigneusement gardés. Faute de cela, les ténèbres entrent, la mort vient sur eux, et un esprit de sommeil s'inflige, étant à la fois un voleur et un détrousseur. Et l'Esprit de Vérité n'étant pas disposé à diriger et à guider, l'esprit du monde entre et attire et conduit dans la terre et les choses terrestres. Et au lieu de travailler pour s'enrichir dans la foi et les bonnes œuvres envers Dieu, un tel travaille principalement afin de devenir riche dans le monde, pour qu'ils puissent avoir une grande substance à léguer, à qui ils ne peuvent dire.

Et toute cette obscurité et cette insensibilité viennent par manque d'attente et d'attention avec diligence à la lumière de Jésus-Christ, le principe ancien et permanent de la Vérité, et parce que la croix quotidienne qui guide n'est pas supportée et vécue à la volonté et à l'esprit.

Et certains, faute de juste appréciation et valorisation de la miséricorde actuelle si largement ressentie, laissent un esprit hautain les gouverner, ce qui conduit au-dessus de la crainte de Dieu et en dehors d'un sens et le sentiment de la Vérité pure en eux-mêmes, ainsi donc ils suivent le désordre.

Chers Amis, partout en tant que sages, hommes et femmes, ayez soin de la crainte de Dieu et de l'amour de sa Vérité, comme de ceux qui sont ordonnés et guidés dans sa sagesse, afin que tous les hommes voient que vous n'êtes pas plus élevés à cause de la paix et de la liberté que déchus en un jour d'épreuve, mais afin que tous puissent voir votre bonne conversation couplée avec la crainte, que vous êtes comme ceux inclinés devant le Seigneur par devoir d'un profond sens de sa miséricorde présente, sans oublier ceux qui ont été jusqu'ici reçus. Car, bien qu'il plaise au Seigneur de faire de l'homme l'instrument de ceci ou de toute autre chose, c'est à lui seul, qui est l'Auteur et l'Origine de tout bien, à qui vous devez rendre la louange, l'honneur et la gloire pour toujours, bien que nous ne refusions pas à l'homme ce qui lui est dû, qui fait du bien, ce qui est agréable à Dieu, et digne d'éloges et de louanges de la part de tout son peuple, qui désire qu'il s'y maintienne. Et chers Amis, comme vous êtes préservés devant le Seigneur et tous les peuples, vous serez de la persuasion de l'apôtre béni qui dit, « Car j'ai l'assurance que ni la mort ni la vie, ni les anges ni les dominations, ni les choses présentes ni les choses à venir, ni les puissances ni la hauteur, ni la profondeur, ni aucune autre créature ne pourra nous séparer de l'amour de Dieu manifesté en Jésus-Christ notre Seigneur. » Ainsi, que tous prennent garde et restent humbles sur la voie de l'équité, la voie du milieu, où ne se trouve aucun extrême, où tu seras humble et doux. C'est ainsi que le Seigneur enseigne à priser et à valoriser toute miséricorde et toute faveur qu'ils reçoivent de lui.

Il est souvent très rare que celui qui n'a jamais connu les entraves, la peine, et la souffrance prise cette liberté et facilité à leur propre valeur. Oui, il est aussi rare qu'un homme et une femme qui n'a à peine jamais connu la maladie ou la faiblesse chérisse la santé et la force, ou pour que ceux qui n'en eussent jamais connu le besoin connaissent la valeur du pain.

Ce sont surtout ceux qui ont supporté le lourd fardeau de l'emprisonnement et la spoliation de leurs biens et qui ont été confinés jusqu'à la détérioration de leur santé qui sont prêts à crier et à dire : « Combien sommes-nous dévoués au Seigneur pour la jouissance de cette miséricorde de si grande liberté. »

Ah, afin que vous ne l'oubliiez jamais, bien que je sache que les cœurs honnêtes qui ont les yeux fixés sur Dieu et qui l'aiment, sa Vérité et surtout son peuple, bien qu'ils ne soient jamais appelés à souffrir, sont souvent prêts à dire dans leur cœur, « Bien que je n'aie jamais été mis à l'épreuve comme un autre de mes Amis, je ne peux que me souvenir de leur condition de souffrance et quand ils souffrent, je souffre avec eux, et quand ils sont libérés, apaisés, ou en liberté, je suis vraiment heureux, afin que je sois engagé avec eux pour louer le Seigneur pour une telle faveur. »

Et les bienheureux effets produits en valorisant dûment les miséricordes et les faveurs reçues du Seigneur sont, pour marcher d'une manière digne de son amour qui nous est manifesté et pour valoriser le même, ce qui engage le Seigneur à nous donner plus abondamment, et nous contraint à l'aimer encore et à redoubler d'ardeur. Ceux-ci sont si loin de prendre plus de liberté pour eux-mêmes à cause de la liberté qui est donnée, qu'ils se trouvent plus engagés à rencontrer souvent le peuple de Dieu dans toutes leurs Assemblées y compris les Assemblées d'hommes et de femmes, non seulement pour le culte mais pour y rendre service à lui, sa Vérité et son peuple. Mais la facilité et la liberté n'en étant pas fait bon usage ne produisent que peu c'est-à-dire l'oisiveté et le manque de profit, qui rendent les hommes inaptes à faire le service de Dieu.

Chers Amis, continuez au nom du Seigneur, et ne laissez personne succomber sur le chemin, mais suivez fidèlement votre Capitaine, le Seigneur Jésus-Christ, qui ne quitte ni n'abandonne ceux qui le suivent, afin que vous puissiez avoir de bonnes raisons de dire, comme ceux qui ont fait bon usage du jour de l'amour et de la miséricorde de Dieu en donnant la facilité et la liberté, ainsi que lorsqu'ils sont exercés dans et sous la souffrance, « Quoi qu'il advienne, la volonté du Seigneur soit faite. »

Et tous ceux qui n'utilisent pas de la miséricorde de ce jour pour cette fin et ce dessein que le Seigneur l'a permis, qui est d'engager et d'établir son peuple fidèle, cela se redressera en jugement contre eux

Frères et sœurs de partout, soyez tous éveillés à la justice pour servir le Dieu vivant, comme vous devez adorer et servir celui qui est de tout votre cœur, votre puissance et votre force, et avec tout ce que vous avez et aimez, qui est du Seigneur. Le Seigneur, le Dieu d'Israël, vous garde et vous préserve fidèles dans son service et au service des uns des autres dans l'amour pour la croissance de la vie et de l'unité parmi vous. Ceci est la supplication et le labeur de mon âme au Seigneur en votre nom, dans la protection bénie et paternelle dont je vous confie tous, pour être gardés là où la sécurité et la préservation est pour toujours.

Je suis votre Ami et votre frère dans la Vérité vivante et précieuse, bien que victime des entraves extérieures pour le témoignage de Jésus et d'une bonne conscience.

John Banks

Depuis ma prison de Carlisle, à Cumberland, le 8e jour du septième mois, 1687.

UNE ÉPÎTRE GÉNÉRALE AU TROUPEAU DE DIEU, MAIS PLUS PARTICULIÈREMENT, À CELUI DE CUMBERLAND

Chers Amis et frères,

Regardez au rocher d'où vous avez été taillés et au trou de la fosse d'où vous avez été excavés. C'est-à-dire, n'oubliez jamais d'où vous venez, pas plus que dans quelle mesure vous êtes atteints, ce que vous étiez lorsque le Seigneur vous a visités pour la première fois et ce que vous êtes encore de vous-mêmes, sans l'aide de sa puissance. Retenez cela fermement dans votre souvenir, et il aura beaucoup tendance à vous humilier et à vous garder petit et modeste à vos propres yeux dans un renoncement véritable de soi. De même le Seigneur seul sera exalté, et sa puissance glorieuse exaltée sur tous.

C'est le Seigneur qui nous a visités avec la source de son amour d'en haut, par l'éclat de sa lumière glorieuse dans un pays de ténèbres, un pays où il y avait une famine, non pas de pain ni d'eau, mais de la prédication de l'Évangile, et nous a amenés dans un pays où se trouvent la lumière et la vie et qui coule avec le lait et le miel. N'oubliez pas le chemin de la peine de votre âme. Et vous qui ne l'avez pas encore connu, vous devez suivre le même chemin avant de pouvoir partager avec ceux qui l'ont fait ainsi, qui ont connu ce qu'il était quand ils entamèrent leur voyage, ou le début des travaux, de boire une coupe amère, même la coupe du jugement, de faire descendre et brûler tout ce qui était contraire et comme une épée pour tuer l'inimitié et faire les deux un seul homme nouveau.

Alors fut le jour des pleurs, du deuil et du tremblement. Alors la terre trembla devant la présence du Seigneur. La voie de la rédemption de Sion étant par le jugement, aimez-la autant et demeurez dans un sens de celle-ci jusqu'à la fin, et l'ennemi ne triomphera jamais contre vous, demeurant en Celui à qui tout jugement est confié, tant au ciel que sur terre, en Christ, la lumière, la vie et l'Esprit vivifiant.

Chers Amis, dans le sens de l'amour tendre de Dieu, permettez-moi de vous demander qui vous a délivrés et sauvés et qui vous a gardés et préservés jusqu'à présent. Vous pouvez certainement dire avec mon âme, « Le Seigneur seul par sa propre puissance et force qu'il n'a jamais manqué de montrer pour ceux qui ont confiance en Lui. » C'est pourquoi, confiez-y et gardez-y jusqu'à la fin, et vous serez éternellement heureux.

Et comme vous avez connu la peine de vos âmes en passant de la mort à la vie et de ténèbres à la lumière, qui est le chemin que la jeune génération qui monte doit parcourir, vous pouvez leur dire par expérience, pour leur encouragement, que le Seigneur ne les délaissera ni ne les abandonnera s'ils le suivent dans la voie de ses jugements, qu'il établit avec miséricorde pour être possédée et aimée pour se rabaisser et tout ce qui se glorifierait au-dessus du pur témoignage. Vous pouvez leur dire que lorsque vos mains se sont suspendues et que vos genoux se sont heurtés les uns contre les autres, de sorte que parfois vos cœurs craignaient qu'ils ne soient jamais relevés ou renforcés, pourtant en ayant la foi et ayant été enseigné par la grâce de Dieu à avoir la patience aussi d'attendre le temps du Seigneur, il est apparu pour soulever les mains faibles et pour renforcer les genoux faibles et rendre le cœur craintif fort par la force de sa puissance.

Oui, le Seigneur a souvent parfait votre délivrance et fait des choses merveilleuses pour vous, au-delà de ce que vous pouviez alors voir, de sorte que vous avez été prêt à dire, « J'espère que je ne rencontrerai jamais de tels exercices, épreuves et tentations que je ne les eus rencontrés jusqu'ici. » Mais si quelque chose a été établi de soi-même pour se glorifier au-dessus de ce qui est avéré, à cause de ce que le Seigneur a fait pour vous, le seul Dieu sage n'a-t-il pas compris le bien, après tout cela, de vous éprouver de nouveau, tant à l'extérieur qu'à l'intérieur, afin que vous soyez vraiment humbles et attendri devant lui, toujours dépendant de son pouvoir, et sans rien de propre à vous? N'a-t-il pas trouvé incontestable d'éprouver votre foi et votre patience, et pour un temps vous a caché son visage ainsi qu'il vous a donné peu de pain ou d'eau spirituel, de sorte que votre faiblesse et impuissance ont permis à l'ennemi d'être très occupé de vous tenter à désespérer de la suffisance de la puissance et de la miséricorde du Seigneur, ou de vous détourner de la voie de la Vérité, en utilisant toute sa subtilité pour vous empêcher de vous rappeler comment le Seigneur vous a amené jusqu'ici par-dessus des montagnes et des hautes collines, et les a tous aplanis devant toi ? Et vos espérances ont parfois été si faibles, que certains d'entre vous aient été prêts à dire avec un certain d'antan, « Seigneur, as-tu oublié d'être gracieux? »

Et pourtant, le Seigneur, après tout cela et bien plus encore, n'a-t-il pas renouvelé votre espérance et votre force, et par l'apparition glorieuse de son Soleil céleste, a éclaté et a brillé dans vos cœurs, vous dévoilant clairement les ruses et l'action de l'ennemi, avec toutes les brumes et les ténèbres qu'il apporte avec lui, et en chassant le même par la puissance qui est reçue dans la lumière, même la lumière de la vie? Vous voyez ainsi ce qui a été la cause de votre exercice si longtemps après votre conviction. Après que vous ayez connu de nombreuses délivrances, et des douches arrosant, et des saisons fructueuses, mais maintenant vous êtes assiégés en jugement et la sentence de condamnation, que tout ce qui est de soi, dans lequel l'ennemi travaille à la douleur de l'âme, puisse être tué avec l'épée de l'Esprit, qui est la Parole de Dieu et consumé par le feu de l'Éternel.

Ainsi le seul Dieu sage vous a enseigné par son Esprit Saint, et ainsi vous avez appris l'expérience et l'habileté spirituelle, comment venir à son siège de jugement, afin que vous puissiez aussi venir à son siège de miséricorde, afin que vous puissiez connaître le chemin du voyage de votre âme de la mort à la vie, par les pleurs et le deuil, par la joie et l'allégresse, par la pauvreté et la faiblesse, pour vous nourrir à la table du Seigneur et pour venir renouveler chaque jour vos forces, pour vous asseoir dans les lieux célestes en Jésus Christ dans ce repos préparé par Dieu en Lui, où sa gloire resplendit dans vos demeures, qui vous fera briller comme les étoiles du ciel, comme vous vous en tenez bon dans la vigilance intérieure et l'attente dans la lumière.

Quand l'esprit y est fixé, il est immuable, car son séjour et sa force sont le roc sûr et le fondement de Dieu, sa grande et glorieuse puissance, à partir de laquelle l'eau et le miel procèdent. Ah, la divine douceur qui est en elle! Qui peut exposer la grandeur, la bonté, et l'excellence de celui-ci?

Vous savez, chers frères et sœurs, que nos âmes se sont enrichies de nombreuses fois en participant ensemble à la jouissance de la présence vivifiante de notre Dieu et nous rendant proches et chers les uns aux autres quand nous avons été si remplis du vin de son royaume que les larmes de joie ont souvent coulé, et qui ont largement dépassé les larmes de notre douleur.

Chers Amis, que mon âme aime en toute vraie tendresse et à qui suis-je inséparablement ragaillardi dans l'unité de l'Esprit, mon cœur est plein d'amour et de vie qui jaillit de la Fontaine vivante avec des désirs pour votre bien éternel. Afin que vous, les anciens, dont le temps ici ne peut être long, puissiez terminer dans ce que vous avez commencé, dans la fraîcheur et la vraie tendresse, et recevoir la couronne, afin qu'il puisse être bien avec vous pour toujours.

Et que vous, qui êtes plus jeunes dans la Vérité, et aussi dans les années, ne vous complaisez pas avec la longue vie, ni encore avec la préférence du monde, mais attendez avec toute la diligence et la vraie crainte, pour sentir l'œuvre de la conversion, la puissance d'attendrissement du cœur du grand et puissant Dieu, pour opérer un véritable changement en vous, dans votre corps, dans votre âme et dans votre esprit, afin que vous soyez heureux lorsque la mort vous regarde en face.

Et mes chers anciens Amis, prenez garde de ne jamais oublier ni de vous écarter de votre premier amour et de votre tendresse. Et vous tous les plus jeunes qui ne l'avez pas si bien connu, attendez-le avec diligence, afin de connaître les effets bienheureux de celui-ci, comme les anciens l'ont fait, que par la crainte de Dieu placé dans le cœur et une appréhension et l'effroi d'offenser le Seigneur, vous pouvez venir dire avec eux, « Ah! afin que je ne prononce jamais une parole fasse une quelconque action qui ne puisse ni attrister son Esprit bon, ni rompre ma paix avec lui. Ne puis-je ni manger ni boire à l'excès, ni porter quelque vêtement contraire à la pure Vérité, ni être trouvé dans tout empressement ou comportement, dans la conversation ou la communication, qui donnerait quelle qu'occasion que ce soit par laquelle la Vérité peut souffrir. Cela a été et reste le désir et le cri de tous les fidèles, et de ceux qui craignent vraiment le Seigneur et ont connu ce qu'est le premier amour et les effets bénis de celui-ci.

Il fut un temps où rien n'était valorisé comme la Vérité, et c'est toujours le cas de tous ceux qui aiment la Vérité et la justice. Pas de misère, pas de raillerie, pas de mépris, pas de reproche pour le nom de Jésus, pas de souffrance, pas de pillage des biens, ni peine d'emprisonnement, ni de principautés, ni de pouvoirs, les choses présentes, ni les choses à venir, pourra séparer ceux-là de l'amour de Dieu qui est en Jésus-Christ notre Seigneur.

Tout cela, et bien plus que je ne suis en mesure de l'exprimer, ont été les effets de votre premier amour et de la vraie tendresse qui a été engendrée en vous ainsi. Tenez-y, vivez-y, et ne vous en écartez pas, et ne l'oubliez pas, afin que vous puissiez continuer jusqu'à la fin dans ce que vous avez commencé. Comme ceux que le Seigneur, par son amour et par sa puissance, a préservés jusqu'à présent, de même vous serez éternellement heureux quand le temps ici ne sera plus.

Chers Amis, étions-nous les plus sages, les plus grands, les plus puissants ou les plus riches parmi les fils et les filles des hommes ? La plupart d'entre nous étaient des êtres considérés comme insensés, faibles, méchants et méprisables, comme les Juifs aux jours de Néhémie, le prophète, qui étaient appelés faibles par les ennemis de Dieu et de son peuple, qui se moquaient d'eux et les ridiculisaient, et disaient : « Que font ces Juifs faibles ! » ne sachant pas ce que le

Seigneur a décidé de faire auprès d'eux en réponse à la prière du prophète.

Il a fait des choses grandes et merveilleuses en ce jour par la force de sa propre puissance, par ceux qu'il a appelés et choisis du monde, bien que comptés faibles et chétifs, mais rendus forts par son renouvellement de leur force. Voici l'encouragement donné par notre Seigneur et Maître Jésus-Christ pour tous les vrais croyants et ses fidèles disciples à travers de nombreuses tribulations. « Voici, » dit le Christ, « je vous ai donné le pouvoir de marcher sur les serpents et les scorpions, et sur toute la puissance de l'ennemi; et rien ne pourra vous nuire. Cependant, ne vous réjouissez pas de ce que les esprits vous sont soumis; mais réjouissez-vous de ce que vos noms sont écrits dans les cieux. » En ce temps-là, Jésus prit la parole, et dit: « Je te loue, Père, Seigneur du ciel et de la terre, de ce que tu as caché ces choses aux sages et aux intelligents, et de ce que tu les as révélées aux enfants. »

Que reste-t-il à dire ? « Ah! dit celui qui est vraiment humble, quelle est ce genre d'amour avec lequel le Seigneur, mon Dieu, m'a aimé et a visité mon âme? Et plus particulièrement, dans un jour où j'étais un ennemi dans mon esprit pour lui par les œuvres méchantes. Je suis obligé de l'aimer de nouveau, et de le craindre toujours, afin de ne pas du tout l'offenser, un Dieu si bon et si gracieux, un Père si cher et si tendre, qui a agi si gentiment envers moi, non selon mon vide, car j'étais indigne pour que son amour m'atteignît. »

Ainsi étions-nous. Cependant, malgré tout cela, et bien plus encore, le Seigneur, avec qui il n'y a pas de respect pour les personnes, nous a aimés librement à un moment qui ne doit jamais être oublié. Ah! soyez humiliés et doux devant lui sous le sens de son amour, afin que nos cœurs soient souvent brisés et tendres. Car si l'amour de Dieu ne produit pas cet effet, rien ne le peut. Mais tous ceux qui, dans la vraie crainte, demeurent dans le sens de ce que le Seigneur a fait pour eux, le cri secret de leur âme est, « Ah! Je ne peux jamais en faire assez pour le Seigneur, pour glorifier son amour et la connaissance de sa bienheureuse Vérité qu'il m'a donnée, et de la divine douceur et de son abondance, que j'ai souvent senti renaître dans mon âme en l'attendant. »

C'est pourquoi un tel homme est souvent fait pour dire : « Il n'y a rien que j'ai qui me soit si proche et si cher, mais je peux librement m'en séparer à cause du Seigneur et de son digne nom. Car tout ce que j'ai et ce que j'aime, c'est le Seigneur. » Ainsi peuvent dire ses rachetés avec une bonne compréhension, non seulement leurs âmes et leurs corps, mais tout ce qu'ils ont et apprécient sont les siens.

Bénis et heureux sont tous ceux dont la résolution pieuse est celle-ci, qui sont ainsi rachetés par sa puissance. Tenez ferme et continuez votre résolution pieuse jusqu'à la fin dans la vraie foi. Et ne regardez pas dehors et ne cédez pas à la partie raisonnée, mais restez près du Seigneur et comptez sur la suffisance de sa puissance pour qu'en l'attendant et en l'observant, vous puissiez recevoir la force. Alors vous serez forts et courageux, audacieux et vaillants pour la Vérité sur terre. Car lui, pour le nom de qui tu souffres, a assez en réserve pour récompenser toutes tes pertes, croix, épreuves, et souffrances, ici et éternellement après. Et assurément, il ne vous le refusera pas, car vous lui êtes fidèles dans votre témoignage jusqu'à la fin, à laquelle, par sa propre puissance, le Seigneur vous préserve tous. Amen.

Chers Amis, étant bien affligés depuis des années, je ne peux pas me promettre beaucoup de temps dans ce monde, et j'étais disposé, en réponse au mouvement de l'Esprit béni de Dieu, à envoyer cette épître parmi vous en signe de tout mon amour et de mes tendres soins pour le troupeau du Christ, souhaitant que la grâce, la miséricorde et la paix, en Lui et par Lui, se multiplient et s'accroissent parmi vous, et que l'amour fraternel et l'unité dans l'unique Esprit de vie continuent et abondent, et afin que, dans toutes vos Assemblées et dans vos familles, vous soyez bénis par les grâces divines en Jésus-Christ.

De votre Ami et frère dans l'alliance de la lumière et de la vie,

John Banks

Donné à Meare dans le Somersetshire, le 23ème jour du cinquième mois, 1698.

UN VRAI TÉMOIGNAGE SUR MA FOI EN CHRIST

Je crois que le même Seigneur Jésus Christ, le fils de Dieu, pour la rémission des péchés et le salut de mon âme, qui a été conçu du Saint-Esprit, né de la vierge Marie, a fait une bonne confession devant Ponce Pilate, et a été crucifié sans les portes de Jérusalem, a été mort et enterré, et est ressuscité le troisième jour, et est monté dans la gloire, au-dessus de tous les cieux, « afin de accomplir toutes choses, » selon le témoignage de la Sainte Écriture, pour laquelle j'ai une estime pieuse et respectueuse.

Je crois aussi en Lui comme à son apparition la seconde fois sans péché pour le salut à tous ceux qui l'attendent par son Esprit vivant et éternel, l'Esprit de Vérité, que le monde ne peut recevoir, comme quand il a prié le Père, qu'il enverrait le Consolateur qui conduirait en toute vérité tous ceux qui croient en lui ainsi

Quand il plut au Seigneur de me rendre visite avec le printemps de son amour d'en haut dans les jours de ma jeunesse par cet Esprit de Vie et de Vérité, le péché et Satan furent manifestés. Et si, à un moment quelconque, j'ai été vaincu en entrant dans l'une de ses tentations, j'ai été réprimandé et jugé. Mais quand la foi a été engendrée dans mon cœur pour croire en l'Esprit de Vérité qui me réprimandait, j'ai reçu la puissance de Celui en qui je croyais et crois pour vaincre les péchés l'un après l'autre, afin d'en être parfaitement libéré, ce qui doit être dans cette vie, ou bien il n'y a pas d'entrée dans le royaume des cieux. Car tous ceux qui vivent et meurent dans le péché sont impurs et ne peuvent donc entrer dans le royaume.

C'est l'effet béni de la foi de chaque vrai croyant au Seigneur Jésus-Christ quant à sa naissance, sa souffrance, sa résurrection, son ascension et son retour sans péché au salut, en qui tous doivent croire pour la vie et le salut à leurs âmes, celui qui en connaît la pleine assurance, dans le royaume du bonheur et de la gloire sans fin.

Je crois en lui, et je le possède dans toutes ses fonctions, et sous tous les noms et toutes les dénominations qui lui sont donnés dans les Saintes Écritures. Je le possède comme Roi, Roi des saints, Seigneur de la vie et de la gloire, Souverain Sacrificateur de la profession de tous ceux qui étaient et sont de la vraie foi, alliance de Dieu de lumière et de vie, Emmanuel, Dieu avec nous, qui est venu pour sauver son peuple de ses péchés, pas dans leurs péchés, car personne ne peut y être sauvé, qui vie dans la condition déchue et perdue.

Je le possède et je crois en lui, car il est « la vraie lumière, qui éclaire tout homme qui vient dans le monde. » Je le possède et je crois qu'il est « le chemin, la Vérité et la vie » et que « nul ne vient au Père que par lui. »

Je crois en lui comme il est le ministre du sanctuaire et du vrai tabernacle que Dieu a dressé, et non pas en l'homme qui, par sa puissance et son Esprit, a pourvu et fait de nombreux ministres capables et fidèles en ce jour de son Évangile éternel, parmi lesquels il a voulu me rendre digne d'être un, quoique l'un des plus petits. Il est le ministre des ministres, et aucun n'est ou ne peut être de vrais ministres, mais qui sont faits ainsi et ordonnés par lui. Il s'adapte, s'ouvre et se prépare par sa puissance et son Esprit vivifiant. Ainsi les ministres du Christ le prêchent pour être le chemin, la Vérité et la vie ; la vraie lumière, la porte, le vrai Pasteur, qui a donné sa vie pour ses brebis et sauve par sa grâce tous les vrais croyants qui obéissent aux enseignements de celle-ci.

Il est également cru et connu par sa seconde venue d'être la Parole incarnée qui est capable de sauver l'âme. Il a pris chair et a souffert en elle, l'unique Offrande une fois pour toutes de mettre fin au péché et de terminer la transgression et apporter la justice éternelle, l'accomplissement, le finisseur, et la fin de la loi avec tous les types, les figures, et les ombres de celui-ci. Il révèle la fin des dîmes, des jurons, du culte du temple, de la circoncision extérieure, des offrandes et des oblations. La fin, finisseur, et le faiseur du baptême d'eau et la communion extérieure en mangeant du pain et en buvant du vin. Il est le grand Baptiseur, ayant baptisé beaucoup par son Esprit en un seul corps, dont il est le Chef, qui est le seul baptême de salut avec le Saint-Esprit et le feu. Et Jean avec son baptême d'eau est diminué et terminé.

Et Il est l'unique pain de vie, descendu du ciel d'auprès de Dieu, qui est mangé par la foi, dont la chair est vraiment nourriture et son sang est vraiment boisson. Lui, la substance vivante, est venue pour que l'on s'en nourrisse. C'était et c'est la communion des saints.

Ceci étant la substance du témoignage, en bref, de ma foi en Christ, je suis prêt à le laisser derrière moi quand j'aurai terminé l'œuvre de mon jour et que je serai recueilli pour mon repos éternel, pour lequel j'ai travaillé longtemps, à travers de nombreux exercices profonds. Et ce n'est pas seulement pour moi, mais j'étais prêt à le laisser en mémoire au nom de mes Amis et de mes frères aussi, le peuple de Dieu en mépris appelé Trembleurs, qui sont de la même foi en Christ avec moi afin que tous sachent, qui ont le désir d'avoir une juste compréhension de notre foi et de nos principes, que nous ne sommes pas des gens tels que notre foi en Christ comme certains ignorants et d'autres nous ont rendus avec haine, comme si nous dépendions seulement ou entièrement de la lumière intérieure pour le salut de nos âmes et ne possédions pas ou ne croyions pas en Christ, quant à sa venue, mort, résurrection, ascension, etc., et le bénéfice que nous, et tous les vrais croyants avons ainsi.

Mais, béni, loué et magnifié soit le digne nom du Seigneur notre Dieu pour toujours, qui a ouvert notre compréhension par sa puissance, par laquelle nous connaissons celui en qui nous croyons, qui est de ne pas croire dans la lumière intérieure, ou comme si les gens pouvaient croire en la lumière et non en Christ. Mais nous croyons dans les deux, comme un, sachant et étant clair dans notre compréhension qu'aucune séparation ne peut être faite entre le Christ et la lumière qui vient de lui, qui brille dans le cœur de tous les vrais croyants et brille dans les ténèbres des incroyants, et donc les ténèbres ne peuvent pas le comprendre. Ainsi, nous croyons vraiment en ce même Christ qui a déposé son corps et l'a repris, comme dans sa lumière intérieure, et nous avons l'avantage au salut par l'un aussi bien que l'autre, et des deux, les deux faisant un, et disposés à saisir toute aide et tous les moyens que Dieu a ordonnés pour notre salut en Jésus-Christ et par lui.

John Banks

À Meare, dans le Somersetshire, le 5ème jour du septième mois, 1704.

LA FIN

TÉMOIGNAGES SUR JOHN BANKS

Témoignage de John Whiting Sur John Banks

Car il a plu au Seigneur, dans son amour infini, de faire éclater son jour et de faire luire sa Vérité dans cette nation d'Angleterre, même dans un temps acceptable, quand beaucoup de gens cherchaient le Seigneur et erraient comme des brebis sans berger sur les montagnes arides de la profession sans vie, cherchant le repos mais n'en trouvant aucun, beaucoup de messagers eurent été éclairés et envoyés pour publier la bonne nouvelle de l'Evangile et pour faire passer les gens des ténèbres à la lumière, afin qu'ils trouvent le repos pour leurs âmes. Beaucoup d'entre eux, surtout de premier rang, sont mort. Parmi ceux-ci notre cher Ami John Banks, l'auteur des écrits suivants, qui eut été élevé tôt et envoyé avec la parole de vie, fut un fidèle laboureur en son temps, qui se rendit pour répandre la vérité, en passant du temps dans le service de l'Evangile comme il se dépensait pour rassembler les hommes à la connaissance de la Vérité, dans laquelle il se laissait utiliser comme un instrument efficace pour beaucoup dans cette nation ainsi que d'autres nations surtout d'Écosse et d'Irlande. Puisqu'il plut le Seigneur de me donner la connaissance de sa Vérité, à laquelle mon éducation par des parents religieux m'avait été une bonne aide, j'ai toujours aimé ses messagers pour l'amour de cette Vérité, comme je l'ai fait pour l'auteur des textes suivants pour son témoignage sain et savoureux, qui servit la grâce aux auditeurs. Il analysait correctement la parole, selon leurs plusieurs états et les conditions, dont il avait un bon discernement et pouvait dire un mot à propos en saison; comme un bon scribe cultivé au royaume des cieux, qui tire des choses nouvelles et anciennes de son malle au trésor. Il était aussi celui qui gouvernait bien, non seulement sa propre famille, mais dans l'église de Dieu.

Je le connaissais depuis plus de trente ans, depuis son arrivée dans le comté de Somerset en 1677, et pouvais alors, bien que je fusse un jeune homme, je mis mon sceau à la vérité de son ministère et en témoignai de son efficacité. C'était avec la démonstration de l'Esprit et la puissance, étant doué, qu'il était conçu d'en haut pour prêcher l'Évangile éternel de la vie et du salut. J'ai souvent été réconforté lors de rencontres avec lui, surtout au moment qu'il arriva pour s'établir dans le comté de Somerset.

Un des derniers devoirs que nous devons à la mémoire de ceux qui ont peiné parmi nous pour la parole et la doctrine, et à cause de leurs œuvres ont été dignes d'un double honneur, est de publier leurs mémoires, comme l'occasion se présente, après leur mort, dans laquelle, je témoigne que j'ai souvent été réconforté à commémorer les actes dignes et nobles du Seigneur accomplis par eux et sa bonté, ses miséricordes, et ses providences pour les préserver et les emporter sur toute opposition d'hommes d'esprit pervers, et les persécutions et les souffrances qui les ont accompagnés dans leur témoignage, et qui n'ont pas été rares ces derniers jours. Cela a toujours été le lot de la Vérité et de ses témoins, et a été le lot de l'auteur de ce livre.

Le journal suivant et la collection de ses écrits m'ont été envoyés par lui de son vivant avec le désir qu'avec J. Field nous prenions soin de les publier après son décès, ce que nous avons soigneusement fait. J'ai été réconforté en les lisant, par les substances saines, solides, et sérieuses contenues dedans, lesquelles, je ne doute point, portera de témoignage dans la conscience de tous ceux qui les liront dans la crainte de Dieu. En eux, bien que mort, il parle et son mémorial vit encore et vivra parmi les fidèles dans un vif souvenir de lui.

Je l'ai vraiment aimé pour sa sincérité et sa droiture, étant un homme fidèle au témoignage de la Vérité, et soucieux pour le bon ordre dans l'église du Christ contre les marcheurs désordonnés et pour garder les choses propres dans les Assemblées Mensuelles et Trimestrielles de tout ce qui pouvait souiller ou briser l'amour et l'unité. Quand il était devenu faible de corps au point qu'il ne pût pas voyager comme par le passé, il partit à plusieurs Assemblées au-delà des attentes peu de temps avant sa mort, pourtant son dévouement pour l'église, afin que toutes choses puissent être bien maintenues, n'était pas diminué.

Ayant enfin servi sa génération selon la volonté de Dieu, il s'endormit et mourut dans la foi et avec la pleine assurance d'une immortalité bénie et de la vie éternelle. Il se posa la tête en paix avec le Seigneur, ayant bien vieilli et pleine de jours, âgé d'environ soixante-quatorze ans, il entra dans la fructification et la récompense de ses labeurs et ses œuvres le suivent.

John Whiting

Londres, le 12 du douzième mois, 1711.

Un Témoignage des Amis de l'Assemblée Mensuelle de Pardshaw Dans le Cumberland

Il était quelqu'un sur qui le Seigneur avait déversé de son Saint-Esprit et avait fait un grand don de celui-ci pour le servir. L'amour du Seigneur est universel pour tous. Il ne veut laisser personne périr, mais il veut que tous parviennent à la connaissance de la Vérité et qu'ils soient sauvés. Et pour cela, il fait des dons aux hommes pour qu'ils deviennent dans sa main des instruments pour conduire les fils des hommes à avoir foi en son Fils unique, le Seigneur Jésus-Christ, « qui est la vraie lumière éclairant tout homme qui vient dans le monde. »

Notre cher Ami fut appelé de bonne heure à l'œuvre du ministère et y resta fidèle pour améliorer son don; et le Seigneur le rendit utile dans sa main et beaucoup de gens font foi de son ministère et demeurent encore dans ce comté, ils sont des témoins de la puissance qui a été effectivement avec lui pour la conversion de beaucoup de gens. Il était un ministre fidèle de l'Évangile éternel et avait tout renoncé pour le prêcher librement et travailler fidèlement dans son œuvre. Il avait traversé de grandes épreuves et avait beaucoup voyagé par mer et par terre en Irlande, en Écosse, et dans cette nation, et surtout dans ce comté où il travaillait nuit et jour pour rassembler des gens à Dieu et pour établir ceux qui avaient été rassemblés.

Il avait un bon sens de discernement et était souvent ouvert par l'Esprit de Vérité pour adresser les conditions des gens et laissait une réponse du témoignage de Dieu dans leurs cœurs, de sorte qu'il convainquît beaucoup. Il contribua à organiser plusieurs Assemblées dans ce comté, étant un travailleur infatigable dans l'œuvre du Seigneur, tant du corps que de l'esprit, se levant tôt et se couchant tard, et librement abandonnant tout pour servir et pour être serviable. Nous désirons sincèrement que nous qui avions eu le bénéfice de son travail puissions être maintenus dans la vraie crainte et voie dignes de toutes les miséricordes du Seigneur, à sa gloire, et notre salut.

Son ministère était puissant et perçant, servant le jugement au transgresseur, mais rempli de consolation au cœur sincère, de sorte qu'il était à la fois aimé et craint par beaucoup. Sa mémoire vit parmi les justes et nous ne doutons pas qu'il soit en repos. Il lui avait été révélé non seulement de croire, mais de souffrir pour le témoignage de Dieu dans lequel il avait été conservé ferme et sincère, à la spoliation de ses biens par la loi contre les Conventicules, à la vente publique étant faite de ce qu'il avait. Mais le Seigneur l'avait emporté sur tous, de sorte qu'il était comme l'un des pieux de Sion qui ne pouvait être écarté.

Il était ensuite en prison à Carlisle pour son témoignage. Pourtant, il avait conservé son intégrité et était resté fidèle, et le Seigneur était avec lui et lui avait donné le courage encore de se tenir ferme dans son témoignage contre la dîme et les prêtres stipendiés, non seulement en paroles, mais en actes et en Vérité. À l'époque de la loi contre les Conventicules, il restait à proximité des Assemblées au point que les informateurs conclurent que si tous étaient absents, il serait là, de sorte qu'ils avaient tenté de le diffamer même s'ils le voyaient ou non et ainsi se tendirent-ils eux-mêmes un piège et jurèrent qu'il prêchait sur Pardshaw Crag quand il fut parti au service de l'Évangile en Irlande et fut fait prisonnier à Wicklow. Cela fut prouvé contre eux, et ils furent obligés de fuir le pays, et les deux eurent abouti à des fins misérables.

Il avait un grand service à cette époque, car beaucoup étaient convaincus de la Vérité lors de l'Assemblée au cours de laquelle il avait été fait prisonnier. Nous pourrions en dire plus sur ce sujet ; mais la volonté de notre esprit n'est pas de lui attribuer quoi que ce soit, ni à aucun homme, mais à la puissance du Seigneur qui l'avait ressuscité et avait fait de lui ce qu'il était, à son honneur et à la paix et le bénéfice de l'église, désirant que nous, qui sommes encore, puissions être gardés dans la vraie crainte et l'humilité, en suivant le Seigneur Jésus dans la voie du renoncement de soi, afin que nous puissions courir jusqu'à obtenir la couronne de gloire immortelle.

- Sois fidèle jusqu'à la mort, et je te donnerai une couronne de vie.

Signataire:

James Dickinson, Peter Fearon, John Burnyeat, William Harris, John Wilson, Jonathan Bowman, John Ribton, Peter Wilson, Thomas Tiffin, Christopher Fearon, Jonathan Bell, John Nicholson, Matthew Lowman, George Wilson.

De l'Assemblée mensuelle de Pardshaw, le 23 du huitième mois, 1711.

TÉMOIGNAGE DE JOHN BOUSTED

Il était un fidèle ministre du Christ dans ce jour de son Evangile glorieux après cette longue et obscure nuit d'apostasie qui s'était répandue sur les nations, durant laquelle beaucoup eurent été ivres avec la coupe de la fornication. Après qu'il eut plu au Dieu éternel et sage d'illuminer son intelligence et de lui permettre de voir son état et sa condition, et de révéler son Fils en lui, il fut fait prêt à se soumettre librement à l'apparition céleste et intérieure du Christ Jésus, l'espérance de la gloire. Et comme il y était obéissant, il fut investi d'un grand don du ministère, dans lequel il avait grandi et y avait été puissamment habileté, à la reconduite de beaucoup sur la bonne voie du Seigneur, qui eurent été convaincus du mal de leurs voies et se furent tournés vers Jésus-Christ, leur enseignant libre et faits pour bénir le Seigneur de sa part, afin qu'il plût au Seigneur de l'envoyer parmi eux qui étaient dans les ténèbres et la région de l'ombre de la mort. Il était habile à prononcer le mot juste, ayant du lait pour les bébés et de la viande plus forte pour ceux d'âge mûr.

Je le connaissais bien, et l'aimait et l'honorait vraiment, car il était digne d'un double honneur, comme quelqu'un qui avait bien dirigé l'église du Christ. Comme il était audacieux en affirmant la vérité, de même il était vaillant dans la souffrance pour elle, à la fois par l'emprisonnement et la destruction de ses biens. Quand il était libre, il voyageait beaucoup dans diverses parties de cette nation, aussi en Irlande et en Ecosse, et dans beaucoup d'endroits où était mon sort de le suivre, j'ai trouvé des fruits de ses travaux, à la fois par la conviction de certains et la réhabilitation des autres. Car son travail dans l'amour du Christ notre Seigneur était grand.

Bien qu'il fût acerbe dans ses réprimandes aux infidèles et aux désobéissants, mais dans ses avertissements il était doux et courtois, Dieu lui ayant donné l'esprit de discernement et d'un jugement sain. Je dis ces choses à l'honneur de la main qui l'a ressuscité, avec des désirs fervents et vrais au Seigneur pour qu'il puisse ressusciter et envoyer beaucoup plus d'ouvriers fidèles dans sa moisson. Car la moisson est grande, et les vrais ouvriers sont peu nombreux.

John Bousted.

Depuis Aglionbye, le 25 du neuvième mois, 1711.

TEMOIGNAGE DE CHRISTOPHER STORY

Comme les labeurs, les douleurs et les exercices de notre cher Ami John Banks avaient été grands, à la fois en actes et en souffrance pour le nom du Seigneur, je vais ici donner une relation d'une partie d'entre eux où j'étais présent avec lui.

La première fois que je l'ai vu était à une Assemblée chez John Iveston de Jerishtown dans Cumberland à la fin de l'année 1672, ou vers le début de l'année 1673, où il y avait beaucoup d'Amis et d'autres personnes. Ce fut une bonne rencontre pour confirmer ceux qui avaient récemment reçu la Vérité dans l'amour de celle-ci et pour convaincre les autres de la juste voie du Seigneur.

L'Assemblée suivante qu'il organisa dans notre région était chez Edward Atkinson de Masthorne. Ce fut une grande rencontre où beaucoup reçurent la vérité dans son amour, et y vécurent et moururent. D'autres fut si atteints que bien qu'ils n'eussent jamais pris la profession de la Vérité sur eux-mêmes, pourtant ils avaient manifesté souvent leur amour pour la Vérité et les Amis jusqu'à leur dernier jour.

L'amour de Dieu s'était manifesté de façon si efficace dans cette rencontre que beaucoup de larmes avaient été versées, par certains pour la joie que l'Evangile de la bonne nouvelle eut été ainsi prêché, et par d'autres dans un sens de souffrance pieuse pour leur temps gaspillé. Il avait organisé plusieurs Assemblées par la suite plus près des frontières de l'Écosse et une à Parkrigg, dans laquelle plusieurs personnes avaient été convaincues par lui, et d'autres s'y étant ajoutés, elle est actuellement une Assemblée établie.

Il fut serviable parmi nous dans la parole et la doctrine, et fut très exemplaire dans la vie et la conversation, de sorte que je l'aimais beaucoup. Il avait aussi une part dans la gestion et ainsi le soin des églises lui incombait pour que ceux qui professaient la Vérité pussent la suivre de façon responsable dans leurs vies et conversations.

En l'an 1679, notre cher Ami se rendant à la réunion annuelle à Londres pour le comté, et étant mon sort d'être son compagnon à ce moment-là, nous nous fûmes rencontrés à Strickland dans le Westmoreland et avions visité quelques Assemblées dans le Yorkshire, Nottinghamshire, Leicestershire, Northamptonshire, et ainsi qu'à Londres. Il eut un bon service dans la plupart des endroits, et j'eus beaucoup de réconfort et de satisfaction en sa compagnie, lui, que j'estimais plus que beaucoup d'autres car il était, pour moi, un père affectueux et attentionné.

Après que nous eûmes eu passés du temps à l'Assemblée annuelle et qu'il eut eu terminé avec des Assemblées de la ville, nous étions partis à une Assemblée à Windsor, et aussi à High Wycombe, Reading, Newbury, Marlborough, Calne, et Chippenham, et la plupart des Assemblées dans ces parties. Ce fut un temps de profond exercice pour beaucoup de frères fidèles qui avaient gardé leurs habitations dans la Vérité, car dans la plupart des Assemblées de cette partie de la nation il y avait un esprit de scission et de division qui s'était glissé dans l'église, et beaucoup avaient été forcés dire :

- Hélas, nous ne savons pas quelle direction prendre, ni quelle sera la fin.

Je fus témoin, avec beaucoup d'autres, dont certains sont encore vivants, de l'exercice profond de l'esprit qu'il eut rencontré à l'Assemblée pour le bien de la Semence, afin que l'innocent pût être préservé du mal et que l'esprit de séparation qui morcellerait en Jacob et se répandrait en Israël pût être pleinement manifesté. Bien que ses exercices eussent été tels nuit et jour que sa nourriture et son sommeil lui eussent été presque enlevés, pourtant le Seigneur l'avait tellement fortifié ainsi que son homme intérieur qu'il eut été élevé dans son esprit pour confirmer et construire le juste dans cette foi très sainte qui fonctionne par amour, et pour proclamer le malheur et le jugement sur l'esprit qui avait conduit à la séparation. Et bien qu'en plusieurs endroits, ceux qui s'inclinaient le plus vers la séparation, le suivirent d'Assemblée en Assemblée et tendirent leurs arcs contre lui, guettant un avantage, pourtant le Seigneur fut heureux, pour l'honneur de son propre nom, de le préserver par sa puissance afin qu'il s'en tirât au réconfort et à l'édification des églises, et à sa propre paix.

Après cela, nous étions venus à Bristol et avions trouvé des Amis fidèles sous le grand exercice de l'esprit en raison d'un esprit de discorde que certains avaient embrassé. Nous avions visité des Assemblées à ce sujet, et quand notre Ami était disponible après avoir terminé son service, nous retournâmes directement à Cumberland.

Comme les labeurs et les souffrances de notre cher Ami étaient grandes pour l'amour de la Vérité dont il fut appelé à témoigner, il était aussi vaillant dans la souffrance pour elle, comme ce fut le cas de son emprisonnement à Carlisle. C'était mon sort, avec d'autres de notre Assemblée, d'être emprisonnés à ce moment-là pour nous être rassemblés paisiblement ensemble pour attendre le Seigneur et l'adorer en esprit et en Vérité. Nous avions trouvé nos chers Amis, John Banks et Thomas Hall, séparés du reste des Amis qui étaient prisonniers et ils étaient mis dans une cellule sombre, appelée la citadelle, parmi les criminels, quelque chose comme un donjon, où ils ne pouvaient pas voir sans bougie s'ils voulaient travailler pendant une journée maussade, et pour aucune autre raison, outre que de prêcher et de prier au moment de l'Assemblée des Amis pour attendre le Seigneur dans le lieu où ils étaient confinés. Ses persécuteurs espéraient qu'en leur absence, les Assemblées des Amis se tairaient et donneraient moins d'occasions gênantes aux prêtres et à d'autres qui s'opposaient à sa prédication.

La première réunion que nous avions eue entre les Amis en prison, Andrew Graham et moi apparaissant en public, le geôlier fut très perturbé et nous eut emmenés loin du reste des Amis et craignant les prêtres et des autres, il était dans un fixe ne sachant que faire, car il n'y avait plus de place pour des lits parmi les criminels. Le lit sur lequel gisait notre cher Ami était à côté de l'évier où la saleté était déchargée, ce qui le rendait plus bruyant. Mais la puissance du Seigneur les eut emportés sur tous, et en quelques jours j'avais obtenu la liberté du geôlier d'aller avec l'ouvreur et avais-je trouvé les Amis, grâce à la bonté du Seigneur, tranquilles et bien portant. L'ouvreur repartit, je restai pour les tenir compagnie jusqu'au soir.

Lorsque l'ouvreur revint, il dit à John Banks que lui et son compagnon pouvaient aller voir le reste des Amis, s'ils le voulaient, car il ne servait à rien de les y garder, comme il y avait maintenant d'autres prédicateurs. John Banks répondit que le geôlier les y avait amenés sans raison valable, et il devrait les ramener à nouveau et préparer ce dont ils devaient transporter avec eux, ce qu'il avait fait avant qu'il ne dorme.

Étant maintenant ensemble dans un endroit, nous tenions nos Assemblées, le Premier jour et les jours de semaine, et le lieu de notre confinement étant près de l'extrémité supérieure de la rue du Château et non loin de la grande cathédrale, ainsi appelé, il arrivait souvent qu'au moment où les gens venaient de leur culte les premiers jours, John prêchait et sa voix atteignait la porte de la grande maison. Souvent, les gens allaient doucement ou se tenaient un peu, car à ce moment-là aucune Assemblée des Amis n'était gardée dans la ville. Et à cela les prêtres étaient très troublés et menaçaient tellement le geôlier qu'il avait quitté cet endroit à la fin de l'année et avait loué une autre maison.

Notre Ami John Banks, qui était un bon exemple en toutes choses, travailla assidûment de ses mains, se livra au commerce de gants et à la tannerie et, pendant cet hiver froid où le grand froid continuait si longtemps, il devint invalide. Nous étions seize dans une pièce et avions eu le privilège d'un petit feu. Et la plupart du temps quatre ou cinq anciennes en bénéficiaient. Mais à la fin, nous avions tous obtenu notre liberté, principalement par la proclamation du roi Jacques, et étions redevenus des hommes libres et affranchis, pour lesquels le Seigneur aura la louange.

Je pourrais en dire plus, mais sachant qu'il y a beaucoup de frères et sœurs fidèles qui avaient une parfaite connaissance de lui et de son intégrité depuis le moment de sa conversion jusqu'au jour de sa mort et de ses nombreux labeurs et exercices tant au pays qu'à l'étranger, je suis le plus à l'aise de conclure, ayant été un témoin oculaire et auditif de ce que j'ai écrit ici.

Christopher Story.

TÉMOIGNAGE DE L'ASSEMBLÉE TRIMESTRIELLE

dans le comté de Somerset, sur John Banks, de Street, dans le même comté, décédé; qui a quitté cette vie le sixième jour du huitième mois, 1710.

Il était très zélé jusqu'à la fin pour répandre l'Evangile et dans tous ses exercices et ses afflictions, il avait l'honneur de Dieu et le bien de son peuple dans sa vision. Il travailla avec dévouement dans son don et étant un ministre compétent du Christ a été fondamental à la fois pour rassembler et conduire beaucoup d'âmes dans la Vérité. Nous avons beaucoup de témoins qui, avec nous, ont partagé le réconfort de son travail. Il était un bon exemple et sa conversation était agréable et profitable. Il était vif contre l'adversaire obstiné, mais doux et gentil envers eux qui, dans un sens de leur manque, étaient prêts et disposés à reconnaître la même chose.

Sa sollicitude pour l'Evangile était telle qu'il ne s'épargna pas de promouvoir la Vérité. Il était zélé contre un esprit tiède, avertissant les Amis, par la doctrine et par l'exemple, d'en prendre garde, rappelant souvent aux jeunes l'amour fervent qui était parmi les frères au début. Il n'était pas insensible à l'idée qu'un esprit libertin prévalait trop en de nombreux endroits, et il ne voulait pas non plus témoigner contre lui.

Lecteur amical, peu importe qui tu es ou quel que soit ton état dans l'église peut être, bien que le dessein de ceci soit de démontrer notre amour pour le défunt, pourtant nous avons également l'intention par la présente ton édification. Et pour cela, nous dirions brièvement, premièrement, si tu es un ministre, occupe-toi de ton ministère et attends de connaître le temps de Dieu, afin que, lorsque tu parleras, ce soit en son temps. Garde ta prémonition, pour que ce que tu dis vienne de l'Esprit et de l'intelligence. Ainsi, tu apprendras quand parler, ce qu'il faut dire, et quand te taire, une chose principale pour les ministres de l'Evangile d'en avoir la vraie connaissance. Et toi aussi tu seras préservé d'un ministère sans vie et sans édification, qui est un mal, mais qui n'aide jamais les vrais croyants. C'est un ministère vivant qui engendre un peuple vivant. Et par un ministère vivant, au début, nous avons été atteints et tournés vers la Vérité. C'est un ministère vivant qui sera encore acceptable pour l'église et utile à ses membres. C'est une excellente vertu chez les ministres, un sceau et une confirmation de leur ministère, à trouver dans la pratique de ce qu'ils prêchent aux autres. Ceux-là peuvent avec audace dire avec l'apôtre : « Soyez de nos disciples, tandis que nous suivons le Christ. »

Deuxièmement, si tu n'es pas doué dans le ministère, mais étant un témoin vivant de la vertu de la Vérité et adhérent avec nous de la foi aussi précieuse, nous te supplions de penser à ta place dans l'église, que tu puisses être trouvé dans l'obéissance à l'Évangile. Ainsi pourrais-tu venir sous une qualification spirituelle pour la supervision des autres, qui doit être en prenant soin de toi-même, selon Actes 20: 28, « Prenez donc garde à vous-mêmes, et ensuite « à tout le troupeau », mais d'abord prenez garde à vous-même. Pourquoi tant pour moi ? Je connais la Vérité et je suis sensible à mon devoir », diront certains. Mais permettez-nous d'ajouter que beaucoup sont sensibles au bien qu'ils doivent faire, mais qu'ils le négligent.

Par conséquent, occupe-toi bien de toi-même, que ton obéissance suit le rythme de ta connaissance, afin que tu puisses non seulement être un entendeur, mais aussi un faiseur. Cela te donnera l'autorité, afin que, avec clarté et audace, tu puisses conseiller à ceux qui sont infidèles et qui négligent ce qu'ils doivent faire. Car celui qui entend et ne fait pas, son édifice n'est pas juste et ne peut pas tenir dans le temps de l'épreuve. Quoi que tu puisses être, cela n'a pas d'importance; car celui qui conseille les autres, étant lui-même fautif, doit s'attendre à ne rencontrer qu'un accueil froid. Par conséquent, occupe-toi bien de toi-même, ne néglige pas le don qui est en toi, ni ne mesure pas ton devoir par la négligence d'un autre. C'est une pratique trop répandue à notre époque pour être influencée davantage par le pire que par le meilleur des exemples. Mais toi, suis les pas du troupeau des compagnons de Christ qui sont partis avant.

Ainsi tu surviendras à la place de quelques-uns des nombreux anciens dignes qui sont partis se reposer éternellement, parmi le nombre desquels celui-ci, notre Ami, peut être considéré digne d'être compté comme quelqu'un qui à la fois porta le fardeau et endura la chaleur du jour. Que ton souci soit de suivre son exemple dans la fidélité, non pour l'imitation, mais pour l'honneur du Seigneur. Ainsi tu seras apte à entrer dans cet héritage béni que Dieu a en réserve pour les fidèles. Afin que ce soit ta part, souhaite et prie tes Amis fervents et chrétiens.

Signé par ordre et au nom de l'Assemblée précitée, de Glaston, les 22 et 23 du Premier mois 1710-11, par

Elias Osborne, William Horwood, William Jenkins, John Thomas, John Hipsley, Samuel Bownas, Abraham Thomas, William Alloway, Joseph Pinker.

UN TÉMOIGNAGE SUR NOTRE CHER ET DIGNE AMI JOHN BANKS

Que le Seigneur ait voulu placer dans cette partie du pays, comme il l'a signifié lui-même. Et il a été très utile parmi nous dans le travail du ministère, et aussi dans l'établissement d'une discipline pieuse dans de nombreux endroits, encourageant les jeunes hommes, ainsi que les vieux et d'âge moyens, à venir à nos Assemblées pour ce service, afin qu'ils puissent être utiles à leur place. Il était très tendre et affectueux envers le bien incliné et un réprobateur de malfaiteurs, de contestataires, et de rétrogrades qui plaçaient le jugement sur la tête du transgresseur. Il était très désireux que les choses soient gardées savoureuses et en bon ordre parmi nous, et prodiguait souvent de bons conseils et instructions aux Amis en dehors des Assemblées, ainsi que dans les Assemblées, car c'était son grand plaisir de les voir grandir dans la Vérité.

Il cédait la place aux étrangers quand on nous visitait, bien qu'il fût un ministre habile de la parole de vie qui demeurait abondamment en lui, et son arc demeurait en force, et il frappait souvent la marque. Il était un grand instigateur des Amis à porter un témoignage fidèle contre les dîmes, et les taux de clocher, etc., et où il voyait quoi que ce soit au contraire, il montrerait son aversion.

Il était un travailleur fidèle dans l'œuvre du Seigneur, visitant les Assemblées des Amis à l'étranger aussi longtemps qu'il avait la force physique. Mais il a été atteint de faiblesse plusieurs années durant, au cours desquelles il écrivit plusieurs documents aux Amis. Quelque temps avant sa mort, il aménagea son habitation à Street, près de la maison d'Assemblée et nos Assemblées à la fois pour le culte et les affaires furent plusieurs fois tenues chez-lui, ce qui était un grand réconfort pour lui, car il était très heureux de la compagnie des Amis honnêtes.

Et parfois, quand ils lui demandaient comment il allait, il répondait : « Faible physiquement, mais fort dans le Seigneur, tout va bien. » Il fut soutenu dans son esprit au-delà de ce qui pouvait être attendu pour porter un témoignage vivant dans nos Assemblées, étant assisté avec cette puissance divine qui fit son âme chanter des louanges au Seigneur, à la consolation des fidèles dans le Christ. Il nous fut d'une grande aide dans nos Assemblées mensuelles pour la gestion des affaires de l'Église, favorisée par la continuité de sa lucidité et de sa mémoire.

Il nous manque beaucoup, et bien que ce soit notre perte, pourtant nous croyons que c'est son gain éternel, et qu'il est allé se reposer avec les fidèles en Christ. Et maintenant, puisqu'il a plu au seul Dieu sage, dans son infinie sagesse, de prendre pour lui notre cher Ami, son fidèle serviteur et ministre de l'Évangile éternel, c'est le désir et la supplication de nos cœurs au grand Seigneur de la moisson, afin qu'il lui plaise d'élever beaucoup plus de tels ouvriers, « car la moisson est grande, mais les vrais et fidèles ouvriers ne sont que peu nombreux. »

Signé au nom de notre Assemblée à Glastonbury et Street, le 13 du troisième mois, 1711, par

James Clothier, Sr., Arthur Gundry, James Clothier, Jr., Thomas Marnard, Roger Jewell, Joseph Moore, John Blackmore, Thomas Freeman, William Blackmore.

Récit et Témoignage de Hannah Banks

J'étais mariée à John Banks le 28 du huitième mois, 1696, étant veuve. J'étais convaincu de la Vérité de Dieu à l'époque de mon veuvage et nous nous sommes mariés à Glastonbury et sommes allés vivre à Meare jusqu'en 1708. Puis nous sommes arrivés à Street où nous avons continué jusqu'à sa mort.

Il a été affligé par beaucoup de faiblesse durant ses derniers jours, mais un peu avant sa mort, il a été poussé à aller à certaines Assemblées. Le 5 du sixième mois, il se rendit de chez-lui à Somerton et le lendemain à leur Assemblée mensuelle du culte, qui était très grande, et il eut une bonne adoration, à la satisfaction des Amis. Par la suite, il eut une Assemblée du soir dans la ville, et le lendemain il partit à Long Sutton pour rendre visite aux Amis et à d'autres endroits et se rendit à l'Assemblée mensuelle à Puddimoore et y porta un grand témoignage aux Amis. Il était également à Yeovil et fut bien reçu, après quoi il retourna chez-lui. La plupart des Amis pensaient qu'il n'aurait pas pu entreprendre un tel voyage de vingt à trente miles environ, en raison de sa faiblesse, mais il ne put être satisfait sans l'avoir fait.

Le 2 du septième mois, alors qu'il marchait dans la cour, il fut frappé d'une douleur dans le dos qui descendait peu à peu dans ses pieds et s'avérait être la goutte. C'était très douloureux pendant plusieurs jours avant sa mort, mais il disait souvent, jusqu'à la fin, que malgré toute sa douleur, son âme louait et magnifiait le Seigneur pour sa bonté envers lui, bien qu'il pensât que sa douleur était parfois plus forte que la mort, et dit-il: Qu'il serait bon que le Seigneur veuille de l'éloigner d'ici.

Beaucoup d'Amis et d'autres venant lui rendre visite, il leur porta un grand témoignage par voie d'exhortation, et quelques heures avant sa mort, il dit combien il était bien de n'avoir rien d'autre à faire que de mourir. À un autre moment, il a dit qu'il était assuré que ce serait bien pour lui et qu'il devrait finir dans la Vérité, comme il a commencé. Il était très compréhensible jusqu'à la fin et, après toutes ses douleurs, il eut un passage facile, le 6 du huitième mois, 1710, et s'en fut allé se reposer, âgé de soixante-treize ans et deux mois.

C'était un homme qui craignait Dieu, qui faisait justice, qui aimait la Vérité par-dessus tout et ses Amis de tout son cœur et il les servait fidèlement jusqu'à la fin. Je suis convaincue qu'il se posa la tête en paix et arrêta tous ses labeurs. Il était un véritable compagnon pour moi, et nous avions vécu presque quatorze ans ensemble, dont cinq sous une grande faiblesse, qu'il porta avec patience jusqu'à la fin. Je ne peux que déplorer la perte d'un Ami si proche, car il fut une grande force pour moi dans ma faiblesse, moi qui suis pauvre et faible de moi-même, et qui désire les prières des fidèles pour ma préservation, afin que moi sa veuve affligée puisse m'en tenir jusqu'à la fin,

Hannah Banks

Depuis Street, dans le Somersetshire, lieu de ma demeure, ce 4ème du troisième mois, 1711.

II

THE LABORS, TRAVELS, AND SUFFERINGS OF THAT FAITHFUL MINISTER OF JESUS CHRIST JOHN BANKS

PREFACE

Friendly Reader,

The labors of the servants of God ought always to be precious in the eyes of his people and for that reason the very fragments of their services are to be gathered up for edification. It is this which induces us to exhibit the following pages to public view, as well as the hope that it may please God to make them profitable to such as seriously peruse them.

We have always found the Lord ready to second the services of his worthies upon the spirits of their readers, not suffering that which is his own to go without a voucher in every conscience. I mean those divine truths which it has pleased him to reveal by his own blessed Spirit, without which no man can rightly perceive the things of God or be spiritually-minded, which is life and peace. This indeed is the only saving evidence of heavenly truths, which made that excellent apostle say, "We know that we are of God, and that the whole world lieth in wickedness."

In that day, true religion and undefiled before God and the Father consisted in visiting the fatherless and widows in their affliction and keeping unspotted from the world, not merely a godly tradition of what others have enjoyed, but the experimental enjoyment and knowledge thereof by the operation of the Divine power in their own hearts, which makes the inward Jew and accomplished Christian, whose praise is not of men but of God.

Such are Christians of Christ's making who can say with the apostle, "It is not we that live, but Christ that liveth in us," dying daily to self and rising up through faith in the Son of God to newness of life. Here formality bows to reality, memory to feeling, letter to spirit, and form to power; which brings to the regeneration, without which no man can inherit the kingdom of God, and by which he is enabled in every state to cry Abba, Father.

Thou wilt see a great deal of this in the following author's writings and that he rightly began with a just distinction between true wisdom and the fame of wisdom, what was of God and taught by God, and what was of man and taught by man—which last at best is but a sandy foundation for religion to be built upon, or rather the faith and hope of man in reference to religion and salvation by it.

Oh! that none who make profession of the dispensation of the Spirit may build beside the work of Jesus Christ in their own souls in

159

reference to his prophetical, priestly, and kingly offices. For God his Father gave him as a tried stone, elect and precious, to build by and upon, in which great and glorious truth we do most humbly beseech the Almighty, who is the God of the spirits of all flesh, the Father of lights and spirits, to ground and establish all his visited and convinced ones, that so they may grow up unto a holy house and building to the Lord. So shall purity, peace, and charity abound in the house and sanctuary which he hath pitched and not man.

As to this worthy man, the author of the following treatises, I may say that his memorial is blessed, having known him above forty-four years. He was a heavenly minister of experimental religion, of a sound judgment and pious practice, valiant for truth upon the earth, and ready to serve all in the love and peace of the Gospel. He was among the first in Cumberland who received the glad tidings of it and then readily gave up, with other brethren, to declare unto others what God had done for their souls.

Thus I first met him, and as I received his testimony through its savor of life, so I was kindly encouraged by him in the belief of the blessed doctrine of the light, spirit, grace, and truth of Christ in the inward parts, reproving, instructing, reforming, and redeeming those souls from the evil of the world, who were obedient thereunto. He was a means of strength to my soul in the early days of my convincement, together with his dear and faithful brother and fellow-traveler, John Wilkinson of Cumberland, formerly a very zealous and able Independent minister.

Before I take my leave of thee, reader, let me advise thee to hold thy religion in the Spirit, whether thou prayest, praisest, or ministerest to others. Go forth in the ability that God giveth thee. Presume not to awaken thy beloved before his time. Be not thine own in thy performances, but the Lord's, and thou shalt not hold the truth in unrighteousness, as too many do, but according to the oracle of God, who will never leave nor forsake them who will take counsel of him, which that all God's people may do, is, and hath long been, the earnest desire and fervent supplication of their and thy faithful friend in the Lord Jesus Christ,

William Penn

London, the 23rd of the Twelfth mouth, 1711.

I came of honest parents. My father's name was William and my mother's name Emma. I was their only child, born in Sunderland, in the parish of Issell in the county of Cumberland. My father having no real estate of his own he took land to farm and by trade he was a felt monger and glover.

In some years after, he removed within the compass of Pardshaw meeting where both my parents received the truth some time after me, and lived and died in it, according to their measures. To this meeting I belonged above forty years.

Though my parents had not much of this world's riches, yet according to their ability and the manner of the country, they brought me up well and in good order and were careful to restrain me from such evils as children and youth are apt to run into, especially my dear mother, she being a zealous woman. Their care therein for my good had a good effect on me, and so will it have, we may hope, on all who perform their duty as they ought to their children. If not, they will, it is feared, be found guilty in the day of account.

I was put to school when I was seven years of age and kept there until I was fourteen; in which time I learned both English and Latin and could write well. When I was fourteen years of age, my father put me to teach school one year at Dissington and after that at Mosser Chapel near Pardshaw where I read the Scriptures to people who came there on the first-day of the week, and the homily, as it is called, and also sung psalms and prayed. I had no liking to the practice, but my father, with other people, persuaded me to it.

For this service my wages from the people was to be twelve pence a year from every house of those who came there to hear me, and a fleece of wool and my table free, besides twelve pence a quarter for every scholar I had, being twenty-four. This chapel is called a chapel of ease, the parish steeple-house being some miles off. Amongst the rest of the people who were indifferent where they went for worship came one John Fletcher, a great scholar, but a drunken man. And he called me aside one day, and said that I read very well for a youth but I did not pray in form, as others used to do, and that he would teach me how to pray and send it to me in a letter, which he did.

When it came, I went out of the chapel and read it. And when I had done, I was convinced of the evil thereof by the light of the Lord Jesus, which immediately opened to me the words of the apostle Paul concerning the Gospel he had to preach, that he had it not from man, neither was he taught it, but by the revelation of Jesus Christ. In answer to which it rose in me, "But thou hast this prayer from man, and art taught it by man, and he one of the worst of many." So the dread of the Lord fell upon me, with which I was struck to my very heart, and I said in myself, "I shall never pray on this wise."

It opened in me, "Go to the meeting of the people in scorn called Quakers, for they are the people of God." And so I did the next First-day after, which was at Pardshaw. This being before the end of the year when I was to receive wages of the people for such service as I did, I could take none of them, being convinced of the evil thereof, nor did I ever read any more at the chapel.

When about sixteen years of age, in the tenth month, 1654, it pleased the Lord to reach to my heart and conscience by his pure living Spirit in the blessed appearance thereof in and through Jesus Christ whereby I received the knowledge of God and the way of his blessed truth, by myself alone in the field, before I ever heard any one called a Quaker preach and before I was at any of their meetings. But the First-day that I went to one, which was at Pardshaw, as aforesaid, the Lord's power so seized upon me in the meeting that I was made to cry out in the bitterness of my soul in a true sight and sense of my sins, which appeared exceeding sinful. And the same day, as I was going to an evening meeting of God's people, scornfully called Quakers, by the way I was smitten to the ground with the weight of God's judgment for sin and iniquity which fell heavy upon me, and I was taken up by two Friends.

Oh ! the godly sorrow that took hold of me that night in the meeting so that I thought in myself every one's condition was better than mine. A Friend who was touched with a sense of my condition and greatly pitied me was made willing to read a paper in the meeting, which was so suitable to my condition that it helped me a little and gave some ease to my spirit. I was now very much bowed down and perplexed, my sins being set in order before me. And the time I had spent in wildness and wantonness, out of the fear of God, in vanity, sport, and pastime, came into my view and remembrance. The book of my conscience was opened, for I was by nature wild and wanton. And though there were good desires stirring in me many times, and something that judged me and reproved me and often strove with me to restrain me from evil, yet not being sensible what it was, I had got over it.

I was like those who make merry over the witness of God, even the witness and testimony of his Holy Spirit, in and through Jesus

Christ his Son, made known in God's great love to the sons and daughters of men. This was that, whereby the Lord many times strove with me, until at last he prevailed upon me. So that I may say, as a true witness for God and the sufficiency of his power and quickening Spirit, I did not only come to be convinced by the living appearance of the Lord Jesus of the vanity, sin, and wickedness which the world lies in, and that I was partaker thereof, but by taking heed thereto, through watchfulness and fear, I came to be sensible of the work thereof in my heart, in order to subdue and bring down the wild nature in me, and to wash and cleanse me from sin and corruption, that I might be changed and converted.

But before I came to witness this work effected, oh the days and nights of godly sorrow and spiritual pain I traveled through for some years! The exercise I was under bore so hard, both upon my body and mind, that I left off the practice of teaching school, which, although good and lawful, yet was not agreeable to me in my condition then. I put myself to learn my father's trade, with something of husbandry, which I followed with diligence and lived with my parents, who some time after, came to receive the truth, which was great rejoicing to my soul.

As I traveled under the ministration of condemnation and judgment for sin and transgression, great was the warfare I had with the enemy of my soul, who, through his subtlety, sought to betray me from the simplicity of the truth and to persuade me to despair, as though there was no mercy for me. Yet in some small measure I knew that the Lord had showed mercy to me, which he mixed with judgment, for my sins past. But the experience I had gained in the travail of my soul, and the faith begotten of God in my heart, strengthened me to withstand the enemy and his subtle reasonings. I overcame the wicked one through a diligent waiting in the light and keeping close to the power of God, waiting upon him in silence among his people, in which exercise my soul delighted.

Oh! the comfort and divine consolation we were made partakers of in those days. And in the inward sense and feeling of the Lord's power and presence with us, we enjoyed one another, and were near and dear one unto another. But it was through various trials and deep exercises, with fear and trembling, that thus we were made partakers. Blessed and happy are they who know what the truth has cost them and hold it in righteousness.

Waiting diligently in the light and keeping close to the power of God which is therein received, I came to experience the work thereof in my heart in order to effect my freedom from bondage, which by degrees went on and prospered in me, and so I gained ground more and more against the enemy of my soul through faith in the power of God, without which no victory is obtained. My prosperity in the truth I always found was by being faithful to the Lord in what he manifested, though but in small things, unfaithfulness in which is the cause of loss and hurt to many in their growth in the truth.

After I had passed through great tribulation, weeping and mourning in woods and solitary places alone, where I often desired to be, I came to more settlement in my spirit and peace began to spring in my soul where trouble and sorrow had been. Then at times I would be ready to think that I should not again meet with such combats and besetments by the enemy of my soul as I had passed through. But the more I grew in experience of the dealings of the Lord with me, so much the more did the enemy transform himself. And as he could not prevail by his former presentations, so in his subtlety he would invent new ones.

Thus I came clearly to see that it was not safe for me to sit down satisfied with what I had passed through, or the victory I had already obtained, but I had to travel on in faith and patience, and watch diligently in the light of Jesus Christ, where the true power is still received. For notwithstanding the many deliverances, and strength, and victory, I had experienced, the Lord, according to the greatness of his wisdom, was pleased to make me sensible of my own weakness, and that there was no strength to stand nor place of safety for me to abide in, but in his power and under a sense thereof, I was humbled, bowed, and laid low. Wherefore I took up a godly resolution in his fear, "I will rely upon the sufficiency of thy power, O Lord, for ever."

About six years after I had received the truth, through great exercise and godly sorrow, I came to be settled in the power of God and made weighty in my spirit thereby. And I had some openings from the Spirit of Truth in silent waiting upon the Lord, which tended to minister comfort and satisfaction to my soul in a renewed experience of the dealings of the Lord with me. And the Lord opened my mouth with a testimony in the fresh spring of life that I was to give forth to his children and people.

Oh! then a great combat I had through reasoning that I was but a child and others were more fit and able to speak than I. But the Lord by his power brought me into willingness, and with fear and trembling I spoke in our blessed meetings.

At one time as I was sitting in silence waiting upon the Lord in a meeting of Friends upon Pardshaw Crag, a weighty exercise fell upon my spirit, and it opened in me that I must go to the steeple-house at Cockermouth, which was hard for me to give up to. But the Lord by his power made me shake and tremble, and by it I was made willing to go. But when I had given up to go, I would have known what I was to do there, which was the cause that for a little time I was shut up within myself and was in some measure darkened so that I cried unto the Lord, that if it was his will I should go, I would give up. And being made sensible it was, I went in faith and quietness of mind and spirit.

As I was going, it appeared to me as if the priest had been before me and it opened in me to say to him, "If thou be a minister of Christ, stand to prove thy practice. And if it be the same as the apostles and ministers of Christ in doctrine and practice, I will own thee. But if not, I am sent of God this day to testify against thee."

And so soon as I entered the place where the hireling priest George Larcum was preaching, he cried out, "There is one come into the church like a madman with his hat on his head. Churchwardens, put him out!" For he could not preach after I came into the steeple-house. So they put me forth, as he bid them. This was in Cromwell's time, and not long after the government was changed and he himself turned out of the place. Some time after I was put forth, I was moved of the Lord to go in again, and had strength given me to stay until the priest had done, but his preaching was burdensome and confused.

Then, with the words aforesaid, I opened my mouth in the fear of God, which made the hireling go out with all the haste he could at a contrary door than he used to do, and the people were in a great uproar, some to beat me and some to save me from being beat. When they had haled me out of the house, I was enabled by the power of God to declare the truth amongst the people and to manifest the deceiver they followed. And having obeyed the requirings of the Lord, I came away in sweet peace and spiritual comfort in my heart.

At a certain time, being at a meeting of Friends upon the Howhill near Coldbecke in Cumberland, George Fletcher of Hutton Hall, a justice of the peace, so called, came into the meeting in a rude manner, riding among Friends who were sitting upon the ground and trod with his horse's feet upon a woman's gown. I was moved of the Lord to kneel down to prayer at the head of his horse, and as a wicked persecutor of God's people, he struck me bitterly over my head and

165

face with his horse-whip. When he saw he could not move me, he called his man, being near by, to take me away, who came in great fury and took me by the hair of my head and drew me down the hill.

But I got upon my feet and said to his master, "Dost thou pretend to be a justice of peace and breakest the peace and disturbs, persecutes, and abuses God's peaceable people and sets on thy servant so to do?" He said that we should know he was a justice of peace before he had done with us. Could no place serve us to meet in but under his nose? Yet it was at a great distance from his dwelling, upon the common.

He committed me and three more to the common jail at Carlisle, it being at the time when that act was in force, which imposed a penalty of five pounds for the first offence, ten pounds for the second, and for the third, banishment. By his warrant he caused one cow and a horse worth six pounds ten shillings to be distrained of my father, with whom I lived, for my fine of five pounds, it being the first offence so adjudged by him, and he kept me in prison some weeks too.

George Martin, a wicked hard hearted man, being jailer, put us in the common jail, for several days and nights, without either bread or water because we could not satisfy his covetous desire by giving him eight pence a meal for our meat. So he threatened that when he put us in the common jail he would see how long we could live there without meat and he suffered none that he could hinder, neither would he allow any of our friends to bring us any bedding, not so much as a little straw. We had no place to lie on but the prison window, upon the cold stones, the wall being thick. There was room for one at a time. And when he saw that he could not prevail, notwithstanding his cruelty, he removed us from the common jail into a room in his own house, where he had several Friends prisoners for non-payment of tithes at the suit of the said George Fletcher.

The jailer was often cruel, wicked, and abusive in his behavior to Friends. But in a few years he was rewarded according to his doings, for he himself was cast into prison for debt, and so ended his days.

When the quarter sessions began at Carlisle, which was in about two weeks after our commitment, we were called and examined by one Philip Musgrove of the said city, called a justice. He was an old persecutor who, under a great pretense of love to us, said that if we would but conform and come to the church, they would show us all the favor they could. And when any one of us would have answered his questions or proposals, he would say that we must be silent, except we would conform, for we might not preach there.

He would tauntingly say, "When you are banished beyond the seas, then you may preach there." One of us replied, "We were not afraid to be banished beyond the seas." For we did believe, and had good cause so to do, that the Lord our God whom we worship and serve and who by his great power had preserved us all along until now on this side the sea would also preserve us on the other side, as we stood faithful in our testimony for him.

We were set at liberty that sessions, goods being taken for all our fines. But the sheriff for the county, Willfrid Lawson of Issel Hall, being there, said to the jailer, "If they will not pay fees, put them into the common jail again and keep them there until they rot." So the jailer put us into the common jail again, because we could not pay him fees, where was a Bedlam man and four with him for theft and two notorious thieves called Redhead and Wadelad, two moss troopers for stealing cattle, and a woman for murdering her child. Several of the relations and acquaintances of these were suffered to come to see them after the sessions was over, who gave them so much drink that most of them were basely drunk. And the prison being a very close nasty place, they did so abuse themselves and us with their filthiness that it was enough almost to stifle some of us.

On the morrow we let the jailer know how we were abused, whereupon he bid the turnkey bring us to the room where we were before, saying he scorned to keep us there for we were honest men, setting our religion aside. One of us answered, "If the tree be good, the fruit cannot be evil." So not long after we had been in his house, he gave us our liberty without paying fees. This was in the fifth month, 1663.

Here follow some letters I wrote whilst I was a prisoner at Carlisle:

Dear Father and Mother,

My duty is hereby remembered to you and my dear and tender love, both naturally and spiritually, doth hereby reach unto you both. And as you are faithful according to what the Lord hath made known unto you by his pure light, the Lord will preserve you.

Dear parents, as it is thus ordered that I am called to suffer for no other cause than worshiping God among his people, I desire you to be content and do not murmur or complain but live in love, quietness, and all unity with each other so that the blessing of the Lord may be upon you and prosper what you go about. For they that truly fear the Lord, shall want no good thing.

Let your faith stand here, dear hearts, and be patient and content in your minds and not too much concerned for me and my welfare. For I am persuaded, feeling the evidence of Truth in my heart, that I suffer not for evil-doing, but for obeying the requirings of the Lord, yea, for worshiping and serving him in spirit and in truth so that it is and shall be well with me as I keep faithful unto the end. Be not at all dejected, or cast down in mind concerning me: but rather rejoice with me, that the Lord hath not only counted us worthy to believe in his name, but also to suffer for the same.

Your obedient son,
John Banks

From the house of our friend, Mungo Bewly, one of the prisoners, (being five) where the constables are ready to take us away to prison in the city of Carlisle in Cumberland, the 8th day of the Fifth month, 1663.

Dear Father and Mother,

My dear and tender love, as a dutiful and obedient child, I do most dearly and tenderly remember to you. And if I should not write one word more to you, as to that, I do not question but that you believe and are sensible that my love is large and dear to you both for your good in all respects. And this I can say of a truth, that all I desire of you is that you would be patient and truly content, that you may come to say in truth, "The will of the Lord be done," both concerning you and me.

So, dear hearts, keep the faith, and hold fast the word of his patience, and in that suffer, as one with me, though you be at liberty. And give up freely unto the Lord, for what we have is his. And if he bless, who can curse? Blessed, praised, and magnified be his holy name for evermore.

Your dutiful son,
John Banks

A letter to Friends.

Dear Friends in the precious Truth, to whom my love in the same is beyond expressions, we are with our Friends at present who are in prison for tithes and are like to be retained after the sessions for fees even if we get our liberty then, all our fines being levied. But be it as the Lord sees good, we can truly say that he is near to support us, for his presence is even in the midst of us and we are at true peace with him in our suffering, and we are bound together with and in the bond of love, peace, and unity.

This, indeed, my heart rejoices to tell you, and I do believe you will be glad and rejoice with me, who am and do remain your brother and fellow-sufferer, who never knew the worth of a prison so much before, to my sweet peace and inward consolation, though I have yet tasted but a little thereof.

John Banks

From the prison-house in Carlisle, the 18th of the Fifth month, 1663.

Some time after this I had drawings in my spirit to visit the neighboring counties, as Westmoreland, Lancashire, and some parts of Yorkshire, several times before the Lord sent me forth into other countries. So when I was clear of those counties, I returned home to my parents and lived with them about a year more.

Upon the 26th day of the sixth month, 1664, I took a Friend by name Ann Littledale to wife in a public meeting of God's people in scorn called Quakers in a Friend's house in Pardshaw town before many witnesses, as having freedom and liberty in the Lord so to do, which as a blessing and mercy I received from his hand, wherefore I am bound in duty to give him the praise and to return him the honor and glory, who lives for ever.

About four years after I was married, the Lord called me forth to travel in the work of the ministry, and I was made willing to leave all in answer to his requirings to go into the south and west of England. Yea, I was made willing to leave my dear wife and sweet child, though near and dear unto me, and went forth in the power and Spirit of the Lord Jesus. Our friend John Wilkinson and I traveled together in the Lord's work and service (this was Cumberland John Wilkinson). We took our journey in the second month, 1668, and traveled into

Yorkshire and visited many meetings in divers places, where we had good service for the Lord and his truth.

A letter to my wife, written upon my journey towards the west and south of England, follows:

Dear Wife,

Thou art dear unto me, together with our little one, in the nearness of that pure Spirit by which the Lord hath joined us together as one heart and mind. From a sense of his pure love felt to abound in my heart, I dearly salute thee, and do hereby let thee know that I am very well at present, both in body and spirit, for which I can do no less than bless and praise the holy name and great power of the Lord for ever, who hath thus far preserved me in my journey in true peace and comfort; whereby it is confirmed unto me that I am in my place and that the work and service I have to perform is for the Lord and the furtherance of his blessed truth. Blessed be that day in which I was made sensible of the same, that the Lord should count me worthy to do any service for him.

Wherefore, my dear, be thou encouraged to trust in the Lord more and more, and put thy confidence in him in all things, who is able to do whatsoever he pleaseth and seemeth good in his sight. For he can make all things work together for good to them who truly love and fear him, and are concerned for the prosperity of his blessed truth, though we must expect to meet with various exercises in the way to come to be made partakers thereof.

The desire of many people hereaway is after the Lord and they flock to our meetings like doves to the windows when they hear of any that have the way of truth to declare. We have had a meeting every day this week, and shall have one tomorrow, if the Lord will.

Remember my love and due respect to my parents and let them know that I am well every way, and to Friends without respect of persons, as they inquire of me.

Thy dear and loving husband, according to my measure of the truth received.

John Banks

Written near Bradford, in Yorkshire, the 14th of the Third month, 1668.

From Yorkshire we traveled into Nottinghamshire, Leicestershire, and Warwickshire, where we had many blessed meetings, and where I wrote the following letter to my wife.

Dear Wife,

Unto whom I am truly united in the pure love and unity of the Spirit of Truth, wherein the Lord hath made us truly one, do I dearly salute thee, and let thee know that I am well in all respects, blessed and praised be the Lord our God for evermore.

In my heart I reach forth a hand unto thee. Give me thine, and let us go along together in the work and service of the Lord that so we may be a strength and encouragement to each other to go on in faithfulness, and finish a faithful testimony for the Lord in what he requires of us, in doing or suffering, and giving up whatever we have or enjoy in this world.

My dear heart, give all up freely, as to the Lord our God, to be ordered and disposed of by him, who is wise and wonderful in counsel and to be admired of all them who truly love and fear him, and wait for his glorious appearance of light and life. Take no thought nor care for me but in the Lord, who hath a care and tender regard unto us, and all his people, as our hearts are kept near to him.

We came this day to see our dear friend William Dewsbury, and intend to travel through the county in visiting of the seed of God, towards Bristol, and then as the Lord may order us.

So with the remembrance of my duty to my parents, and my love to Friends, as though named, I remain thy dear and loving husband,

John Banks

Warwick, the 4th of the Fourth month, 1668.

From Warwickshire we traveled into Gloucestershire, and so to Bristol, where the Lord made our service acceptable to Friends and other people. And we traveled through Somersetshire, from whence I wrote the following letter to my wife.

Dear Wife,

In that love which still endureth and increaseth in my heart to thee do I feel thee, and the further I am separated from thee, the nearer thou art unto me, even in that which length of time or distance of place shall never be able to wear out or bring to decay. Feel the reach

171

of my love in thy heart, and be thou broken and tendered in the sense thereof, even of the heart-breaking love of God in which my heart abounds in love to thee with breathings to God that we may be kept living to him, through all our various exercises, that so we may daily learn with the blessed and wise apostle, in all conditions to be content, and that patience may have its perfect work in us. For patience gains experience, and experience hope that never makes ashamed, but anchors the soul both sure and steadfast unto God.

My dear, give me freely up to the will and disposing of Him into whose hand I am freely given up, both soul and body. Keep near the Lord at all times, and pray for me in spirit so that I may be preserved faithful to the Lord, to finish a good testimony for him, and that I may not return to thee until his time, that so we may enjoy each other in the Lord and be made partakers of his blessings upon us and ours, and all we take in hand, without which it will not prosper. For it is in vain to strive against the Lord, before whom all nations are but as the drop of a bucket. If he bless, none can curse, blessed and praised be his holy name for evermore. Amen.

By this, thou and the rest of my family and friends may understand that I am pretty well in health at present, through the goodness of the Lord, though I have been under weakness of body at times since I wrote my last from Warwick. But the Lord by his power strengthens me many times far beyond what can be expected, considering my own weakness. I have faith to believe, and that upon good ground, that whatsoever the Lord is pleased to exercise me in, or call me to, he will give me strength to perform and go through, and nothing shall be able to hinder it. I am truly content, whatsoever the Lord may suffer to come upon me, because hitherto he hath kept and preserved me, to his praise and glory, and to my sweet peace and comfort; endless praises to Him who lives for ever!

Remember my dear and tender love, as also my duty and tender regard, to my parents, for they are very near and dear to me, with my love also to Friends, neighbors, and relations, as if named. My companion and fellow-laborer in the Gospel desires to have his love remembered to thee.

And so I bid thee farewell. The Lord keep and preserve thee, with all his people, faithful in this trying day, which possibly may have the effect to try the faith of many.

John Banks

Puddimoore-Milton in Somersetshire, the 28th of the Fourth month, 1668.

Postscript

The truth of our God prospers and gaineth a good report in these parts and many other places where we have traveled and many are coming in to partake thereof. For people in many places are weary of the hireling priests and dead formal worship of the world, and their assemblies grow thin. The Lord, by the all-sufficiency of his power, hath made our service effectual unto many, both Friends and other people, and very full and peaceable meetings we have had in several counties and shires, wherefore we cannot but return the praise, honor, and glory unto Him whose the work and power are, and count nothing too hard for us, so that we may bear a faithful testimony for Him, to the good of souls so that he over all may be glorified, and that we may feel true peace with Him in the end for our reward. J. B.

My wife's letter to me.

Dear Husband,

After long expectation to hear from thee, I have, before the writing hereof, received two letters whereby I was much satisfied and refreshed. But in thy last from Somersetshire I observe that thou hast been under weakness of body for some time. At the first hearing of this I was sad in my spirit, but considering the greatness and sufficiency of the Lord's love and power, in whom is our strength, I rest satisfied, hoping that all things will work for good in the end.

Dear husband, I have been and am brought very low in body by a strong fever, but am well in mind, blessed be the Lord therefor. It was one month last fifth-day since the sickness took me, and in about two weeks time I received some strength, but became worse again, and am very weak. I greatly desire this may come safe to thy hand, that thou mayest understand how it is with me and that, in the wisdom of God, thou mayest consider what may tend most for the glory of God in this matter.

I can truly say, in a sense of the Lord's love and truth, according to my measure, whether ever I see thy face again or no, I desire nothing more than that the will of the Lord may be done in all things, whether in life or death, to whose care and fatherly protection I commit and commend thee and dearly salute thee, with love to thy companion, J W, and bid thee farewell, and am thy dear and loving wife,

173

Ann Banks

Whinfell-Hall in Cumberland, the 19th of the Fifth month, 1668.

From hence we traveled westward through part of Devonshire and into Dorsetshire, Hampshire, Wiltshire, and so up to London. The Lord was with us and Friends were greatly refreshed and comforted with us, and we with them.

Great openness and tenderness there was in those days among Friends, and many other people where we came, and the witness of God was soon reached. We had very large and full meetings in most places where we traveled, and many were convinced and are yet alive, standing witnesses for God.

At London, I wrote to my wife as follows:

Dear Wife,

Thine I have received, whereby I understand the great weakness thou hast been in, which hath been a near trial and great exercise to me. But when I consider the large love of God to thee in preserving thee in faith to believe in him, and patience and true contentedness to give up unto him, under thy great weakness, it hath eased my burden and lessened my exercise.

Wait daily to feel the Lord to be thy strength in the time of thy greatest weakness. Rely wholly upon him, trust in him, believe in him, and he will never fail thee. He can be more to thee than a husband, and to thy child than her father. Mayest thou know thy portion increased in Him and thy inheritance to be enlarged, that thou mayest dwell in the borders of his sanctuary, in the sight of his glorious Son for evermore. And mayest thou feel thy faith to increase, and thy patience and contentedness to remain in him, by the sufficiency of whose power, safety and preservation is known. As we abide in Him, whether we live or die, we are the Lord's, and it shall be well with us for evermore, world without end. And it is no matter what we suffer or undergo in this life if that be attained unto.

Remember my dear and tender love, and also my duty, to my parents, for still I find myself bound to be tender over them and to do what in me lies for them, under the consideration of what they have done for me. With the salutation of my true love to thyself, in the remembrance of our little one, and my love to Friends and relations and neighbors, I remain thy loving husband,

John Banks

And now Peter Fearon, my apprentice, mark and take good notice what I say to thee. Lay it to heart and consider well now in my absence. My true and unfeigned love is to thee, and I desire thy prosperity and welfare in all which is good, both inwardly and outwardly, but first of all and chiefly in that which appertains to the salvation of thy soul, the way whereof the Lord in his love hath in some measure made manifest unto thee.

Therefore be watchful to walk in it, that is to say, take heed to the light of Christ Jesus in thee, the measure of the Spirit of Truth, which will lead thee into all truth and out of all deceit, as thou dost obey and follow the same. Whatever this pure light in thee maketh manifest to be evil and reproveth thee for, depart thou from it. If it be that which no eye can see, nor no one knows of, yet thou must forsake it. Wait and watch daily against it in the light that makes it manifest and thou wilt receive power to cast it off and depart from it.

The light, which is Christ Jesus, the way, the truth, and the life, teacheth to be sober and lowly-minded, our words to be few and savory, gentle and easy to be entreated, not to be high-minded, but fear the living God continually. This keeps the heart clean. And as it is abode in, low and humble in self-denial, and willing to take up and bear the daily cross, and as this takes place in the heart, such thereby come to depart from iniquity.

All things that are reproved are made manifest by the light, and whatsoever makes manifest is light. And that which the light makes manifest to be sin and evil, in word or action, thou must forsake and deny thyself in, for this is the will and mind of the Lord, by his blessed Spirit. And he that knoweth his master's will and doeth it not, according to the Scriptures of truth, must he beaten with many stripes.

As to things appertaining to thy work and service, be patient and content, and go quietly about thy business in the fear of God. And say not in thyself that I will think thou hast not done enough, for it is far from me so to think. Only my desire is, if thou do ever so little, be careful to do it well. But, above all things, be truly willing and obedient unto thy mistress, for whatsoever thou doest to her, I take it as done to myself. And mind to carry thyself in love and to be a good example in my family, that so you may all live in love and unity together, in which the Lord preserve you all.

Thy loving master,

J. B.

From Whitechapel in London, the 3rd day of the Sixth month, 1668.

We traveled in the work and service of the Lord from London, through those counties before named, again to Bristol where we were greatly comforted in the Lord in truth's prosperity with other of the brethren we met with there, where I wrote the following letter to my wife.

Dear Wife,

I received thine at Bristol, which was cause of great refreshment and satisfaction unto me because of thy recovery from thy sickness, which I should be glad to know doth continue. I cannot give thee a certain account of my return home at present. The day this letter was written in Bristol, we set our faces towards our own country, having been to the end of our journey at this time for anything we know. But how long we may be in coming home I know not, for great is the work which the Lord hath to do, and is doing, and the laborers are not many, considering the greatness thereof. Blessed are they that are faithful therein, though ever so little, for if they continue unto the end, they shall not lose their reward.

Greatly doth the truth of our God prosper and increase, to the encouragement of the faithful, and many are they who have a good desire to know the way thereof in most places wherever we have come. Meetings are very large, peaceable, and quiet almost everywhere, and a great calm there now is. What will be the end thereof, the Lord knoweth.

We have had a sweet and precious time all along in our journey, blessed be the Lord for the same, who hath been pleased to bless our weak endeavors for the good of his people and our great comfort and satisfaction in him.

I am thy dear and loving husband,
John Banks
Bristol, the Seventh month, 1668.

We traveled through the nation homeward, and at the end of six months from the time of our going forth, we got well there with sheaves in our bosoms for our faithfulness in our Lord and Master's work which we had freely and faithfully performed through the ability of his power. And we were very careful to give way one to the other in our testimony that so we might be preserved in unity and fellowship together, as we were to the end of our journey, everlasting praises, honor, and glory be given unto the Lord alone, for he is eternally worthy! The length of this journey was twelve hundred and sixty-eight miles.

I do not intend nor desire to make a great volume or to give a full account of my journeys in England, Scotland, and Ireland, but in as much brevity as I can, I want to notice what may be most material.

I have traveled and gone over sea between England, Scotland, and Ireland, twelve times, and often not without great difficulty and danger of life by many tempestuous storms. Yet I was never at any time above two nights together at sea, insomuch that when I have taken shipping at Whitehaven, the seamen would be very desirous who should have me in their vessel, saying that I was the happiest man that ever they carried over sea, for they always got well along when they had me, though sometimes through great tempests. That God over all may have the praise of his own works and that the faithful be encouraged to rely upon the sufficiency of his power for ever is the intent of my writing.

With reverence, humility, and godly fear I may say that my labors and travels in these nations, in preaching the everlasting Gospel in the demonstration of the Spirit with which the Lord was pleased to attend me, though through many exercises, both without and within, perils at sea, robbers by land, bad spirits and false brethren, yet notwithstanding all these, I may say without boasting, I have been made instrumental to turn many unto righteousness, a considerable number of whom are yet alive to witness to the truth of what I say. In my native county in Cumberland, and also in many places elsewhere, it is well known to Friends with what diligence I labored among them in the work of the Gospel, early and late, far and near, through much hardship to my body, in heat and cold. And yet, through the strength and ability given me of God, I was preserved in and through all, having faith therein. And with all diligence when I was at home, I labored with my hands with honest endeavors and lawful employments for the maintenance of my family.

About the beginning of the year 1670 was the first time I went for Ireland, and our ancient friend John Tiffin, having drawings thither also, we took shipping at Whitehaven and landed at Carrickfergus in the north of that nation, for the north was most before us. And after we had visited meetings thoroughly and were well satisfied in our service, we visited Friends along to Dublin, and thereabout. And having had good and refreshing times with Friends in that city and elsewhere, and being clear, we returned to our own country.

It was not long until the Lord required of me to go to Ireland again and in the third month, 1671, I was made willing to go, in obedience to the requirings of the Lord, and his presence was with me. My desire was to be at the Half-year's meeting at Dublin, which began the fifth-day of the week. I went to Whitehaven the Third-day before with intent to take shipping there; and my dear wife and several friends went along with me. But the wind that day was quite contrary, so that my wife and friends would have persuaded me to go home again, being ten miles, because the wind was not likely to serve. But I told them I could not then. I must rely upon him who had power to command the wind and seas, even the Lord alone.

They went home, and I went that evening to a vessel which was ready to go and told the owner I was willing to go with him to Dublin and I desired some of his men, if the wind was fair ere the morning to call me at such a house. They answered yes, with all their heart, but they asked if I thought the wind would serve so soon, that was now so contrary. I said that it was possible with the Lord that it might, for I had faith in the thing, according to what was revealed to me.

About the dawning of the day, being Fourth-day morning, one came calling aloud to me to make haste and come soon, the wind was fair and the ship nearly ready to sail. We had a ready passage so that according to my desire, I got to the meeting aforesaid on Fifth-day, within half an hour after it was set. And a glorious heavenly meeting it was, where many faithful brethren from all parts of the nation came. And the Lord's power was over all, and several living testimonies given to show forth the greatness and sufficiency thereof. Wherefore we had cause of rejoicing in the prosperity of the Lord's work and our unity and brotherly fellowship one with another.

Next day, in the evening, as I was waiting upon the Lord, a great weight came upon my spirit, under which exercise I patiently abode until it opened in me that I was to go southward to a place called Wicklow, though I knew it not then, being twenty-four miles south from Dublin, where no meeting of Friends before that time had been that I could hear of, and only one or two friendly people in it. But before I went, I wrote the following letter to my wife:

Dear Wife,

That nearness of love I still feel in my heart towards thee is beyond what I can express. Yet I find an engagement upon me to show forth the same in some expressions at this time. It is in my heart to say unto thee, my dear, be steadfast in thy mind and in the lowliness thereof watch and wait, to be preserved near to the Lord. So wilt thou feel thy peace and unity to increase with him and his people, and assuredly with me, thy husband, in whose work and service, which is weighty,

I am concerned and the prosperity thereof is become my chiefest joy and delight and for which I am willing and in measure able, through the goodness of the Lord unto me, to spend and be spent, may he have the praise, honor, and glory returned to him who is worthy for ever, whose the work is and who is mighty by his own power for carrying on the same.

My dear one, my daily cry and secret breathings are to the Lord for thee that thou mayest be preserved in faithfulness to him, even to what thou knowest of him made manifest by his pure light in thee, by which the enemy, with all his cunning and subtlety, and reasoning which darkens, is discovered, and the outgoings of the mind judged. And the power received by waiting in the light brings all things into good order, both within and without.

Be of good cheer, for my soul dearly loves thee, and in my heart thou art written not to be forgotten, together with our dear babes, whom it greatly tenders my heart to think of. The Lord preserve you all in the bosom of his love, who can be more to thee and thine than I ever can be. Into his fatherly protection I commit thee, with myself and all that we enjoy, to be ordered and preserved. It is but reasonable he should have all offered up unto him. For what we are and what we have, we are by him and have received from him, that he may have the praise of all, who is eternally worthy, God blessed for ever. Amen.

By this thou, with Friends, may know that I am well every way and have had comfortable and good service among Friends and friendly people in this city where there is great need of faithful laborers, yea, even all over this nation because many are inquiring the way to Zion. Wherefore God's faithful servants are concerned to visit city and country, that the gathered may be established, and they that are not yet gathered may be brought in.

I came to this city on the Fifth-day, where we had a heavenly meeting, and on Sixth-day evening as I was waiting upon the Lord, an exercise came upon my spirit and it opened in me that I was to go to a place southward to have a meeting next First-day. I knew of no place where any meeting had been kept, but the exercise remained weighty upon me. So I inquired of Friends if they knew of any meeting kept that way next First-day, but none could tell me of any. At last I told William Edmundson of my exercise and he named Wicklow to me, and an answer was in me that that was the place I was to go to, being twenty-four miles off, where a meeting had never been before, of which hereafter.

So I rest thy loving husband,

John Banks

Dublin in Ireland, the 22nd of the Third month, 1671.

Accordingly, I went on Seventh-day, and two Friends with me, and gave word that I intended to have a meeting in that town next day, being the first-day of the week. The report going forth that an English Quaker was come to preach, there was a mighty noise of it in the place, the people being stirred up by the priest. The governor, one Hammond, lived at the castle, a garrison of soldiers being kept there, and the priest labored much with the governor beforehand, as I was told, to put me in prison.

One of the friendly men I have mentioned, being a carpenter, was willing to let us have the benefit of his workhouse to meet in, there being several Friends and friendly people come out of the country. And as I was ready to go from the inn where we lodged, the landlady said to me, "For God's sake, go not along the street, for there is a guard of musketeers waiting at the cross to take you. I will show you a back way."

I said, "I accept of thy love, but I must not go any private way, but along the town street, for I have a testimony to bear for the Lord in this town in love to the souls of people." So by the time we were well seated in the place as aforesaid, before my mouth was opened, there came a sergeant with a halbert and a guard of musketeers with him. The sergeant said that I must go along with him before the governor. I answered, "What authority hast thou to take me? If thou hast a warrant so to do, I shall go."

He held out his halbert, and said, "This is my warrant." I said, "You need not have come to us with your swords and guns, as those

180

who came against Christ with swords and staves. We are known to be a peaceable people. Howbeit I shall go with thee."

They took me to a house where the priest, his wife, the governor, his man, and some more were collected. The priest, being in a rage when I came in, said to the governor, "Sir, this is the deceiver. This is the deluder who is come from England to delude people here. I hope you will do justice and execute the law."

The governor being pretty moderate said nothing for some time, but walked to and fro, being in a large room. And the people being in an uproar pressed in at the door. I was willing to let the priest rage on a time till he had vented himself so that he might be the more manifest to the people. At last, I said to him, "Thou sayest that I am a deceiver and a deluder."

He answered in fury, "So thou art. So thou art."

But I said, "Have patience and let thy moderation appear unto all men and hear what I have to say to clear myself from thy false accusation, for I shall not take thy assertion for proof. I have had patience to hear thee. Art thou minister of Christ?"

"Yes," said he, "I am."

I replied, "But if I prove thee a liar, as by the witness of this people thou art, in charging me with that of which thou canst bring no proof, thou art out of the doctrine of Christ and so no minister of Christ, but of antichrist and of thy father the devil. And therefore thou art the deceiver and the deluder of the people."

Upon this the priest's mouth was stopped, and he made to get out at the door, but the people were so thronged that he could not. Then I turned to the people, "You hear," said I, "that your minister hath charged me without proof that I am a deceiver and a deluder. Did you ever see my face before or did you ever hear me speak before now? Which of you, or who have I deceived or deluded?"

But they were all silent. Some more words I spoke to manifest to the people, that their minister was no minister of Christ, according to the holy Scriptures. At this the priest cried out to the governor, "I pray you, sir, take him away. I hope you sent not for him to let him preach here."

All this time the governor was silent, and I was declaring God's everlasting truth to the people. At last the priest's wife said to the governor, "I pray you, sir, let him not preach here. Commit him to jail," it being near by and the jailer present. Then the governor spoke to me, in answer to the priest's wife's request, and said, "I am here in place to do justice in executing the law which you have broken in

181

coming to this town to keep an unlawful meeting and conventicle in the time of Divine service."

I said that I knew no such service performed in the town, neither did I understand that I had broken any law. "How can it be that I and my friends have broken the law, who were not found preaching, reading, praying, or performing any exercise that is looked upon to be worship to God. We were only met in a peaceable manner in silence, waiting upon, worshiping, and serving the Lord our God in spirit and in truth."

"It is no matter," said the governor, "what you pretend. You were met, as before I have said, and I must commit you to jail. Jailor, take him away."

A Friend, newly convinced, spoke some few words to the priest, about his accusing me falsely and the priest's wife said, "Sir, commit that man too," which he did. Another friendly man also speaking to the priest, his wife said again to the governor, "I pray you, sir, commit that man too," and so he did.

We three were committed to prison, the priest standing all the while silent and trembling still. And when we came forth of the house, there was a great multitude of people, and the jailer said to us, "Come after me," (he lived above stairs, and the prisoners were underneath). He took us into a room beyond his own dwelling, which was pretty large, and the people came in and filled up our room, the jailer's, and a part in the third, and the jailer hindered none.

In a little time my mouth was opened in the demonstration of the power and Spirit of God, and I preached the way of life and salvation to the people in and through Jesus Christ his Son, by believing in his pure light and walking answerably to the teachings of his grace and the reproofs of his Holy Spirit, by which they might receive power to become the sons of God and to strengthen the faith of those who believed therein.

It was a blessed day for the Lord and his truth, for his heavenly power broke in upon many, and several were convinced and received the truth in the love of it. And many made confession thereunto and told the priest that they were satisfied by what they had heard me speak that I was no such man as he said I was and that we were not the people he had persuaded them to believe.

The truth was cleared from his aspersions, by which the witness of God was reached in peoples' consciences, and they would not let the priest alone till they got him to promise that he would dispute with me, he having boasted that if he might but have the opportunity to manifest that deceiver, he would. The hour was set next morning by eight o'clock. They agreed that I was to go to the priest's house, and the jailer with me, who said before we did go, " I thank you, Mr. Banks, for the good sermon you have preached to us, for our minister never preached us such a one in his time, and I believe you are no such man as he said you were."

Before the hour came the priest broke his word, for instead of staying to dispute with me, he made it his business timely in the morning to go to the sheriff about two miles off to tell him what a numerous meeting the jailer had suffered to be in the county jail, above stairs, such an one as never was in the county itself. And, said the priest, "I entreat you, sir, either take some course in time or else I fear all the town of Wicklow will be Quakers, and then there will be no abiding for me."

A sober man being present made it his business to come and tell me and the jailer, and that the sheriff said that if he had known it, the utmost door of the house should have been shut against us all and we kept there till we had been delivered by due course of law. He also said to the priest, "If the jailor, or any other, suffer the like again, come and inform me and I shall take a course with them."

When the news came to the jailer, who was a man of a pretty noble spirit, " What," said he, " have I been a jailer eight years and know not what belongs to my place? So that I have my prisoners when there is occasion for them, I'll set my doors open, and they shall go and come who will." And accordingly he did so while I was there, which was but three days, he keeping a public house.

During the time I was there, as I remember, except when I was in bed, I was scarcely one hour without some people coming to see me and discourse with me about the principles of religion so that I was sorry for nothing but that I had no longer time there, the truth having prevailed so much upon the people and begotten true love in them to it in so little time. Everlasting praises unto the Lord alone, whose the work is, and by his own power he is the carrier on and manager of it.

In a little time, the jailer, with some others of the town who persuaded him to it, when the priest had failed and broken his word so that his own people even hissed at him, agreed to speak to the governor to have me brought before him. He told him that they did believe I was an honest man, and they would have him let me go out of prison. He bid the jailer bring me up next morning to his chamber, being the Third-day, at eight of the clock and he would examine me, seeing the priest had failed.

Accordingly, with the two Friends committed with me, I was brought before him and in great moderation the governor reasoned with me for about an hour about our manner of meeting, and the worship of God, and what we believed concerning Christ, and of honor to men in authority, all which was cleared to his satisfaction. He confessed to the truth of what I spoke and said he was satisfied with the answers that I had given him, and asked what I would have him to do for me. Being I was the first of our people he ever had to do with, he would willingly let me go if he could be clear and answer the law.

I told him that it was my liberty that I desired and prized and I believed it was in his power to set me and my friends at liberty. He said, he believed well concerning me, and thought I was an honest man, so if I would promise him to appear at the assize or sessions, when there was occasion, or get any that he knew to do it for me, I should have my liberty. I told him that I neither could do it myself, nor desire another to do it for me. "Well," said he, "if you will promise me you will never come to keep any more meetings at Wicklow, I will let you go."

I answered, "I cannot do that. But if I do and if thou hast power so to do, thou mayest put me in prison again, and I believe I shall be as willing to suffer then, as now."

So he set us all at liberty, and said to me, "God keep you in the mind you are now in, for I think you are in a good mind."

So I took leave of him, and said, "Governor, fare thee well. And in so saying, I truly desire thy welfare, both of thy body and soul."

We came down with the jailer to his house, and I said to him, "Now that we have our liberty, we may take our leave of thee."

"Yes," said he, "and pay me my fees."

"Fees," said I, "what is that?"

"Oh," said he, "it seems you never have been prisoner before."

"Yes," said I, "I have."

"And," said he, "did you never pay fees?"

I answered, "No."

He replied, "Well, being you are the first that ever I had in my custody of your people, I will not keep you because the governor is pleased to set you at liberty. But if any more of you come here, I will put you in the dungeon if you will not pay fees."

"Well," said I, "we must leave that to what time will bring forth." So he gave us our liberty, and we called for drink to give him, he keeping ale to sell. We also had some victuals of his wife and laid in his beds, for I saw our time was like to be so short that we made no provision for ourselves. So, in consideration of these things, when we came away, each of us gave the jailer twelve pence, with which he seemed to be well pleased.

I went to Dublin again where Friends were glad to see me, and we were refreshed together in the enjoyment of the Lord's presence. From thence we traveled into the north, visiting Friends, where the Lord hath a good people. From there I sent the following letter to my wife.

Dear Wife,

The truth of our God is exceedingly precious, and very desirable, blessed be his name for evermore, who hath made us sensible of the same to the gladdening of our hearts. I feel true unity with thee therein, and it is cause of comfort to me in all my travels and exercises for the Lord and his truth's sake that thou drawest with me in true subjection and with a willing mind under his yoke to the end that his will may be done by us. Oh! that we may carefully keep here, for then surely great will be our reward if we continue unto the end, for great is and shall be the reward of the faithful.

Having been this day at a very large, precious meeting where many people besides Friends were present, I have not time to write what I would, and partly because of the haste of the bearer. But in a word, I am well and the Lord is with me. And I am freely given up and made willing to follow him.

Since I came from Dublin, I have visited Friends' meetings and been into the Scot's country, as it is called, where I had the company of three Friends, but George Grigson hath been more with me than any other Friend in the ministry. After the next First-day's meeting, which is the Province Meeting kept every six weeks near Lurgan, I intend, if the Lord will, to go towards Dublin again, and it may be three weeks ere I get there. When I am clear of that city, as the Lord makes way, I intend for Wicklow, Wexford, Clonmell, Tallow, Youghall, and so on to Cork and the West where the Lord is bringing forth a people, notwithstanding all Zion's enemies and opposers.

Truly may I say, as being an eye-witness, the harvest is very great in this nation. Oh! that the Lord would be pleased to fit and prepare and send forth more laborers into it.

Farewell, my dear wife, with my sweet babes.

John

Near Lurgan, in the North of Ireland, the 21st of the Fourth month, 1671.

In my return after ten weeks it came upon me that I must go to Wicklow again. And when I came to Dublin, there was a letter from Wicklow, informing that the people desired another meeting and that the sergeant who took me before the governor was willing we should meet in his house. The priest hearing thereof threatened him and he was afraid so that when I and Friends came there the man durst not let us meet in his house.

We got another house, but it would not contain all that came. Yet there we met, and it was a blessed, heavenly, peaceable meeting without any disturbance at all, praises unto the most high God, who has all power in his own hand, and thereby can do whatsoever seems good in his eyes, notwithstanding the determination of wicked and ungodly men.

Not long after, so soon as the priest had an opportunity, he began to prosecute and imprison Friends for tithes and such like things and got several put in prison who came to visit that place. But the truth prospered so much the more and a meeting of God's people was set up in that town, and continueth.

From Dublin, before I went to Wicklow the second time, I wrote the following letter to my wife:

Dear wife,

In the nearness of that love which remaineth in my heart without change I write unto thee. And my prayers are to the Lord for thee, and all with thee, that you may all live in love and in the fear of God. So will all go well and be kept in good order, both within and without.

My dear heart, as the Lord has been pleased to work a willingness in thee to give up and part with me freely for his name and Gospel's sake, have thine eye to the recompense of reward, even peace with him. And treasure it up in thy bosom, that it may be thy everlasting portion when time here shall be no more.

The breathing of my soul is for thee, as for myself, for he hath made us one. The Lord preserve thee unto the end in faithfulness to do his will, that thou mayest be kept in true unity and fellowship with his people in keeping to meetings on First-day and the weekday. Neglect no opportunity that may make for the good of thy soul, and then nothing for the body will be wanting. Exercise thyself in his law written in thy heart, that so thou mayest feel the streams of his love in thy inward part. Let truth be the girdle of thy loins, and faithful waiting in his light, thy dwelling so that although we be far separated as to the outward, we may be made witnesses more and more of the joy of his salvation therein and partakers of that peace which the world can neither take nor give.

Thou and my dear children are so near and dear unto me that many times the remembrance of you draws tears from me. For the farther I am separated from you, the nearer you are unto me in spirit. And at this time my heart is broken into tenderness, being sensible, according to the exercise which attends me, that the Lord will yet draw me farther from you who knows my heart, that if I might tomorrow with clearness return to thee, oh, how gladly would I embrace it!

But truly, my dear, the Lord requires of me, and I cannot forbear to give some hint thereof, that after I am clear of this nation, I must go for the West of England. From Cork I intend to take shipping for Minehead in Somersetshire, and so further, as the Lord is pleased to order me when I come into that nation. Truly the harvest is great in most places; and as the Lord hath been pleased to count me worthy to be called and sent forth into his work and service amongst his ministers and messengers though but one of the least of many, I am freely given up to his blessed requirings to labor and travail what in me lies, that in the end I may receive a penny.

Therefore, my dear, as the Lord hath counted me worthy to bear a public testimony for him in preaching the everlasting Gospel, pray with me that in faith and patience, and with a heart undaunted, I may bear it faithfully unto the end, to the praise and glory of him whose the work is, who is worthy for evermore. And also that when in this my intended voyage and journey I have performed what the Lord requires, I may return to thee with true peace in the joy of his salvation, and that we may live and enjoy one another while we live, as those who enjoy one another in the Lord, where is the peaceable and quiet habitation, until which time the Lord God of life and glory keep and preserve thee, with our little ones, myself, and all his faithful people—who is a faithful keeper and preserver, and withholds no good thing from his dear children, who can be more to wife, than husband, and to children, than father and mother; who is alone worthy of praise, honor, and glory, both now, and for evermore, Amen.

I am thy dear husband, with love to thee still renewed,
John
Dublin, the 14th of the Fifth month, 1671.

In about two years after, the Lord required of me to go and visit Ireland again. Coming to Wicklow, I went to the jailer's to see Friends in prison and to have a meeting in the town. When the jailer saw me, he said, "Oh, Mr. Banks (as he called me,) are you come again? I think you need not have come any more. You did your business the last time you were here, for I think all the town of Wicklow will be Quakers."

"But notwithstanding what is done," I said, "it is my business to come to see how the Lord's work prospers. For the work is his and we are no more than instruments in his hand which he is pleased to make use of. And more than that, thou hast got many of my friends in prison, and I must needs visit them."

The next time I came to visit this nation, I came to this place again, which was in about two years more, and the priest of Wicklow was dead, the governor gone for England, and no soldiers there, truth still prospering, and Friends' meeting settled and established by the power of God in peace and quiet, and Friends well preserved in and through their sufferings. This makes me say there is none like unto the true and living God, who has wrought and is working wonders in the earth, and bringing strange and mighty acts to pass.

And when I had traveled through most of the nation, visiting Friends and other people, being in the north, in that part called Scot's country, I came up to Antrim with eight Friends more, intending to have a meeting at our friend James Greenwood's house. When we came, there was a constable with his staff, and a company of people with him. He stood at the Friend's door and said that he had an order from the lord Mazarine that we should not meet there. I bid him produce his order and we would give him an answer. He holding out his staff, said that was his order, and we should not meet there, meet where we would. I answered, "Keep to thy word. We shall be content to meet in the King street." Being a market town and Friends and many people being come together, my mouth was opened in a testimony for the Lord and in love to the souls of the people in turning their minds to the teachings of God's Spirit in themselves.

The constable, who was a Presbyterian, came with his staff in a rage to pull me out of the meeting. And I said to him, "Art thou not ashamed to manifest thyself a liar before so many people? Didst thou not say we should meet where we would, except in our friend's house?" So he was smitten and could do no more himself, but went among the people and got a butcher, a man picked out for his purpose, to pull me away. And he came in a most rigid manner, and took me by one arm and haled me down the street a little way. There came a Friend out of the meeting, and said to him, "Cease from persecuting the innocent, lest the judgment of God fall upon thee." Which did immediately seize upon him, and his hands were loosed from me so that he had no power to pull me any further, but stood trembling by me (I being declaring the truth still,) and he went home and took his bed, and never got from under the judgment till he died.

In a little time, I saw it my place to be silent, and our friend George Grigson said, "Oh, you people of the town of Antrim! Is this the entertainment which you give to strangers? Some in the days of old, by entertaining strangers in true love, entertained angels unawares." A glorious heavenly day it was for the Lord and his blessed truth in strengthening the faith of his people, for his power and heavenly presence was livingly manifested in the meeting, and many were convinced, and several came to own and receive the truth in the love of it.

In the time of our meeting, there was a sudden storm of wind and rain, the like of which, for the time it continued, I have very seldom or never seen, for the water with the dirt ran in a stream amongst us so that all or most of us were wet to the skin. The storm of wind and rain was a figure of their raging persecuting spirit. And when it was over, the sun broke forth and shined very clear, a true figure of the victory the Truth obtained through the power thereof.

This year, going to London, to the Yearly meeting, I wrote the following letters to my wife:

My dear and loving Wife,

Have faith in and through all thy exercises and know thy faith to stand in the power of God which gives victory over all that is contrary to it. It is good and safe to trust the Lord in every condition, who undoubtedly will provide things needful every way, both for us and ours, as he sees we stand in need, if we are freely given up to do his will and are content therewith. He hath given us an understanding, blessed be his name for ever, and in temporal things, as well as spiritual, diligence must be used, with a godly care and honest endeavors, with what labor and pains the body is able to answer; which always was my concern, when at home. But still in and through all, to have a true regard to God in our hearts, this is the way to bring a blessing and increase upon all our endeavors.

By this, thou, with all thine, and Friends, may know that I am well every way. I am bowed in humility before the Lord for the same. In company with my acceptable companion, Thomas Langhorn, I came here the last Seventh-day night. John Burnyeat is now with me. Things here are all quiet and well at present, and meetings full and large.

Farewell in the Lord.

John

London, the 11th of the Third month, 1675.

Dear Wife,

In the feeling of the love of God, my heart is truly open towards thee and thine with a true desire that thou and they may live in the holy, pure fear of the Lord God with a true willingness in thy heart freely to give up whatsoever the Lord doth require, be it in doing or suffering, that so he may be reverenced, worshiped, and served in all things with delight. And that upon no account wherein his truth and glory is concerned we may say, "Why is it thus?" For with him all fulness dwells, and if he bless, none can curse, blessed and praised be his holy name for evermore! The way to bring a blessing upon us and ours is in all his blessed requirings freely to give up to do his will, though it be ever so much in the cross to ours. For this brings the blessing, peace, and lasting gain in all respects.

For thy comfort I may tell thee that since the time I parted from thee, I have been made so much a witness of the enjoyment of the power and presence of God among my brethren that I would not have missed it for all that can be mentioned to me in the world. Oh, the in-breakings of the love and melting power of God, and the shining of his glorious light amongst us in this our Yearly Meeting, where Friends in the ministry were from most parts through this nation! How were our hearts broken, and our souls comforted and consoled!

The Lord did certainly evidence unto us, that our meetings, and what we there offered to him, were acceptable and well pleasing before him. Oh, the sweet harmony of life that was amongst us, the streams whereof flowed, and many living testimonies were borne to the greatness and sufficiency of the power of God that overshadowed us! And oh, the subjection, brotherly tenderness, and godly care that were amongst us one over another, that we might speak one by one, as the Lord by his Spirit moved and gave utterance!

How near were we to the Lord, and how dear one unto another in the unity and fellowship of his blessed Holy Spirit! What a blessed communion was there held, and how richly was the table of the Lord spread amongst us! What thanksgiving, praises, honor and glory were many made to ascribe unto him therefor! And there was a godly care also for the prosperity of the truth and the spreading abroad thereof, together with the establishing of Gospel order and discipline in the churches of Christ.

May I never forget this glorious, heavenly appearance of our God amongst us by his power and life-giving presence; but that it may be of lasting remembrance to me while I have a being, for it hath not only been to me, but to many brethren, a day of great joy and spiritual comfort, to the building of us up together in the most holy faith.

My dear, my heart is overcome in the love of God, with a desire that thou mayest feel the same to thy comfort, with all thine. The Lord keep and preserve you all, and all my dear friends thereaways, to whom is my sincere love remembered. And let all be encouraged to go on in the way of truth and righteousness, though we may meet with various trials and exercises. For of a certain truth the Lord is with us, and by his power he goes before us as our king and captain who pleads our cause and fights our battles for us with all Zion's enemies and opposers.

Blessed and happy are all they who bear a faithful testimony for him while they have a day and time so to do.

Thy faithful husband,

John

London, 29th of Third month, 1675.

Dear Wife,

By this thou mayest understand that I am well in all respects, blessed be the Lord my God for ever who by his power hath preserved me. I am now clear of this city and country, having faithfully discharged my duty in what the Lord my God hath required of me, and tomorrow I intend to set my face towards home. I have passed through a troublesome country, by wicked informers and other officers, but the Lord hath so ordered it in his wisdom that no Friend has suffered two-pence upon my account at any meeting in all my journey, though the Lord knows I never held my peace for fear of suffering, but did as he ordered me, whether to speak more or less, or to be silent. Bless thou the Lord, Oh! my soul, in so ordering and preserving me in this and many other great exercises and tribulations, both in body and spirit, among these wicked informers, where Friends have suffered much by what they call the Conventicle Act. I had seventeen meetings among them. So having not much more in my mind to write, I bid thee farewell in the Lord Jesus Christ,
And remain thy husband in that which changeth not,
J. B.
Bristol, 30th of the Sixth month, 1675.

In the year 1676, I went into Ireland again, from whence I wrote the following letters to my wife, giving some account of my travels.

My dear,

My love in the strength of God's power reacheth unto thee, and in that I dearly salute thee and all thine and my prayers are put up unto him for thee, with all thine. The Lord encourage thee by the continuance of his love to follow and obey him in faithfulness that so the sense of his love in thy heart may constrain thee to meet often among his people and with all diligence to wait upon the Lord in true silence to feel refreshment from his presence. Thus, in the life which is pure and precious, thou mayest more and more increase, that as the blessing of the Lord is unto the seed of the righteous, so thou mayest feel it to be upon thee and thine.

In this living exercise the Lord preserve thee low in his fear, that in all godliness of life and conversation thou mayest be a good example to thy family and with godly care mayest train up thy children, now when they are young, as becomes the truth. When they do amiss, correct them according to the fault in the fear of the Lord, laying aside and keeping down all passion and heat of spirit so that they may be a comfort to us in our time and that we may be found clear before the Lord and all people in discharging our duty concerning them. And if they live to the age of men and women and have children, they may have cause to remember our godly care concerning them, and to tell of it in like counsel unto their children, and so from one generation to another.

Let not a foolish pity or foolish fondness tie our hands from correction when there is need of it, as too many do, for this has more regard to the body than the soul. Though surely that which hurts the soul must needs injure the body also. Let us not be too careful for their bodies or for portions or worldly preferment, but using honest endeavors, let us leave the issue to the Lord who I fully believe will provide what shall be sufficient for them, as we are chiefly concerned for the good of their souls, and there leave it.

Let every one of them as they grow up and have ability of body and a capacity accordingly be employed with all diligence in some work or business, that so they may be helpful unto thee and become serviceable in the creation. This I could not pass with clearness, being often under a weighty exercise to have our children trained up in the fear of the Lord that they may be preserved in the way thereof, that none of them might wander or go astray into the broad way of the world, either for husbands or wives, though ever so rich, nor anything else this world can afford, as I see too many do, to the grief of my soul.

By this thou with thine and Friends may know that I am well, together with my companion John Watson, whose company and service is very acceptable to me and God's people. And our travels and exercises are made very comfortable unto us because of the presence of the Lord that doth go along with us.

Many precious and heavenly meetings we have had in many places of this nation, both among Friends and other people who are very open to receive the truth, as also in this city, where many are inquiring the way to Zion, with their faces thitherward. Because of this the devil is stirred up in great wrath, and the heathen rage and the wicked imagine vain things against the Lord and his anointed and come rushing into the meetings in great disorder, like so many wild beasts out of the forest, especially the collegians. But the Lord by his power is pleased so to tame them, that they are put to silence and made to be quiet.

Oh! how powerfully and effectually hath the Lord our God appeared among us in this our Half-year's Meeting which began last Fourth-day, and kept twice every day to the week's end; also two yesterday, and the women's meeting this day. The men's meeting will be held tomorrow, and their week-meeting on Fifth-day.

After the next First-day we intend for Mount-Melick, and so towards the north, being clear of this nation through diligence and hard travel. The Lord, by his power, hath mightily appeared amongst us in our meetings, uniting our hearts together and prospering his work, the praise of it for ever belongs unto him. For what he has already done, my soul praise thou the Lord.

Oh! that Friends might live in love and unity together, that as the Lord hath been good in preserving a remnant alive to himself unto this day, they may continue so unto the end. And whatsoever would arise among them that in any wise tends to break their heavenly unity and brotherly fellowship and sows dissension in the churches of Christ, may it be nipped in the bud. For if it grow, the effects of it will be bad and do great hurt among the plantation of God. The Lord keep and preserve all watchful, that the envier of our happiness and truth's prosperity may be kept out and prevented.

It still remains with me to go out of the north of this nation into Scotland, because of which I have traveled very hard. When we came here first, we stayed but one week, and took our journey through the counties of Wicklow, Wexford, Clonmell, Tallow, Youghall, and so to Cork, and into the west and back by Cork again, and so by Charleville and Mallow, down to Limerick, from whence Friends came with us to this Half-year's Meeting. We traveled very hard three hundred and sixty miles to get to it, in which time we had good service for the Lord in many blessed heavenly meetings.

With the remembrance of my love to thee, and my dear children, and Friends, not forgetting my duty to my father, I conclude, and remain

Thy ever-loving husband,

J. B.

Dublin in Ireland, 13th of the Ninth month, 1676.

194

Dear Wife,

In that love which many waters cannot quench, neither floods drown, I write to thee and have thee daily in my remembrance, together with our dear and tender children who are always near and dear to my heart, and I hope ever will be unto the end of time, however the Lord may be pleased to dispose of me.

We intend to go from this seaport town in order for Portpatrick in Scotland.

We are both well every way; praised and magnified be the worthy name of the Lord our God for evermore.

To the Lord and the word of his patience I commit and commend thee, that in him thou mayest be preserved, with all thine, unto the end in all faithfulness, to receive the crown of life and of immortal glory.

Farewell, my dear heart

J. B.

Donaghadee in Ireland, the 22nd day of the Tenth month, 1676.

When my friend John Watson and I had traveled through the nation of Ireland, visiting Friends therein, and had been much comforted and refreshed together with them, a concern came upon us to visit Friends in Scotland. So we sailed in a half-decked boat from Donaghadee in Ireland and landed at Portpatrick in Scotland. From Portpatrick we traveled seventy miles in cold, frost, and snow in the tenth month, before we came among Friends, which was at Douglas.

The evening before we came there, night came on while we were upon a mountain, where no way was to be seen, for there was so much snow and ice that we could not ride. Being much wearied with going on foot and leading our horses, we lost our way. But at last Providence so ordered it that we found a house and two men came forth and willingly set us into our way. Thus we got to a Friend's house late at night at Douglas, whose name was William Michaell, and had a meeting there next day. Though there were but few Friends belonging to that place, we were sweetly refreshed and comforted together in the enjoyment of the Lord's presence, whereby it is evident that with him there is no respect of persons, time, place, or number.

From Douglas we traveled to Hamilton, and so to Drumboy, Badcow, Lithgow, and Edinburgh, where we visited Friends and other people and had good service for the Lord. Then we went to Prestonpans, Leith, and Edinburgh again, where we had two heavenly meetings, though there were some wild scoffing people among them. Yet the Lord's power chained them down. From thence we traveled to Kelso, Onter, Whittingem, Thrambleton, and so to Morpeth, and Newcastle-upon-Tyne, and thence homeward into Cumberland. The Lord was effectually with us in our travels and exercises, and we were sweetly preserved together in true love and unity in our service for the Lord.

About this time a pain struck into my shoulder and gradually fell down into my arm and hand so that I was wholly deprived of the use of it. The pain increased both day and night. For three months I could neither put my clothes on nor off, and my arm and hand began to wither, so that I applied to some physicians, but could get no cure by any of them. At last, as I was asleep upon my bed in the night time, I saw in a vision, that I was with dear George Fox, and I thought I said to him, "George, my faith is such that if thou seest thy way to lay thy hand upon my shoulder my arm and hand shall be whole throughout." This remained with me two days and nights that the thing was a true vision and that I must go to George Fox, until at last, through much exercise of mind as a great trial of my faith, I was made willing to go to him, he being then at Swarthmore in Lancashire when there was a meeting of Friends on the first day of the week.

Some time after the meeting, I called him aside into the hall and gave him a relation of my dream, showing him my arm and hand. And in a little time, we walking together silently, he turned about and looked upon me, and lifting up his hand, laid it upon my shoulder, saying, "The Lord strengthen thee both within and without." I went to Thomas Lower's of Marsh Grange that night and when I was set down to supper, immediately before I was aware, my hand was lifted up to do its office, which it could not do for long before. This struck me with great admiration, and my heart was broken into tenderness before the Lord. The next day I went home with my hand and arm restored to its former use and strength, without any pain.

The next time that George Fox and I met, he said, "John, thou mended?"

I answered, "Yes, very well in a little time."

"Well," said he, "give God the glory," to whom I was and still am bound in duty so to do, for that and all other his mercies and favors.

He hath all power in his own hand and can thereby bring to pass whatsoever seems good in his eyes. By this same power he prepares instruments and makes use of them as pleaseth him. He is alone worthy of all praise, honor, and glory, both now and for evermore. Amen!

In the year 1678, as I was traveling in the West of England, in Somersetshire, one evening I had a meeting at our friend William Thomas' house at Dullverton into which meeting came an informer and some others with him and took several Friends' names. He was also wicked and abusive, both to me and Friends. Being engaged in testimony for the Lord, I stopped, and said, "Friends and people, mark and take notice of the end of that wicked man," for it was clearly manifested to me that he would make a bad end. Some time after a Friend wrote to me that he killed his wife and was hanged for it at Ilchester. The Friend, W. T., was fined by the information of this wicked informer, but he swore against one who was not at the meeting, and so his wicked intention came to nought.

Some time after my return home, the Lord laid a necessity upon me to go forth with a testimony against that spirit of separation which had sown discord and made division in the churches of Christ, casting stumbling-blocks in the way of the weak, making the cross of Christ of none effect through a false liberty, and setting up separate meetings.

But before I went, I was moved of the Lord to give forth a paper to go before me, and I caused copies to be taken and sent to those places where this spirit had got the most entrance. It was read in divers men's meetings, and those who were of that spirit which the paper testified against were enraged and cried out at some places, "He means us." A copy of which paper follows:

A true and living testimony for the living God and the all-sufficiency and unchangeableness of his power and Spirit, and against the devil and his dark power and spirit by which he rules in the hearts of the children of disobedience with all his cunning and subtlety in his instruments. Also a few words of counsel and advice to all Friends everywhere to keep to their first love and to meet often together in the name of the Lord.

The Lord our God, even the true and living God, hath promised that he will never break his covenant with his people nor alter the word that is gone out of his mouth. This covenant which he hath made with and renewed unto his people is an everlasting covenant of life and peace, even the sure mercies of David, of which he daily makes those witnesses who break not covenant with him, but retain their first love and zeal for his name and truth. His name is above every name, his truth is as precious as in the beginning, and his glory shines over all in this day, endless praises unto him! He hath gathered many into this unchangeable covenant and made them nigh unto himself, who are his true-born sons and daughters, children of the promise, quickened and raised up from a state of death to serve him in newness of life. The work is his own, and the praise and glory belong unto him forever.

Herein are the sure mercies known, the durable riches, and the living substance fed upon. He nourished us by the virtue of his word of life when we were young and tender, which made us grow up before him in stature and in strength with our hearts filled with love to him, our Father, and in love and unity one with another. All our life long to this day hath he been ready to hand forth a suitable supply to our conditions, as we in faithfulness waited upon him. His word is made good and his promise fulfilled, "I will never leave thee, nor forsake thee," worm Jacob, who art little and low in thine own eyes, that dwellest in the low valley, abiding in thy tent, and dost not hunt abroad upon the mountains of imagination. The promise is yea and amen, or ever, to the seed of Abraham, Isaac, and Jacob. The blessing that makes rich is obtained and partaken of in the seed and covenant of life, Christ Jesus. I will give thee for a covenant unto the people, and for a light unto the Gentiles, that thou mayest be my salvation unto the ends of the earth. This is he whom God hath given unto us, and we have believed on and received him, so that he is become our light, life, and everlasting salvation, the high priest of our profession, our redeemer and restorer, our captain, king, and law-giver, our everlasting shepherd who by his mighty power hath brought us unto his fold of rest where true peace is, magnified be his name forever.

Dear Friends everywhere, whom God hath quickened and raised from death to life by the effectual working of his power, be ye all stirred up in a holy zeal and true tenderness to consider what manner of persons you ought to be, being mindful what the Lord hath done for you ever since you were a people, whom he hath made to be his people, who were not his people—I say, let your consideration be serious in this matter, that so every one of you in this day of his power may bear a faithful testimony for the living God, and the sufficiency of his power and Holy Spirit, against the old enemy and adversary the devil and his dark power and spirit. For truly, good is the Lord and faithful in all his promises to them who wait upon him, as you yourselves are witnesses.

Although our travels in times past, were under great exercise and deep affliction, with weeping and mourning, with our hands upon our loins, and although many have been our trials both within and without, the Lord, by the all-sufficiency of his power, hath wrought our deliverance, as we relied upon the same, so that sorrow and sighing are fled away and everlasting joy is sprung up. Yea, endless joy is known here, endless comfort and satisfaction where we can praise the Lord together in the beauty of holiness, being arrayed with the clothing of his Spirit, which makes us all comely before God, even the Spirit of Truth, the Comforter.

Our unity and fellowship stands in the Spirit and in the Truth that comes from the God of Truth, who is light, and in him is no darkness at all, in which, as we live and dwell, we have unity one with another, and all the powers of hell and death are not able to break us asunder, nor an unclean spirit to hurt us. For we have salvation for walls and bulwarks, and there is no destroying in all God's holy mountain. For the destroying, wasting, and dividing spirit and cunning deceit is upon Esau's mountain and in Cain's field, out from the life and power, the true light and fear of the living God who is a God of order, and preserves all his children and people in comely order, living a godly life and holy conversation in all their undertakings, to the end that they may honor and glorify him in their day, by bringing forth much fruit, faithfully waiting upon and worshiping and serving him.

Oh! the love of our God unto us. The great care and tenderness he hath had over us ever since we were a people, that we might be faithful laborers in his vineyard. Did he call us to be idle? Surely nay. Did he give a gift unto male and female, that we should hide it in the earth and not improve it to his glory? Oh! nay. Hath he done so much for us that we should always be as children, and neither speak nor act as men? Surely nay, but that we should grow up in stature and strength before him as perfect men and women in Christ Jesus our holy head, that we might all work together as a body fitly framed in holy order in his heavenly power and Spirit, which leads into purity and holiness, love and true unity, which stand in the Spirit where no rent is, and where no strife nor separation can enter.

Through the blessed working of his all-sufficient power, the Lord in his love brought us together and made us a people, and hath preserved us so, to his praise and our eternal comfort. And it is the work of the devil, by his evil power and dark spirit and wicked instruments actuated thereby, to divide and scatter us asunder. But my testimony for God to you my friends which still lives in my heart is to the all-sufficiency of his power. Keep close to that which first gathered you near to the Lord and one unto another, who hath placed his name amongst you, and then not all the powers of hell and death or any unclean spirit shall be able to separate, or hurt, or break you asunder, for the power of God is your foundation.

Settle upon this, for it stands sure and is of God's own laying. Be ye as weighty stones of his building, and then you cannot be moved by all the strength of man's reasoning, nor by all the cunning of the fallen wisdom of Satan. But as your dwelling is in the pure light, and as you retain the feeling sense of the Divine life and keep close to the power, you will be enabled to say, "The Lord our God is the true and living God, and besides him there is not another; and therefore we will trust in him and rely upon his power and Holy Spirit, which is all-sufficient for ever."

And now, dear Friends, although the devil, the old liar, be at work in this day in a great mystery, even the mystery of iniquity, by his evil power and rending spirit, heed him not nor his instruments, for the power of God is over him and them all, yea, over all that is contrary unto it. For he that was the first will be the last, who said, "I am Alpha and Omega, the beginning and the end," and he will tread down Satan shortly and all his agents of mischief.

He has promised to bruise the serpent's head, which daily is fulfilling by the dominion of his power and Holy Spirit over hell, death, and the grave, and every foul, unclean, quibbling spirit. For these are appointed for the fire of wrath and judgment, whose end is to kill and destroy, and make rents and breaches among God's people where it gets an entrance, of which I warn Friends to beware. It is one of the devil's last shifts to appear in the name of the light and the ancient power and truth as it was in the beginning, a transformation to cover his dark power and spirit, which creeps cunningly in the dark to deceive the simple.

But he will not now be called the devil, he will be called God. He will not be called an adversary, but he will be called a friend by those who are his subjects, though under another pretense. For if any call him otherwise, then he rageth in his instruments. But we must tell him plainly that he is the old liar, the same that deceived Adam and Eve, and the greatest enemy and adversary the Lord, his truth, and his people have at this day. And they who take part with this evil spirit and suffer it to rule in their hearts, so that by its strength they become open opposers, these are also great enemies to the Lord, his truth, and his people. But no weapon formed against them shall prosper.

But endless glory to the true and living God! This subtle serpent with all his wiles, cunning and subtlety, in the pure light is seen and discovered in all his wicked works and workers and cunning contrivances. And that power is risen in the hearts of all who keep faithful and close to it, which will tread him down and preserve in the pure unity and Gospel fellowship which stand in the Spirit and in the Truth. But this wicked spirit hath no share in it, that would make breaches and rents, and let in the wild beasts of the field to devour God's heritage, and so scatter abroad the sheep of his pasture, and drive them back again into spiritual Sodom and Egypt where the Lord of life and glory is crucified and slain and made merry over.

This spirit is not of the Father but of the world, and will lead into looseness, lightness, and false liberty wherever it gets an entrance. This subtle spirit hath induced too many through its cunning craftiness to slight men's and women's meetings and the power of God by which they were set up and are more and more established, which power would bind this separating, dividing spirit so that it cannot abide it, to wit, the power and authority of the men's and women's meetings, and the holy order therein practiced, and the good effects thereby brought forth, which tend to set up truth and righteousness and sweep out all deceit, hypocrisy, uncleanness, and false liberty so that the house may be made clean throughout, and a godly care held that it be kept so.

This disquiets that wicked spirit, and it rages in some of its instruments, though it appears in others more subtly, being not content with the liberty the truth allows and with the order which it hath set up, there being not room enough for their wills and sensual wisdom.

The Lord in his love and by his light hath clearly given me to see its way, that it leads to the chambers of death and of hell, and he hath delivered my soul from its snare, who once was in danger to be taken by it when men's and women's meetings were first set up by entering into reasoning with it. And this is the way that it gathers strength and draws a veil over the mind of the simple.

Wherefore, rejoice thou, O my soul, and praise the Lord with all his ransomed ones, because he, by his glorious power, is treading down Satan, and the redeemed of the Most High shall rejoice and sing praises unto him who sits upon the throne and unto the Lamb for evermore.

And let none say, "Who is able to make war with the beast, and the number of his name," but live by faith. And let your faith stand in the sufficiency of God's power, as those who in the victory and dominion of it can say, "Who is able to make war with the Lamb and his followers, for the Lamb must have the victory, and the crown shall be set upon the heads of all those who continue unto the end; the weapons of whose warfare are not carnal but spiritual, and mighty through God, to whom be the glory and honor for ever."

Dear Friends everywhere, to whose hands this may come, give ear to the advice of your brother. As the Lord hath done for my soul, every one beware and take heed of touching, tasting, or handling this spirit, or entering into reasoning with it, lest thereby you be overcome. I say as one who has a necessity upon me to warn you in the name of the Lord, take heed and beware of the spirit that bringeth forth these evil fruits and works such bad effects, though under a fair pretense, lest you be betrayed and beguiled thereby, as the serpent beguiled Eve. But keep your zeal and retain your integrity and first love for the Lord, his truth, and his people. Beware and take heed of giving way to that mind which would cause you to forsake the assembling of yourselves together amongst God's people, or to slight or make a light matter of men's and women's meetings, but be faithful, careful, and diligent in keeping all your meetings in the name and power of God, First-day and weekday, and men's and women's meetings. And cry not, "My business, my business, my work and my trade," when you should go and wait upon and worship or do any service for the Lord. But mind the Lord's work and business and live by faith, and you will have time enough to do your own, lest your love be so much to perishing things that you be not found worthy of Christ Jesus, to whom let every soul be subject in all things, who is worthy of glory and honor forever. Amen.

John Banks

Moorgate, in Cumberland, the 16th day of the Seventh month, 1678.

And according to what the Lord required of me herein, I was wrought into a willingness to go forth into several counties in this nation to bear my testimony against this spirit and such as were actuated by it. I went with fear and trembling, yet the Lord furnished me with power sufficient to perform what he required of me, though my exercises were great, both in body and spirit. Whilst at the Yearly Meeting at London I wrote the following letter to my wife:

Dear Wife,

Thou art truly so unto me, as near as bone of my bone, and flesh of my flesh. This is the Lord's own doing and we are forever engaged to return the praise and glory unto him, who hath blessed us and our offspring who grow up as tender plants before him, which makes my heart and soul tender to consider the great love and favor of God to us herein. My love is with thee and thine, and my life in the truth reacheth unto you, though I be thus separated from you. And the supplication of my soul is to the Lord for you that your faith and patience may increase more and more, that in hope you may be confirmed against all the reasonings of the enemy and may for ever trust in the Lord and the sufficiency of his power, which thou knowest, my dear, hath never failed us, nor ever will, as we continue unto the end in the faith of our Lord and Savior Jesus Christ.

And as the Lord hath been pleased to work thee into a true willingness to give me up into his service, expect me not again before I have performed it, for the will of the Lord cannot be done but in the cross to ours. I have great cause to magnify the name of the Lord for ever, who hath not only called me into his work and service, but is pleased to furnish me with wisdom and ability every way to perform what he requires according to my measure.

Let us then praise the Lord, because his work prospers both in city and country. The Lord be with thee and thine, and comfort and refresh thy soul in the assemblies of his people, with whom meet as often as thou canst, First-day and week-day, with the rest of the family, for thou knowest it was always my care when present. Wherefore I did rise early and sit up late, and worked and labored with all diligence that the same might be effected according to the desire of my heart, and that through diligence in lawful business, with the blessing of the Lord, I might also provide for and maintain thee with the children in decent and comely order, according to truth and my ability.

And as this was my care and concern when present, I can do no less than put thee in mind of those things though absent, not being unmindful of thy affairs and concerns as to the outward, in which I still sympathize with thee. This I hope the Lord, as he has done, through faith and patience, and using diligence, will make easy unto thee. For we have no cause to look back and say, "The Lord has been wanting." But on the other hand, he hath withheld nothing from us that he has seen we stood in need of, as therewith we have been content, endless glory unto him who lives for ever!

As to our Yearly Meeting, oh! how did the Lord's power overshadow us, and his pure love and life run as a stream amongst us, with the pouring forth of his Spirit upon us in a plentiful manner; in subjection to whose holy Spirit we were made willing to speak and declare, one by one, of the great work of God, confirming and establishing one another therein in all faithfulness. And this was in such subjection and holy order, very many brethren being present, that my heart breaks into tenderness when I think of it. Yea, such was the glorious appearance of God amongst us in our meetings, both of men and women, that the contrary spirit was never once able to lift up its head, for the power of God was over all, so that we were made to joy and rejoice before him in returning praise, honor, and glory unto him who is worthy for ever, who is carrying on his own work in order to perfect it, and none can let nor hinder, though they may oppose.

Notwithstanding the great noise of wars, all the meetings I have been in here were full, peaceable, and quiet, even so full that not many houses could contain them, though it is supposed some will hold between two and three thousand. Here is encouragement for all the Lord's people to go on their way rejoicing, for the Lord our God is with us, and in faith and patience to say, "Come what may come, thy will O God, be done! for all things work together for good to them that love Thee unto the end," unto which the Lord preserve us all. Amen!

I intend, if the Lord will, to go from hence tomorrow and travel towards Bristol, and it may be one month ere I come there. I traveled hard to come here one week before the Yearly Meeting, which tended to clear me the sooner of this city.

And now, my dear children, mind the fear of the Lord, every one of you who can see a difference between good and evil, and be careful to do that which is good. So shall you be preserved out of that which is evil. Be sober and quiet, and take heed to every word your mother saith, as though I were there and spoke it, for she tells you for your good what she would have you to do.

Be mindful to read as often in your books as you have opportunities, together with the Holy Scriptures, which is the book of books.

And you my servants, James and Mary, my love is to you, with a great desire and care in my heart that you may dwell together in love and unity in the fear of God and walk as becomes the truth, which the Lord in his love hath given you a knowledge of, in which I truly desire your growth and increase, as if you were my children. Then all things will be well.

Farewell my dear wife, children, and servants.

John Banks

London, the 16th of the Fourth month, 1679.

From thence I proceeded in my journey westward, but my greatest exercise was in Westmoreland and at Hartford, as I came up to London, and afterward at Reading, Wycombe, Charlcote, Bristol, and through Wiltshire, where I had fifteen meetings in three weeks, at all which meetings there were many of these unruly separate-spirited people, though none of them had power to oppose me. Yet, afterwards, most meetings would be greatly enraged against me behind my back and threaten what they would do at the next meeting, but they never had power to open a mouth in meeting to oppose, for it pleased the Lord to be with me in a wonderful manner; to his praise and glory I speak it with reverence and humility before him. For my testimony was as a flame of fire among briars and thorns, as many of God's people could witness.

My companion, Christopher Story, was a help and comfort to me, though little concerned in that exercise. Yet he greatly sympathized with me in spirit and had a good service to Friends, and continues a solid weighty man in the work of the ministry, both at home and abroad.

Oh! great was the exercise I travailed under many times, both in body and spirit. For the weight and wickedness of the separate spirit bore hard upon me, but the Lord's power chained and limited it. I had little benefit either of meat or sleep, especially in Wiltshire, for they who were of it followed me from meeting to meeting.

The following letter I wrote to my daughter after she was placed at service in London in the year 1682:

Sarah Banks, my eldest daughter,

Thou hast been near and dear to me ever since the day thou wast born. With a godly care as a tender father I have prayed that thou mightest be nourished up in thy young and tender years for thy preservation and with many desires in my heart to Almighty God, that as thou grewest in years, he would be pleased to make thee sensible and give thee an understanding of those things which make for thy everlasting peace and the salvation of thy soul in the kingdom of glory when time here shall be no more.

And now, dear child, the Lord having thus far answered my desires and enabled me to perform my care towards thee, I have a further concern upon my mind for the good of thy soul, which as thou art truly mindful of will tend to thy good and will never hinder thee of anything that is really needful for thee.

First of all, I would put thee in mind that God, according to his Divine Wisdom and Providence, gave thee life and breath, which thou oughtest to prize and value as mercies, amongst many more thou hast received from him. And thou art also come to an understanding in some degree how to behave thyself as a child of God by the light and grace of our Lord Jesus Christ which he hath placed in the secret of thy heart for a teacher to thee in all things. My concern now is to stir thee up unto this by way of remembrance to be faithful and obedient to its requirings, whether more or less.

This light and grace of our Lord Jesus Christ teacheth thee thy duty towards God, to thy parents, and to all men and women. It first teaches thee to fear and love God and to wait upon, worship, and serve him with all thy mind and strength, that he alone by his Spirit, manifested in and through Jesus Christ, may be thy chiefest love and delight. It will teach thee as thou art watchful to deny all ungodliness and worldly lusts, to take pleasure and delight in meeting with God's people, to worship him in spirit and truth so that thou mayest come more and more to have unity and fellowship with his faithful children, according to thy measure.

This pure light of the Son of God teaches thee to be lowly minded, sober and watchful over thy words, carriage, and behavior, in thy life and conversation, and to choose such for thy companions and not those who though they profess the truth are light, wanton, high-minded, and follow the fashions of the world; and tattling, and tale-bearing, and meddling with other men's and women's matters which do not concern them. Be sure thou be found only in what concerns thee and well becomes thy place, being a servant.

This is the way to grow in grace and saving knowledge and to have the comely adorning, which is the ornament of a meek and quiet spirit which in the sight of God is of great price and is better than costly attire. This is the way to be beloved of God and his people, to grow up a good woman, and to make a blessed and happy end. This blessed way and course of life, my soul desires for thee, my dear child, that thou mayest carefully live and keep in it to the end of thy days. Amen.

The light of Jesus Christ which thus teaches thee thy duty towards God will also teach thee thy duty towards all men, women, servants, and children, especially now in thy place where thou art a servant. It will teach thee to be faithful, willing, and obedient to thy master and mistress in all things which are meet and convenient, to be careful that nothing waste under thy hand which is committed to thy trust, nor otherwise, and to watch with an eye for good over all in the family. If anything else appear, tell it not abroad to any whereby it may cause dissension, but first tell the party in love, for so wouldest thou be dealt with. This is according to the righteous law of God, which is light, that teaches to do unto all as we would be done unto. And when anything happens amiss with thyself and thou art spoken to and reproved for it, as Paul's counsel to Timothy concerning servants was, I exhort thee in tenderness, murmur not nor answer again, except it be to say it shall be amended.

My dear child, the desire of my heart is unto Almighty God that this my counsel and advice may be made effectual unto thee and that in the serious consideration thereof, with honest desires raised in thee to perform and answer the same, thy heart may be truly broken and tendered before the Lord, and so kept in all lowliness and humility before him unto the end of thy days. Amen.

So prayeth thy tender and affectionate father,

John Banks

This year I went to Ireland again, from whence I wrote the following letter to my wife:

Dear Wife,

In that which openeth my heart to the Lord and maketh me truly tender before him am I at this time enlarged in tenderness towards thee, with our dear children and servants, desiring to the Lord that by the same power thy heart may be kept open in tenderness before him so that thou mayest increase more and more and that we may have a sense one of the other of our growing up together by the living virtue that springs out of the root which bears us. For as our habitation and dwelling is here, though our work and service be not one because of the diversity of the gifts given us, yet we grow up together as do all the faithful in Christ Jesus.

The Lord preserve thee in his fear and guide thee in his wisdom so that thou mayest be a good example before thy children and servants, being careful to train them up in the same fear, to walk as becomes truth in all things; always having a tender regard over them, chiefly for the good of their souls, as well as their bodies. For many opportunities in mercy thou hast wherein thou mayest do good unto them which I have not.

So, my dear, be concerned for their good as they grow up in understanding, for they are quick and apprehensive enough (as many children in this age are), who can quickly see if they be indulged in anything which they ought not to have. And if we thus indulge them, we lose our dominion and authority over them.

Let our care be to reach to and have the answer of the witness of God in them, even the witness of his gracious Spirit, which most of them have a sense of and by which they know what they should do and what they should not. And as this comes up in them and is minded, it will make good children of them. And much lies in what examples we are before them.

Wherefore I am still more and more concerned in my mind how to behave myself towards them, to the end I may be found clear of my charge and duty concerning them, especially for the good of their souls. The Lord hath richly blessed us with them as manifold mercies, but still there remains a great care and concern on our parts to be performed. For want of this, I clearly see that many children who might bring honor to God, his truth, and their parents are, on the contrary, a dishonor to all, though they may have great possessions in the earth, and fulness, ease, and great preferment as it is called. But being lost from the Truth, what serves it all for, though many look too much at that, and neglect the weightier matters, which ought to be the greatest part of their concern.

And now, dear children, you may understand our care and concern for you. Therefore you that are come to this understanding, I admonish you as a tender father, in the love of God, that you would put on this good resolution, and say, "How ought I to behave myself in all things, both in word and deed, carriage and behavior, as an obedient child, both to my dear father and mother, who have such a care for my good and preservation every way, and especially to my mother, my father being absent?" And in order that you may all be such now to her, and to me when I am present, be ye all subject and condescending one unto another. Live in love, quietness, and goodwill one towards another; and be sober-minded in the fear of God, and keep out of all company but such as is sober.

And by no means be idle at any time, but give yourselves to some good employment, such as your body and understanding is able to perform, with a willing and ready mind to be assistant to your mother in her concerns. And be careful to mind your books when you have time for it. Read the Holy Scriptures and Friends' books, and be diligent in your course and order to keep to meetings, weekday as well as First-day, that so the work of your hands may be made more easy, sweet, and comfortable unto you, and that God over all, for all his blessings and mercies, may have the praise, honor, and glory, who is eternally worthy.

Peter Fearon, who was my servant seven years, is now my acceptable companion in the work of the Gospel.

John

Mount Melick in Ireland, the 23rd of the Fourth month, 1682.

A relation of my imprisonment in the city of Carlisle in Cumberland for six years and nine months because for conscience sake I could not pay tithes demanded by George Fletcher of Hutton hall, in the aforesaid county, a justice of peace, so called, but a great persecutor of God's people by imprisonment and spoiling of their goods. And at the time of my commitment, all that he pretended was that his due was but eight shilling's and six-pence, which showeth his hard-heartedness and oppression.

In the beginning of the second month of the year 1684, I was committed to prison at the suit of the said George Fletcher, impropriator, because for conscience sake I could not but bear my testimony against that great oppression of tithes, being first subpoenaed, and afterwards arrested, because in obedience to Christ's command I could not put in my answer upon oath to his bill.

On the same day that I was taken to prison, there came twelve men with a warrant from George Fletcher and distrained and took away seven pounds, ten shillings worth of my goods for part of a fine of twenty pounds for a Friend in the ministry who spoke in our meeting-house at Pardsay-Crag, it being in the time of the penal act against conventicles. The goods were sold by him, or his order and so much more taken from other Friends for the said fine, as amounted to thirty-five pounds. My imprisonment continued seven years, wanting three months, when I was freed by King William's Act of Grace.

Here follows a true relation of the abuses and hard usage that I with some of my fellow prisoners have suffered from the jailer, George Lancake, and the turnkey, Alexander Richardson, for no other cause than worshiping God in our prison-house and in obedience unto the Lord, speaking in his name in exhortation and prayer; and sometimes by way of warnings that I was constrained to give to people as they passed by our prison-window from their worship and at other times, to turn to the Lord by a speedy repentance and amendment of their ways.

On the 20th day of the fifth month, 1684, a little before the time of our meeting, there being five more Friends who were prisoners with me, the jailer said to me that except I would promise him not to preach that day he would take me away. I answered that I could not make him any such promise, neither did I know before the time came that I should preach.

" Then," said he, " I have prepared another place for thee." He took me by my arm, and led me along and put me in a noisome, smoky room under which they brewed and locked me in, where I remained three days and two nights without any bed. So the First-day in the evening after I was put there, the turnkey came and opened the door and said that his master sent him to bid me come forth and go to my friends. But I answered, "Go tell thy master I shall not come forth of this place to another until he fetch me himself who put me here."

He went and told him and the jailer bid his man tell me again that I should stay there until I rotted before he would fetch me. But I took no notice of that, knowing well what I did. There were several prisoners in his house for debt, who had wastefully spent most of their estates, who said, "The Quaker saith he will not come forth till you fetch him," meaning the jailer, "and you say he shall stay there till he rot before you will do it. We will see who will get the victory."

That night and the next day and night passed over, and the next day towards the evening came the turnkey again and told me that his master had sent him to pull me out by force if I would not come willingly, that being the fourth time he sent him. The turnkey was a lusty, strong, rugged-spirited fellow.

I being sitting, stood up before him, and said, "If thou canst take me by force, do, here I am," stretching forth my arms.

So he took me by one and pulled with all his strength, but he could not move me at all, and he wickedly said, "God bless me, I think the devil is in the man. I cannot move him."

"Nay," said I, "the devil is in thee, and I am stronger through the power of God than both thee and the devil. Go, tell thy master that." All this while I felt his master was in torment.

So he went and told him what he had done and what I said. And he said that he thought I was as strong as twenty men, for he could move me no more than if I had been a tree. But in a little time after came the jailer himself to me, and said, "What now, John, what is the matter that you will not come forth, I having sent my man so often to let thee go to thy friends?"

I answered, "Because it was thy will and pleasure to lead me hither, thou shalt also lead me back again, or here I intend to stay. I shall be a true prisoner to thee. I shall not make an escape."

After some more words had passed between us, he took me by the arm, saying, "Well, come then. If nothing else will do, I will lead thee back again," which he did, down the stairs through the court, to the door from whence he brought me, and thrust me in, and said, "Go thy ways, pray God I had never seen thy face." And the prisoners for debt standing at his door, looking on while he led me, laughed and said, "The Quaker hath got the victory."

After this, for seven meetings together, the turnkey haled me out into the jailer's house, being urged on by him, with many threatening speeches, charging his man not to let one of us go out at the gate of his court.

About this time I wrote to my wife as follows:

Dear Wife,

My love in our Lord Jesus Christ salutes thee, and all thine, and Friends as though named. The breathing of my soul is still continued unto the Lord for your preservation. For we have cause to say that the Lord hath never been wanting to us in the time of our greatest need, to bear up our spirits with courage and boldness for his own name's sake. And as we retain our integrity unto the end, he will be the same, though greater may be our trials and exercises than heretofore.

Wherefore, let us go on our way rejoicing together because the Lord is our strength, through the greatness of his power, who has not only counted us worthy to believe in his name, but also to suffer for it. And though many hands and tongues be lifted up and bended against the Lord and his chosen and redeemed ones, in vain do they strive. For the Lord hath determined to carry on his own work in his own way and to finish it in his time, in despite of all Zion's enemies and opposers thee and to crown his faithful ones with dominion and victory.

So the Lord preserve thee, my dear, near to himself, in openness and tenderness of heart that thou mayest feel and receive of his divine comfort and spiritual sweetness in waiting upon him in the assemblies of his people and through the fresh virtue thereof to be kept living and tender before him that so by his power thou mayest be preserved in and through all thy various exercises, knowing that many are the trials of the righteous, but the Lord delivereth out of all. And this is the comfort and encouragement of the righteous which makes them bold and valiant for the truth upon earth.

I am well, with all my suffering brethren, notwithstanding the rage of the wicked still continues against us. And no greater joy and comfort I have in this world than to know that thou and all thine are well, both in body and mind. In the Lord's time all things will be well. Though I could be glad to see thee here, do not straiten thyself in any wise, for I am truly content to bear it, even if it were much more, considering thy concerns in this season of the year, being harvest time, and the journey so long.

So farewell in the Lord,

John Banks

From the prison in Carlisle, the 12th of the Sixth month, 1684.

Upon the 17th day of the sixth month, being the first day of the week, we were met together to wait upon the Lord our God with all our hearts, whose power and presence, to his praise and glory be it spoken, was daily manifested amongst us. The turnkey, who now always watched when I spoke, came, according to his wonted manner, and took me away to his master's house.

The jailer's rage and cruelty began to rise to a greater height than before and the bad tree to bring forth corrupt and bad fruit more abundantly, as his corrupt words, wicked speeches and actions hereafter testify. After I had been in his house some time, he began to break forth in a rage and say that we were all rogues, and rascals, and cheating knaves, and the common jail was too good for us. Nay, if he could get us into the house of office, he would put us all there, being then in number sixteen. However, he said he would put six of us who were in one room into the smoky loft and the rest into his barn, and we should lie there like sheep in their pens. He charged the turnkey not to let one of us go out at his gate, no not to buy our own victuals or what we had need of, which his man pretty strictly observed so that we were put to it to get one to bring such things to us as we had occasion for.

About this time William Johnson, a Friend, a prisoner, said to the jailer, "Seeing thou so straitenest us of our liberty that we may not go forth to buy our own victuals, thou shouldest get us somebody to do it for us." He said he would get us none, and if one of us durst go out at the gate, he would drive us in again, as the thieves were driven to the gallows.

Upon the next Sixth-day, being the 22nd day of the month, we were met together in the fear of the Lord in the prison-house, and our friend John Carlisle amongst us, he being an inhabitant of the city. In our waiting upon the Lord he did powerfully appear amongst us as at other times, and our friend John Carlisle had his mouth opened with some words of comfort to Friends in suffering. But on a sudden the turnkey came and haled him away and turned him out at the gate. But he came in again and spake some words to the jailer to warn him to beware what he did. But the jailer pushed him on the breast with his fist, insomuch that the jailer's wife asked him if he was mad.

In a little time after the turnkey had haled our Friend John Carlisle away, the spirit of supplication came upon me, and in obedience thereto, I besought the Lord for my own preservation, with the rest of his suffering people. Then came the turnkey and pulled me off of my knees, being set on by the jailer who bid him pull me out by the ears, and stood at the stairs' head with a staff in his hand, we being in an upper room. And when the turnkey brought me to the stairs' head, the jailer said, "Throw him down head foremost and he will be sooner at the ground," and thrust me with his staff, setting it on my ribs, while the other haled me. They put me in the old smoky room, and there kept me until some time after the meeting was over, as their manner was. And in the meeting some time after they haled me out, our friend William Johnson spoke a few words of exhortation to Friends, and the turnkey came and haled him away into another room in the jailer's house.

Two meetings later, the turnkey haled me out and abused me much, sometimes putting my hat over my face when I was declaring the truth, and setting up a hooting noise to drown my voice, that people in the street might not understand. At other times coming behind me and clapping his hands upon my mouth to stop me from speaking, but could not.

Upon the 26th day of the same month, we being met together to perform our duty unto the Lord, a necessity came upon me to pray to him and so with his people then present, we fell down upon our knees together. In a little time after came both the jailer and the turnkey, and the jailer said, "Pull him down." So he pulled me down from off my knees along the floor by one of my arms, but said he could not get me along, and the jailer said, "Trail him." But he could not get me trailed to the other's mind. And so the jailer took hold of me in great fury by the same arm that the other had hold of, and both dragged me along the floor, out of the door, down the stairs, into the old smoky room again.

And when I was at the stairs' foot, these words rose in my heart, which I spoke to the jailer, "It had been better for thee that thou hadst never taken this weapon into thine hand, to fight against God, his truth and people. For the time will come upon thee which thou canst not resist, that it will turn with trouble and pain into thy own bowels." To the truth of which, several times he hath since confessed.

About this time, upon the first-day of the week, the then mayor, John How, and aldermen, with the chief priests, there being a great many of them belonging to the city, with several of a persecuting spirit, being greatly enraged against me because I was often constrained to sound truth's testimony in their ears as they came from their worship, I being in their view, the casement of our window opening to the street, came into our meeting in our prison-house when I was engaged in testimony for the truth. And the mayor in great rage bid me be silent, often shaking his staff at me, threatening what he would do to me for preaching there and disturbing all the city, in contempt of authority.

I seemed to take no notice of him for some time, that so he might manifest himself the more. He being a very passionate man, said that if I would not be silent, he would stop my mouth. Then I answered and said, "The Lord hath opened my mouth and he and all the assistance he could get in the city could not stop it." He said he would put a gag in it and put me in the common jail, and I should preach there to the walls. I said, "I fear neither thee, thy gag, nor the common jail. For though thou art the mayor, thou hast nothing to do to meddle with us, we are the king's prisoners and in safe custody, and here is our keeper," pointing at the jailer, he being present, "so thou mayest go about thy own business," with which he was silent.

214

Then one of the aldermen said to me that he could prove I had nothing to do to preach. I asked him how he could prove it. He said, "By the Bible." I bid one reach him a Bible quickly. Another alderman said to him, "Let him alone, sir, you will do no good with him. You may as well speak to the wall." So he failed of his proof, and with some threatening words they all went away and troubled us no more.

At times the jailer would seem to flatter me, to see what he could do that way, and would say, "Thou seest the mayor and aldermen of the city with the priests and many others are set against me because I suffer thee to preach, and say they will fine me, and that your meeting is a conventicle. If thou wilt preach, canst thou not preach in another house off from the street, or go to the other end of this house, it being a long one? Will no place serve thee but just before the casement?"

I said several times to him upon this account, "I take no notice of thy flattery, no more than of thy threatenings, neither can I go to another place at thy request, nor theirs. Put me where thou wilt, as a prisoner I shall be true and subject to thee. But in what is required of me in obedience to the Lord, in that I am resolved in his name and fear to stand faithful in my testimony for him in doing or suffering, not regarding or fearing what either thou or any of these persecutors shall say or do to hinder me, notwithstanding thine and their cruelty and threatenings. For the Lord my God, in whom I trust and for whose cause I suffer, is my preserver. I can well remember, and have good cause so to do, that above twenty years ago, I was put prisoner into the common jail in this city for praying to Almighty God and being met with his people, and also fined and goods distrained for it, and the Lord endued me with strength to suffer all with joy and gladness. And thinkest thou I will play the coward now after so many years? Nay, nay, blessed be the name of the Lord for evermore! I am grown so many degrees stronger in faith and patience, through the might of his power, that I hope and believe upon good ground, I shall be enabled to endure whatsoever thou and all who are like minded with thee shall be suffered to impose upon me. So never let it enter thee to think thou shalt prevail over me, either with flattery, threatening, cruelty, or the common jail."

After this he said to some of the aldermen in discourse with them about me, "I have used all the endeavors I could hitherto to put yonder man to silence, but I cannot, and I know no way that it can be done, but one, and I dare not do it. Except his mouth be sewed up, I dare say he will never give over preaching."

And for four meetings after this, came either the jailer or turnkey and haled and abused me, and put me in some other place, until after the meeting was over; and through the jailer's cruelty and abuse, my body was bruised and my health impaired.

On the 13th day of the seventh month, our friend Peter Fearon being come to visit the prisoners, we sat down together to wait upon the Lord, and after some time Peter Fearon went to prayer. But in a little time came the turnkey in a great rage, and asked our friend, "Where camest thou from? Come away!" And so fell to pulling him in a most cruel manner, taking him by the cravat and throwing him back into a bed, and said that he would either hang him or pull out his throat. Still shaking and pulling him by his cravat or neckcloth, he dragged him out of the door into the jailer's house, with curses and oaths what he would do to him. For this I reproved both the jailer and turnkey sharply so that in a little time they let him go.

This day I wrote to my wife and children, the following letter:

Dear Wife,

Thou art truly so to me, even so near that we are truly one, to help to bear each other's burdens, to sympathize and to be truly concerned one for the other's preservation, both at home and abroad, in prison or at liberty, in sickness or health, not only for the body, but for the eternal happiness and well-being of the soul. This is the right concern of husband and wife who are truly joined together and who are come to know the true marriage, which is God's joining. Oh, how this helpeth, strengtheneth, encourageth and beareth up in the time of the greatest exercise.

The Lord, who knoweth my heart, knows how often in my confinement I have been under a serious consideration of thy condition with thy weak family, as to outward things, with a cry unto the Lord in the supplication of my soul on thine and their behalf that thou mightest be preserved with them in health and strength for the managing of thy affairs. And surely thy soul may say with mine, "The Lord hath heard and answered—He hath been good and gracious unto us herein so that we can say that things on that hand are well." And so with humbled hearts for the same, let us bless and praise his holy and worthy name and have his mercies, blessings, and favors in

216

continual remembrance. For surely the Lord hath a secret ordering hand in those things. And if, in his fear and true faith, it be minded, he gives us to see and makes us witnesses also, that he can and doth bring things to pass, far beyond what can beforehand be seen or expected.

And now, my dear, as to my present state under suffering, it is well, though I am not altogether so in body. Yet in the Lord's time I hope I shall be so. I say it is well, though my condition be what it is. For I am well assured that it is according to his will, in performing which I have great peace and satisfaction, although the wrath and cruelty of ungodly men are still much bended against me. But I believe it will not be long until the Lord by his power will bring them down. For I see, in the light of the Lord, their strength grows weak and their expectation concerning me begins to fail. Howbeit, whatsoever the Lord may yet suffer them to inflict upon my body, I count all that may be endured or passed through here but light affliction, because of the evidence and assurance of that far more exceeding weight of eternal glory which I have in view, through faith in Jesus Christ, and am traveling in the way that will bring to the everlasting possession thereof.

And so, my dear, let us freely and faithfully follow those things which will make for our everlasting peace and joy with the Lord whereby we may have the full assurance of the salvation of our souls, in the kingdom of happiness and glory, when time here shall be no more, whatever we enjoy besides in this world. For be it more or less, as we are truly content therewith, it will be sufficient. The Lord giveth and taketh away, or suffers it so to be, according to his good will and pleasure, blessed be his holy name and reverenced be his glorious power, now, henceforth, and for evermore. Amen!

And now, my dear children, concerning whom my heart is often tendered, my bowels yearn for your preservation from evil, and that you may grow and increase in all that is good. Give ear every one of you and take good notice what I have to say unto you.

John, my Son, and dear child, God in his love, according to his Divine wisdom, hath given thee a measure or manifestation of his good Spirit, grace, or light, which he hath placed in thy heart and conscience, as a witness against every appearance of evil. This in some degree thou art come to the knowledge of; whereby thou knowest thou shouldest do that which is good and eschew the evil. This light of the Lord Jesus Christ teaches thee not to be wild or wanton, or given to any idle talking, or unsavory words. And if thou shouldest do or act contrary, this pure light will reprove and judge thee for it. This is that, my child, which thou must own and love. And then it will not only discover all sin and every evil to thee, but as thou takest heed to its checks, reproofs, and manifestations, thou wilt receive power over those things, one after another, which the light makes manifest unto thee, to avoid all light and airy company and to have thy mind kept in the fear of God to serve him.

Above all love the truth and those who are in it. And love to go to Friends' meetings, and delight in their company. So wilt thou come to be weaned from every appearance of evil, and to be sober and solid, as becomes the truth. This is thy duty towards God. Be careful to be found in it; and as thou art found in the performance of this, the pure light and grace of our Lord Jesus Christ, which teacheth thee thy duty towards God and how to obey him, will also teach thee thy duty to thy parents, and in particular to thy dear mother, and also to thy sisters and brother.

Thou being the eldest at home, I expect thy care and diligence herein, in love and tenderness to thy dear mother, that so thou mayest be a strength and help to her now in my absence. I charge thee to look to it, as thou expectest a blessing from the Lord, and my favor and countenance. Also be careful that there be no strife between thee and thy sisters and brother upon any occasion, neither in words nor actions. But be tender and loving one to another, and be sure you all keep to truth's language, thee and thou to every single person.

And now to you Ann and Mary, my daughters and dear children, whom I dearly love, with all the rest. Be sure you speak no ill one of the other, nor do ill to any body. Carry no tales from one house to another. And when you are sent on an errand, go and come quickly. Be loving, kind, and respectful one to the other, and to your brethren, sister, and servants. And help one another willingly in all things, but especially your dear mother. Be dutiful and obedient unto her in all things. What she bids you do, I charge you, do it readily and willingly, without murmuring. My dear children, keep these my words in mind daily, that you may all serve one another in love.

And to you, little William and Emme, the youngest. My dear children, be sure you love one another. Do not fall out by the way when you go to school or in coming home. Do no hurt to any, and mind your books well that you may be good scholars. Be sure you remember what I say to you, and above all things be careful to do what your mother bids you, and to love your brother and sisters. Dear children, all of you mind your books. Read the Holy Scriptures, and the Lord bless and preserve you all in love, unity, peace, and quietness, fearing, serving, and loving God with all your hearts, and then all will be well.

I find a great alteration in my body because of the cruelty and hard usage of the jailer and his turnkey, together with the want of the fresh air. For I have had no liberty to walk abroad these several months, and the jailer doth not suffer me to speak or pray in any meeting after he hears me, for which the Lord will assuredly meet with him by his judgments.

I am thy loving husband, dear wife, and your tender father, dear children,

John Banks

From my prison-house, in Carlisle, the 13th of the Seventh month, 1684.

On the 15th of the same month, in the evening, came the jailer and ordered Thomas Hall and myself to the common jail because we could not answer his unreasonable demands. Howbeit there was not room in the common jail, for it was wholly taken up with poor debtors and thieves. I having been sick for some time and not well recovered, a Friend said to the jailer, "If this our friend die through thy cruelty and hard usage, his blood will be required at thy hands." He answered that he did not care if I never stood upon my feet again, he would put me in the common jail. I asked him, if the place was fit for us to be put in; especially I, not being well. He said, it was such as he had for us, and we might either sit or lie as we could. And if there was not room for us to lie one by the other, we might lie one above the other. And if there was not room elsewhere, we might go into the sink, a nasty, stinking hole, filled up with filth and straw, which fulfils that saying, "The mercy of the wicked is cruelty."

Accordingly, he put us two among the debtors in the common jail where there was no convenient room either to sit or lie. And we were forced to sit in our clothes all night by the sink. But the next day the jailer caused a poor debtor to be removed to his house where he lodged him. Then we got some straw and bedding to lay on the ground, which was very raw and wet, in the debtor's place, and got stones for our bedstead, head and feet, where we were for the most part locked in day and night for thirteen days and nights together. And notwithstanding the weakness that attended me when I was put there and the nastiness of the place, the Lord was pleased to make it as a place of healing and restoration of health and strength to me so that when the jailer took me from that place again, as I was going down the street to the place from whence he took me, many people coming forth to look upon me, several said, " He looks better than he did when they put him into the common jail," which was cause of rejoicing to me, praises, honor, and glory be given to the most high God, who by his own healing, restoring, and preserving power can bring to pass whatsoever seems good in his eyes!

One passage more is fit to be taken notice of in order to set forth the cruelty and hardheartedness of the jailer. My dear wife, with other Friends, coming to visit me in the common jail, which was above twenty miles from my own house, she desired the jailer that he would do so much as suffer me to come out of the jail to some other place. But there being no compassion in him, he would not suffer me to come forth to her, but sent word by his turnkey that if she would be with me, she might in the common jail but no other place, where she did contentedly abide with me until the next day rather than leave me and go to a better place.

One time when I was doing some work in the common jail, the jailer came to me and said mockingly, "John, thou hast scarce light to thy work, (there being very little light in the prison,) but what matter," said he, "thou hast light enough within."

I answered, "Yes, blessed be the Lord my God for ever, so I have, but thou hast little of it. For if thou hadst more, thou wouldst see thy way better what to do than thou now doest." So he turned from me and said no more, but took my fellow prisoner, Thomas Hall, away from me at the end of thirteen days, and kept me there three days and nights more, and then removed me as aforesaid.

When the jailer saw that all his contrivances would not effect his purpose to make me bow and to get chamber rent of us, and being troubled in his conscience both day and night, as afterwards he confessed, slavish fear mixed with cruelty still attended him. So he betook himself to a new invented shift in order to hinder the sound of truth's testimony borne by me from reaching the people's ears. About this time I wrote the following paper:

To the inhabitants of the city of Carlisle, but more especially to such as cannot endure to hear the sound of a man's voice, though in prayer to the God of heaven or in exhortation to his fellow-prisoners or others to love and fear God and walk before him as becomes Christians, and yet can endure to hear men and women curse and swear, without reproof or punishment, and suffer drunkards to stagger and reel in the streets with curses and oaths, which I have often seen and heard to the grief of my soul since I came a prisoner into your city.

Under the consideration whereof, a necessity attends me to put you in mind what you have been and are doing, if happily you may come to see the evil you have done and repent and amend because we must all give an account unto the Lord of the deeds done in the body, whether good or evil.

What evil have I done or what law have I transgressed either against God or man? Show me if you can, and let it be known to people abroad what great crime I have committed or why I have been and am so abused; even such abuses as never were done, I presume, to any prisoner in this city before, either by jailer or others.

I say, what is the cause why I have been and am now so threatened and abused, being kept close prisoner in the common jail? Is it for praying to God or exhorting one another or warning people to repent that the jailer hath been so threatened and charged to take a course with me? He accordingly often hath abused me, also his turnkey, sometimes one and sometimes both, pulling and haling me off my knees when in prayer to God, both of them at one time taking me by the arm, throwing me down, and dragging me along the floor, threatening sometimes to throw me down the stairs. And yet thieves and robbers and other evil-doers have had liberty to worship in their way without disturbance.

Why are your ears so shut and you so troubled at the sound of truth, while your ears are so open to the contrary? Read the Scriptures and judge yourselves wherein you are short of a true Christian's practice under the Gospel dispensation, which never was to persecute and imprison for worshiping God. Read Psalm 58:1-5 and whether you are not such who are said to be "like the deaf adder that stoppeth her ear and will not hearken to the voice of the charmer, charming never so wisely." Do your ears hear reproof, or do you hate reproof and refuse instruction?

Consider your states and conditions what they are. Be not deceived, God is not mocked, such as every one of you sow, such shall you reap. They that sow to the flesh, shall of the flesh reap corruption. But they that sow to the spirit, shall of the Spirit reap life everlasting. What must you reap, think you? When will it enter into your hearts to consider, you who daily sow lying, swearing and drunkenness, whoredom, and pride, which are grown to that height in your city as though they should win it the crown. "But woe to the crown of pride, for it must be plagued." "And though hand join in hand, the wicked shall not be unpunished." "Though your brows be like brass, and your necks as iron sinews, and though you walk with stout and lofty looks, and tinkle with your feet as you go, the Lord can break and sow you, and turn all your songs into mourning, and your pride and vain glory, sport, pleasure and pastime, into howling and bitter lamentation, which he assuredly will do, except you repent, and amend your doings with speed, before it be too late."

Oh! why should people's ears be so shut against that which is good, and so set and bent to hear and do that which is evil, to believe lies rather than truth. Search the Scriptures and read in fear and with understanding Prov 17:45. "A wicked doer giveth heed to false lips, and a liar giveth heed to a naughty tongue." And Jer 5:21, 22. "Hear this, O foolish people and without understanding, which have eyes and see not, ears and hear not." See Matt 28:11-14. Who was it there whose ears were more desirous to have lies told them than the truth, though by those who were ear and eye witnesses? Was it not the chief priests and elders who did what in them lay, by holding a counsel together, to keep the truth of Christ's resurrection from the governor's ears; or if it did come to his ear, to endeavor to persuade him with lies?

Let search be made amongst you and examine yourselves and see whether there be not such chief priests and elders who do what in them lies to hinder the truth from coming to people's ears or to persuade them not to believe it. And see Acts 7:51, 52. Who were the stiff-necked that Stephen testified against, whom he calls uncircumcised in heart and ears? For it is said that they stopped their ears and ran upon him with one accord because he spoke the truth to them. And for the true testimony he bore, they stoned him to death. Read to the end of the chapter, and there you may find your examples, you stoners who have thrown stones at us and at our prison windows for no other cause than speaking the word of truth unto you in love to your souls.

And in Acts 17:18-20, see who it was in the city of Athens that called Paul a babbler or base fellow, a setter, forth of strange gods, for no other reason but because he preached Jesus and the resurrection, calling it a new doctrine and said that he brought strange things to their ears (and yet true,) but they liked not to hear it. And so some of them mocked and others said, "We will hear thee again of this matter."

Now all people search the Scriptures and see with the light of Jesus Christ, "The true light which lighteth every man that cometh into the world," of what kind your deeds are. For Christ saith, "This is the condemnation, that light is come into the world and men love darkness rather than light because their deeds are evil. For every one that doeth evil hateth the light, neither cometh to the light, lest his deeds should be reproved. But he that doeth truth cometh to the light that his deeds may be made manifest, that they are wrought in God."

I say unto all you, in whom there are any living desires and breathings to come out of the broad way that leads to destruction where many go and walk, come into the narrow way which few find.

Consider in the fear of the Lord what manner of lives you live and what fruits you bring forth, and see if the light of Christ, the Spirit of Truth, the faithful and true witness of God, his grace or word nigh unto you placed in your hearts and consciences, does not condemn you. And if your hearts condemn you, God is greater. But if your hearts condemn you not, then have you confidence towards God.

If any say, "If I should believe in this light, grace, word nigh, witness of God, or Spirit of Truth, which are all one, what will it do for me, for some say it is but a natural light?" I answer that it is a teacher in the heart and conscience, "teaching to deny ungodliness and worldly lusts, and to live soberly, righteously, and godly in this present world." Mark, not ungodly or rudely, as many do. This, the light of Christ, the grace of God, the Spirit of Truth, will do for thee if thou lovest it and believest in it.

When thou art tempted to sin, power from God will be given unto thee through it, which thou hast not of thyself, to overcome the wicked one in his temptations. For it is no sin to be tempted, but the sin is, to enter into the temptation. Thus power is given over the temptation, and so over sin. One temptation and sin after another is gradually overcome, for as many as believe in him who said "I am the light," to them he gives power to become the sons of God. He redeems them out of the state of the sons and daughters of the first Adam, who is of the earth, earthly, into the condition of the sons and daughters of the second Adam, the Lord from heaven, the quickening Spirit who never fell, (1 Cor. xv. 45, 46, 47.) who says, "Behold, I stand at the door and knock. If any man hear my voice and open unto me, I will come in and sup with him and he with me." Rev 3:20.

Is not He at the door of your hearts to call you to repentance by his light, grace, and Holy Spirit? And if there be not a believing in him by obeying the same, what availeth his death and suffering to you and the shedding of his precious blood for you, if sin be not finished here and transgression put to an end? Eph 5:5-21. "No unclean thing can enter into the kingdom of Christ and of God." Did not he suffer for the sins of all, that all through him might believe? "And they that believe not are condemned already."

Was not sin the cause wherefore he suffered, and if the cause, through faith in him, be not taken away, how shall the effect cease? But if the cause through faith in him be taken away, then the effect ceaseth, and everlasting felicity, world without end, ensueth.

So all people, in tender love to your souls I exhort you, while you have time, to prize it and make good use of it. Seriously consider what effects your faith and belief in Christ have wrought in order for your salvation and freedom from sin, that always separates from God. For as saith John, "This is that which gives victory over the world, even your faith." And if your faith be not such, ye cannot come to know the victory over the world and the evil that is in it.

Let none think that the name of a Christian will save him. For to have a Christian's name, and yet to be found in the practice of the heathen, does not make a Christian. It is the life and practice of Christianity lived in through faith in Christ that makes Christians, and not barely saying that you believe. And this life and practice is a life of "holiness, without which none shall see the Lord."

Now to the faithful and true witness of God in your hearts and consciences, that will either accuse or excuse, I commend these things to be weighed and truly considered by you in moderation and the fear of the Lord, as becomes Christians, and what manner of life, conversation, and practice is found amongst you. "Know ye not," saith the apostle, "that to whom ye yield yourselves to obey, his servants ye are, whether of sin unto death or of obedience unto righteousness." For when the book of your conscience comes to be opened, with that other book which is the book of life, according as your deeds and actions shall be found therein, so shall your reward be, in which day of general resurrection we must all appear before the tribunal of God's glory and judgment seat to receive the sentence, either "Come, ye blessed" or "Go, ye cursed."

From one who truly wisheth and desireth the welfare and preservation both of the bodies and souls of all people and hates nothing but the evil in any, and yet am a sufferer in outward bonds tor the testimony of Jesus and of a good conscience,

John Banks

Given forth in the common jail in the city of Carlisle, Cumberland, the 30th day of the Seventh month, 1684.

The sixth day of the week, and also the First-day following, being the 3rd and 5th days of the eighth month, so soon as the jailer perceived that we were met together, being thirty-eight prisoners, he sent his turnkey to take us all away one by one and put us in a back room to have our meeting, and then let us go to our places. But growing weary of this work, the sound of my voice still reaching to the street, he sought out a place in the city to his mind. And removed both himself and us and placed us in rooms back from the street, in a court enclosed with gates, which he ordered to be shut when our meeting began, especially on the First-days.

Since we were so removed and placed, we have enjoyed our meetings pretty peaceably, both as to the jailer and the rest of the city, and gained our freedom and liberty, not only in prison and in and about the city, but at times to go home, far beyond what could have been expected, praises, honor, and glory for evermore be unto the Lord our God, who never leaves nor forsakes his people that stand faithful in their testimony for him. He by his great power is with them to uphold and preserve them and also in his own time to work their deliverance and to give them dominion and victory over all their enemies, endless praises over all unto him who rules and reigns for ever and evermore. Amen!

After I was liberated by the act of grace, I traveled in the work of the ministry into the West of England where I wrote the following letters to my wife and children:

Dear wife, together with my dear children,

My heart being open in the love of God in a living remembrance of you all, as at many other times, when my supplications are put up unto the Lord for his people, I could do no less than write a few lines to express how I am concerned for your growth and prosperity in the truth, every one in your several measures.

The Lord beget and increase love in your hearts to him and one towards another so that therein you may feel life and true tenderness to spring afresh in your souls as a testimony that you are kept near unto the Lord in an inward waiting and dependance in fear before him. It is these who are kept near unto the Lord in their hearts who are living, fresh, and tender. For he causes his heavenly rain and gracious showers to be poured forth upon them and the springs of life to bubble up in them so that they are made to say, "What manner of love is this, wherewithal the Lord our God hath loved us! And

225

what manner of persons ought we to be, in all holy life and conversation to the end that we may live and die the death of the righteous, that so it may be well with us, when time here shall be no more."

Dear children,

Carefully mind the performance of your duty towards God daily, fearing and obeying him, in what you know of him by his light and grace in your hearts, be it never so little; for as you are faithful in the little, the Lord will make you rulers over more. And as you thus come to know a growth and increase, you will also come to understand what it is to have heavenly treasure in earthen vessels, which is far better than earthly riches and worldly glory, with strife and contention.

Truth prospers very much hereaway. Great desires are begotten in many people after the way thereof. Meetings are full and large almost everywhere in the counties where I have of late been, and in Somersetshire, Dorsetshire, Devonshire. It was thought there were near a thousand people at the meeting at Spiceland where I was yesterday.

Yea, the work is great here, but the laborers are very few among themselves. Oh, that the Lord would be pleased to fit, prepare, and send forth more! I hope I may say, and exclude all boasting, that the Lord hath been pleased to make my service not only acceptable to many, but effectual to answer the end wherefore he hath sent me, so that my travel and exercises are made very sweet and comfortable unto me, and Friends' love, tenderness and respect are towards me, being glad to see me after my long imprisonment, and I have had blessed heavenly times among them. All which considered greatly bows my spirit, and lays me low before the Lord.

I have had five or six meetings in a week. My companion left me about three weeks ago, having something upon his mind for London. And I being not yet clear of this county and feeling a concern upon me for some counties more, I do not see that I am likely to reach the Yearly Meeting at London this year, though I must go there before I return home. But when, I cannot give any further account at present.

Farewell, my dear.

John Banks

From Spiceland in Devonshire, the 25th of the Third month, 1691.

My dear heart,

It is with me to say unto thee and thine that the sacrifice of a broken heart and a contrite spirit the Lord accepteth and never did nor will despise, though offered with sighs and groans that cannot be uttered. In this the Lord keep and preserve you all, which is the way to grow in grace and saving knowledge and to receive a blessing from his hand, which enricheth the soul, and is better than all earthly enjoyments, which are but for a moment.

Surely methinks I am always with you, in travail and concern of mind for your preservation every way, as I hope you are with me in my travels and various exercises both of body and spirit, which the Lord hath been pleased to make sweet and comfortable unto me. And I believe that he hath also blessed my endeavors and labor of love for the good of many where I have traveled. It is the great rejoicing of my soul to see the work of the Lord prosper, which he is hastening in the earth, for his own Seed's sake. Blessed are all who answer him by obedience when he calls, and in faithfulness continue unto the end; unto which, with my own soul, the Lord preserve you all. Amen!

Dear Wife,

By these, thou with all thine, and Friends, may know that I am well every way, high praises unto the worthy name of the Lord forever!

I came to this city the last Sixth-day and have had five meetings since, in all which the Lord was pleased to appear effectually by his power and life-giving presence. Meetings here are very full and peaceable, and many people have great desires after the truth. Oh! that those who have long made profession thereof may be found good examples in their places, so as to answer the testimony of truth and the witness of God in people's consciences, which would greatly tend to further his work and cause truth to prevail more upon people and which the contrary hinders. Wherefore, blessed are the faithful.

John Banks
London, the 9th of the Fifth month, 1691.

The above is the last letter I wrote to my dear wife, Anne Banks. She died the 2nd day of the tenth month, after the date of the aforesaid letter, early in the morning and was buried the fourth day after in the burying-place of Friends at Eglesfield in Cumberland.

We lived comfortably together many years, and she was a careful, industrious woman, bringing up her children in good order as became the truth, in speech, behavior, and habit. She was a meet-help and a good support to me in my travels, always ready and willing in truth's service and was never known to murmur, though I often had to leave her with a weak family, notwithstanding the exercises in many affairs she had to pass through. She was well beloved amongst Friends and her neighbors, several hundreds of whom were at her burial.

In the time of her sickness, she was very patient and content unto the last, being sensible of her inward condition and end, telling me she must leave me, that it was well with her, and that it would be well with her forever. She also said she hoped I would be, as I had been, a careful and tender father to her children who were dear and near to her. And in some time after, she ended her days in peace with the Lord and I am well satisfied of her eternal well-being.

Though our separation by death was the greatest trial I ever met with, yet the Lord in whom I trust was and is my preserver in that and many other deep trials and exercises, to whom I am deeply engaged in all humility to give the praise and return him honor and glory, who is God over all, blessed forever. Amen!

I have used much brevity in respect to many of my journeys and exercises, not being willing to make a great volume. It remains to be noticed that often I have visited Friends' meetings from Cumberland to London, and in London, and into the West of England, in my way thither and home, both before and after the Yearly Meetings; and in many other journeys beside from the year 1688 to the year 1702.

This year, going to London to the Yearly Meeting, I sent the following letter to my children:

My dear love in the truth is hereby remembered unto you and Friends. By these you and they may know that I am well, with your brethren and sisters. I am in haste, being the tenth hour at night, since I with seven Friends from Ireland here are to take our journey towards Chester early tomorrow, if the Lord will, and then for that nation; and therefore I have not time to write to you what I desire.

We have had a long and tedious time with that contentious man, George Keith, for several days together. He is of a very turbulent and troublesome spirit, vexatious to the church of Christ. But the power of God, for all his quarreling, is over him, and the life of our meetings runs in one channel to set the judgment of truth upon his head. For it was clearly made manifest unto us, in the light of the Lord Jesus Christ, that he was not only gone into and entertained the spirit of division and separation, but of envy and deep deceit, by which he warred strongly to prove Friends in the ministry to preach false doctrine, and himself the true, chiefly about the body of Christ, and the light within. But by the unruliness of his spirit, and the darkness that he is gone into, he hath so manifested himself that all his enticing words could take no place with us. The Lord preserve Friends in the innocency and simplicity of the truth, where is true unity, peace and safety from the destroyer. For wit and wisdom, in the strength of man's reason, darken and stop the springs of life.

Your loving father,
John Banks
London, the 8th of the Fourth month, 1694.

I traveled through the nation of Ireland five times and once from Carrickfergus to Dublin, being the first time, though I omit, for brevity sake, to mention how I traveled from place to place, and the length of time and number of miles. I also traveled in Scotland and there visited the people of God, and in the Isle of Man.

While I was in Ireland, I wrote the following letters to my children:

The love of God unto you hath been such as to give you a knowledge of himself, in and through Jesus Christ the true and saving light. And that which is required of you is obedience and a diligent walking therein in all fear, humility, and lowliness of mind. For that greatly tends to make sure the steps in the way of truth and righteousness and it is such that the Lord teacheth, viz, the humble, by his pure light and grace.

Oh! that a daily care may attend you to follow him in all faithfulness in answer to his blessed requirings, whether in words or actions, at home or abroad, for this is well-pleasing unto him and a rejoicing unto my soul, who am still under a weighty concern and tender care for your preservation every way in that which is good, and more especially seeing the Lord hath been pleased to take your dear mother from us.

I have no greater joy than to know that you grow in the truth and that you are loving and tenderly affectionate one to the other, in patience and quietness of mind bearing one with another in all affairs wherein you are concerned, so will your undertakings be more easy and comfortable unto you. Do what in you lies to keep to meetings, and be condescending one to the other therein.

And when you are met together with the Lord's people, let the fear and dread of the Lord be upon you, that you may be kept in all diligence in waiting upon him, daily to feel the work of his spirit in your hearts, to work you into true tenderness and brokenness so that you may grow up and bring forth fruit, to the praise and glory of the Lord, and your enduring comfort, which is my hearty prayer unto the Lord on your behalf.

We had a very heavenly meeting here in their new meeting-house, where never meeting was before and are to have a meeting tomorrow at Youghall, next day at Cork, where the province Six-week's meeting begins; two meetings there the First-day, men's and women's meeting the Second-day, and are to go ten miles to a meeting on Third-day at Bandon. Then we will go fourteen miles to a meeting further west on Fourth-day and forty-eight miles back again by Cork to a meeting at Charleville on Sixth-day.

My acceptable companion, James Lancaster, desires his love remembered to you, and Friends. Farewell, dear children,

Your loving father,
John Banks
Waterford in Ireland, the 4th of the Fifth month, 1694.

Dear children, John and Mary,

That true love and fatherly care which chiefly attends me concerning you is that you may grow in grace and saving knowledge which edify the soul and in a sense and feeling of that witness, the divine touches of the love of God, to tender your hearts before him, among his people, and at other times. Carefully follow those things in the course of your life that make for peace with him, according to the teachings of his Holy Spirit, by which the Lord hath measurably given you a knowledge of himself and his will, what he would have you to do and how to walk before him and all people. Oh! therefore, that you may fear, love, and obey him with all your hearts, so will you be kept humble and low, which is safe and good for all, but more especially for youth, because their natural inclinations are too often aspiring, that is, climbing up and getting high. But the truth, which is his love to the sons and daughters of men, manifested in and through Jesus Christ, being kept to and lived in, humbles the heart and brings and keeps down the wild nature where safety from many hurtful things is experienced.

By these, you and my friends may know, that I, with my companion, J. L., are well, praises be given to him who lives for ever! We have traveled through the south and west of this nation to this place a second time and intend, if the Lord will, to go towards the north the next Second-day. And if I find myself clear when I have gone through the north, I may turn homeward, which, if so, will be some time in the eighth month. But this is more than I yet clearly see, and so must leave it at present.

The work is great in this nation, and the laborers are but few. Yet the Lord hath here a blessed, zealous people for his name and truth, filled with love to his servants. This is largely manifested in accompanying us from one meeting and place to another, from ten to twenty and more in company at one time, the length of twenty-five miles, though in the time of harvest (mind that), and three traveled from this city above one hundred miles with us, that is, Amos Strettell, Samuel Baker, and Joseph Hankes, considerable dealers in outward affairs. And two also intend to travel with us from this city into the north, viz., Abel Strettell and Peter Fletcher. This I write as an example for others to take notice of, which in love I leave to their consideration, who may see these lines.

Your loving father,
John Banks
Dublin, the 18th of the Sixth month, 1694.

After I saw it my place and service to settle in Somersetshire, which was in the year 1696, I often traveled in the counties and shires adjacent, and also to the Land's End in Cornwall, laboring together with Friends to keep up meetings for the worship of God, First-day and week-day. And not only so, but to keep up and maintain the good order of truth and to have the same put in practice. And the Lord hath been pleased to make use of me as an instrument of his own fitting and preparing to convince several, some of whom became faithful and able ministers in their day. And some of them have finished their Lord and Master's work and are at rest with him in glory. The Lord keep and preserve them, with my soul and all his everywhere, diligent and faithful unto the end. Amen!
John Banks

A SUPPLEMENT TO HIS JOURNAL
WITH AN ACCOUNT OF HIS LATTER END AND DYING WORDS.

After settling in Somersetshire as aforesaid and his marriage with his second wife, Hannah Champion, an honest woman of Mear in the said county, in the eighth month, 1696, he traveled in the work of the ministry in the western and adjacent counties while he was of ability, particularly into Devonshire and Cornwall with Paul Moon of Bristol in 1697. The same year he went to visit Friends in his native county of Cumberland and usually went to the Yearly Meeting at London as long as he was able, and several times into the north.

In the year 1704 he was at the Yearly Meeting in London and had good service there, which was the last time he attended it. He dwelt fourteen years in the county of Somerset, from the time of his settling there till his death, and was very serviceable in that county, not only as to his ministry, but in helping Friends in establishing the good order of truth in Monthly and Quarterly Meetings. Though I must needs say for the honor of that county, they had been long, even from the year 1660, in the practice of the wholesome order of truth in their meetings, which were set up by the power of God for the well-regulating of our religious Society, and which Friends generally through the nation are in the practice of. Yet he and several other worthy elders were instrumental in improving and confirming Friends in it, for the honor of truth and our holy profession, not only by word and doctrine, but by life and practice.

About the sixth month, 1705, he was taken very ill and weak, being much afflicted with the gout so that he was confined to his bed, in which condition I found him when I went to see him at Mear in the beginning of the third month, 1707. Yet he was very fresh and living, and clear in his understanding. He disclosed his mind to me in some particulars to my satisfaction, and I was comforted to find the Lord so with him. He continued weak about two years, so that he could not travel as in times past; but afterwards he somewhat recovered again and went abroad. In the year 1708 he removed from Mear to Street, near Glastonbury, for his health's sake and to be near his friends and meetings, where he enjoyed his health better for some time. But he was still often very much afflicted with his old distemper and other infirmities as age came on. Some time after his removal to Street, he wrote me a loving letter, of which I shall transcribe some part.

Dear Friend,

That which makes us near and dear one to another is because we have received a certain knowledge that we are children of one Father who is holy and heavenly, begotten again to a lively hope in and through Jesus Christ, by the quickening of his eternal Spirit, to serve him, the true and living God, in newness of life. He has instructed us by the teachings of his all-sufficient grace and Holy Spirit how we may wait upon, worship, and serve him, and in what; even in the spirit and seed of life, by which we can cry, "Abba Father."

In a day never to be forgotten by us, he did not only bring to the birth, but gave power to bring forth. And as a tender Father, from the time of our infancy, by his helping hand has always waited to be good and gracious unto us, giving us rain and heavenly dew, which he hath caused many times to descend upon us, that we might grow from one stature and degree of holiness and strength to another that so, in our day and time, we might come to answer the good end for which he has made us a people. This was not only that we should meet together to wait upon, worship, and serve him in Spirit and Truth, though chiefly therein, but that we might grow up together, according to our several gifts of his holy, pure Spirit to the degree of elders and fathers to do work and service in the church of Christ, and in a more public manner amongst God's people, where there is much to be done.

Happy are they who can say in truth that what they do in that service, they do it unto the Lord and for his worthy name and glory. Great shall be their peace and comfort here with a heavenly blessing in Christ Jesus, and more abundantly and eternal in the heaven of heavens.

But why should I write of these things to thee? Only that we delight to be telling one another what the Lord our God hath done for our souls, who by his mighty power has been our preserver and upholder ever since he was pleased to give us the knowledge of himself, in and through various trials, deep exercises, temptations, and afflictions, both without and within. And all for the end that we may be helpful one to another, in building up and strengthening one another in the most holy faith, which works in the heart, as living members which make up that body which is complete in him our holy head, the Lord Jesus Christ; as those who have a fellow-feeling, and sympathize one with another under all our exercises. For how can it otherwise be, but that members of one body, which are living and sensible ones, should have a true feeling of one another, and a godly care and true tenderness that no one be hurt.

My heart is open to thee, in that same love in which our brotherly unity and fellowship did first begin and in which thou art truly near unto me, even in the love of God and unity of his blessed Spirit, in which the Lord preserve us little and low in our own eyes, near to him and one unto another, faithful unto the end and in the end. Amen!

Great hath been my affliction, even more than I am able to express. And even so hath the tender care of my heavenly Father been over me, beyond my utterance, in preserving me in and through it all to himself, sensible of my inward condition with my understanding open and clear, praises, living praises unto him, the living and eternal God, who hath all power in his own hand and is able to bring to pass whatsoever seems good in his eyes! For when I was in the midst of my affliction and my neighbors were called in to see me pass out of this troublesome world, as it was thought by all outward appearance, I having a little recovered, it livingly rose in me, "Thou must not go hence yet. Thou hast not wholly finished the work of thy day." It was the word to me, and I believed it. And thus far the Lord my God has made it good and fulfilled it to me, who never breaks covenant with his people nor alters the word that is gone out of his mouth.

Yea, thus far the Lord hath been pleased to raise me up again, though but weak still, so that I can sit in a meeting, and bear testimony to his name, and return the praise, honor and glory of all unto him who lives for ever. Friends, in condescension to my weakness, keep the meeting in its course at my house, both for worship and the men's Monthly Meeting also, which is cause of great refreshment and comfort to me.

The gout, which bears hard upon me often, has left such a cold numbness in my feet so that I can go but little and lamely. And there is such a weakness and pain in my joints that when I stand I shake like a leaf. All my fingers are so crippled that I can write but little, and sometimes none. Howbeit, I was willing once at least to give thee some hints, how it has been and is with me. Yet, notwithstanding all my infirmities, I can tell thee in so many words, though I undergo pain and weakness without, I have peace, comfort, and strength within, and that makes amends for all my wants. So I shall conclude in love and do remain,

Thy friend and brother in the truth that is living and precious,

John Banks
Street, in Somersetshire, the 29th of the Seventh month, 1708.

But though he was somewhat recovered, yet not to go far abroad. And not long after, his distemper and weakness returning, he was again reduced to his bed. I visited him in the fifth month, 1709, being the last time I saw him and found him as I did two years before, in a living freshness and sense of the Lord's love and mercy to him. And he discoursed very cheerfully of many things. He got up while I was there, but could hardly go without help, and continued weak for the most part of his time after.

The 5th of the third month, 1710, after giving account of his weakness, he wrote, "Howbeit all is well. I live to God through it all, and that as a full cup supplies all my wants and sweetens and makes my afflictions easier to be borne, glory, honor, and everlasting praises unto him who lives for ever!"

About two months before he died, he was raised beyond expectation in a more than ordinary manner, so as to travel to some neighboring meetings, which was to admiration, considering his weakness. At a Monthly Meeting at Somerton, the 6th of the sixth month, which was very large, he stood about an hour and a half, when it could hardly have been expected he could have sat so long in a meeting and he bore a sound and faithful testimony to truth with such presence of mind and distinction of doctrine that it was admirable to those who knew his weak condition, which is not mentioned to exalt man but the power of God. And he gave demonstration that his memory was strong, his understanding quick, and judgment sound in things spiritual, which was comfortable and refreshing to the meeting. He earnestly pressed Friends to a holy zeal for God, that they might be faithful in the small appearances of truth, encouraging such as were weak and putting Friends in mind to prize the present liberty, for it had been a summer season, and that a winter might follow.

After the meeting he was so very weak that it was a task for two men to get him to his lodging. He was very cheerful, signifying his great satisfaction in being so capable of enjoying his friends' company by being so free from pain and he had an evening meeting the same day with Friends and many others in the town. The next day he went to Long Sutton to visit Friends, and the following day to Knole, then to Puddimore, and the day after to their Monthly Meeting and had a very large testimony to Friends. Next day he went to the home of

Samuel Bownas at Lymington, thence to Sock, and to a meeting at Yeovil, which was very large, many Friends being there. He was very weak, but his senses were lively and quick, and he had a good discerning of the state of the meeting and several particulars in it and was well accepted by Friends. This was the extent of his journey, after which he returned home the 15th of the same month, having been out about ten days. Many Friends thought he would not have been able to undertake such a journey, but he could not be satisfied in his mind without it, although it was thought it much weakened him.

About two weeks afterward, on the 2nd of the seventh month, as he was walking in his orchard, he was struck with a pain in his back, so that he was scarcely able to go in, which proved very trying to him for several days before his death. Yet he often said that notwithstanding all his pain, his soul did praise and magnify the Lord for his goodness towards him, though his pain was so great sometimes that he thought it sharper than death. He expressed his belief that the Lord had provided a place for him in heaven and how well it would be if the Lord would be pleased to remove him. Many Friends and others came to visit him while he lay sick and oftentimes he had a large testimony to them by way of exhortation, counsel, and advice. On the 22nd of the seventh month, several Friends being present, after a time of waiting in silence upon the Lord, he said to this effect:

"Dear Friends, I counsel you in the love and fear of God to keep to your meetings for the worship and service of God, both First-days and week-days; and also Monthly and Quarterly Meetings, which were set up by the power of God to keep things in good order amongst us. Friends of Glastonbury and Street, my love to you hath been so great that I have ventured my life in riding through deep waters to come to visit you when I have had a concern from God upon my mind, so that you can say that I have been a good example to you in keeping meetings, as well as in other things.

"Although I am weak in body, and do not know whether I may live much longer or no, I am however strong in the Lord and in the power of his might, and I have nothing to do but to die, for I am rich in faith towards God and my cup is full of the love of God. Whether I live or die, it will be well with my soul, for blessed be the Lord! I can say with the wise and holy apostle Paul that I have fought a good fight and kept the faith, and henceforth there is laid up for me a crown of eternal life. And did the apostle say for himself only? No, he was wiser than so, but for all them that love the blessed appearance of the Lord Jesus Christ."

Some Friends of Somerton taking their leave of him, he said, "Give my dear love to Friends, and tell them that my soul is alive unto God." Amongst them there was a young man lately convinced of the blessed truth, to whom he said, "The Lord be with thee; and I desire thee in his love to give up in obedience to the workings of the Spirit of God in thy heart, and then he will do great and glorious things for thee. And do not stumble at the cross, for the more thou lookest at it and puttest it off, the harder it will be for thee to take it up." A Friend taking him by the hand, he said, "My dear love is to thee, and all that are faithful to God." Another took him by the hand and bid him farewell. He answered, "I do fare well in the Lord. My love is to thee and all the faithful in Christ," adding, "Joseph is yet alive, and that is enough."

He earnestly desired Friends to keep in the unity of the Spirit, which is the bond of perfect peace, with a great deal more good advice and counsel to Friends, it being attended with Divine power which tendered the hearts of many of those present and caused tears to run down their eyes.

The 24th, Thomas Freeman went to see him and asked how it was with him. He answered, "Very sick and full of pain, but the Lord helps me, else I should cry out aloud. Truth helps me, and ever hath since I believed in it." A few days before his death, he said to some who were with him, that he could say as the woman of Samaria did, that he had met with one who told him all that ever he did and that He was one who would not sew pillows to all arm-holes, nor daub with untempered mortar, nor cry as priests and some other professors do, peace, peace, when there is sudden destruction.

Some few hours before he died, he said to those who were with him, "Well is it to have nothing to do but die." Another time he said, "It is well with me and I am assured it will be well, and I have nothing to do but to die, and I shall end in the truth as I began." He was very sensible to the last, and after all his violent pains, he had a very easy passage and died in peace, the 6th of the eighth month, 1710, aged seventy-three years and two months, and was buried the 12th of the same in Friends' burying-ground at Street, where he died.

His body was accompanied to the grave by many Friends from divers parts, and several living testimonies were borne to the truth and power of God that raised him up and preserved him to the end, to the honor of God and the praise of his great name, and in commemoration of the deceased, who is undoubtedly entered into that rest which is prepared for the people of God. The Lord fit us and prepare us all more and more for the entering there into through the alone merits and mediation of his dear Son, our Lord and Savior Jesus Christ. Amen!

The blessed end of the righteous who die in the Lord and such as are faithful to the truth in their day, so different from that of loose and careless professors, should be an encouragement to all who have any desires after the Lord to embrace the truth and be faithful to it, that their latter end may be like his, for whose sakes and the truth's I have faithfully collected the foregoing account from such as were eye and ear witnesses of it.

J. W.

EPISTLES AND PAPERS UNTO YOU WITH WHOM I ONCE HAD MY CONVERSATION

The truth in soundness held forth and declared unto those with whom I formerly had my conversation, who are yet remaining in the cloudy dark day, tossed from mountain to hill, and cannot find a place of rest for your souls, but are crying, "There are so many ways, worships, and opinions held forth in the world that we do not know which is the true way. For if we did but know the way of God, we would walk in it."

For your sakes who are thus crying and in whom there are true breathings after the way of God, I write. As I have learned of Christ who is the true light of the world and hath enlightened every man that cometh into the world, so shall I declare that unto you, I who once had my conversation with you according to the vain customs of the world.

While I remained with you in vain sports, pleasures, and wantonness and could have gone to the same excess of riot which many of you are yet in, you could have spoken well of me, though in an evil action, because it was a pleasure to the vain mind, which the light of Christ in my own conscience reproved me for. I knew not then what it was which reproved me and let me see that I should not do so. Therefore I was apt to believe those that called it a natural light or the check of a natural conscience, a thing not sufficient to bring salvation, as the world calls it. "For," say they, "we know that we have all such a thing as you tell us of, but it is only a natural light or the check of a natural conscience."

Is that natural which reproves in spiritual things? Let the wise in heart judge by plain Scripture. Is Satan divided against himself? How then shall his kingdom stand? This is the windy doctrine of the priests, for which they have no Scripture, and so add their meanings thereunto or diminish therefrom, deceiving the simple. But the Scriptures witness against them who tell you that the light of Christ is natural. It is the Spirit of Truth which he hath sent, which doth reprove the world of sin, of righteousness, and of judgment, which whosoever believes in, shall not abide in darkness but shall have the light of Life. They are deceivers whom the prophet declares against, every one seeking after his own way, for his gain from his quarter. For put into their mouths and they will cry peace, peace. But hold from them and they will even prepare war against you. And so they are the false prophets which the true prophets declared against and by which the people of God in all ages suffered the spoiling of their

239

goods. For they that will live godly in Christ Jesus must suffer persecution.

When was the covenant changed or when do you look for those days declared of in the Scriptures? "Behold, the days come, saith the Lord, that I will make a new covenant with the house of Israel and with the house of Judah: not according to the covenant that I made with their fathers in the day that I took them by the hand to bring them out of the land of Egypt (which my covenant they brake, although I was an husband unto them, saith the Lord). But this shall be the covenant that I will make with the house of Israel: After those days, saith the Lord, I will put my law in their inward parts and write it in their hearts, and I will be their God and they shall be my people. And they shall teach no more every man his neighbor and every man his brother, saying, know the Lord, for they shall all know me, from the least of them unto the greatest of them, saith, the Lord, for I will forgive their iniquity and I will remember their sin no more."

Cease then from man whose breath is in his nostrils and come to the teachings of the Lord in spirit, where the New Covenant is known, for God is a Spirit and they that truly worship him must worship him in spirit and in truth. And such he is seeking to worship him in this his everlasting day. And the children of the Lord are taught of the Lord and in righteousness are they established, and great is the peace of his children.

So all people, turn your minds to that which reproves you in secret of that which no man can accuse you for, that by it you may be led and guided into all truth. It is the light of Christ, the Spirit of Truth, which he hath sent to reprove the world of sin, of righteousness and of judgment. And take heed of the hasty will that would say, "Away with this light; if this be your way, we do not desire the knowledge of it."

Do not call it so, but try and prove its strength and depart from the evil which it makes manifest, and do not call it natural or a thing not sufficient because it appears but little in you, for this is because you are disobedient to it. Whatever the light makes manifest to be evil, depart from; lying, swearing, drunkenness, and all manner of profaneness. Yea, if it be a secret thought or any intent harbored in thy bosom against thy neighbor or any man or woman whatsoever, ever so secretly, yet being made manifest by the light in thy own conscience, thou must depart from it or else the indignation of the Almighty thou must one day know to be heavy upon thee for disobedience when the Lord Jesus Christ shall be revealed from heaven with his mighty angels in flaming fire, taking vengeance on them that know not God and that obey not the Gospel of our Lord Jesus Christ. For all things that are reproved are made manifest by the light. And they that believe in the light shall not abide in darkness but shall have the light of Life. Mark the words, *shall not abide in darkness, but shall have the light of Life*. And though these things may seem but little in your eyes, yet be faithful in a little and you shall be made rulers over more. You shall know power over all the works of darkness and over the power of the devil.

The people of God witness a cleansing and sanctifying throughout in body, soul, and spirit and the blood of Christ cleanses them from all sin, for the Lord's hand is not shortened that it cannot save to the utmost, neither is his ear heavy that it cannot hear. His power is the same and as all-sufficient as ever it was. "But ye will not come unto me that ye might have life," saith Christ, and so you remain in sin and in death. And he that sins is of the devil and hath not seen God, neither knows him. And as death leaveth such, so will judgment find him.

Therefore cease from all those who make a prey of you for dishonest gain, who lead captive silly women laden with sin, led away with divers lusts, ever learning but never able to come to the knowledge of the truth as it is in Jesus Christ, who is the true light, the way, the truth, and the life; and no man can come unto the Father but by him. I say, cease from all these scribes, pharisees, hypocrites, and deceivers who walk in long robes and are called of men master, who love the chiefest places in the synagogues, uppermost rooms at feasts, and greetings in the market-places, whom the woe is to, who shut up the kingdom of God against men and will neither enter themselves nor suffer those to enter that would.

Oh! all people cease from them and come to the teachings of the Lord in spirit, for the nations of them that are saved must walk in the light of the Lamb. But this is the condemnation, that light is come into the world and men love darkness rather than light because their deeds are evil. But he that doeth truth cometh to the light that his deeds may be manifest that they are wrought in God.

Repent, repent, and turn unto the Lord Jesus Christ who is the stone refused and rejected by all the builders of the world. The same stone is become the head of the corner, praises everlastingly unto his holy name, who hath called us out of darkness into his marvelous light, where we walk and are not faint, run and are not weary. He hath not only called us, but also chosen us out of the world, and therefore the world hateth us, for the world loveth its own. And though we be hated, persecuted, scoffed, scorned, and judged as a people not worthy to live by this wicked and adulterous generation who speak evil of the thing they know not and though the beast push with his horns and the false prophet cast his envy and wrath against the Lamb and his followers, yet they shall both be taken alive and cast into the lake of fire, and the saints shall rejoice for evermore.

I say again, repent and turn from the evil of your ways, from your idle talking, foolish jesting, and laughter, which is madness and folly; yea, all your vain conversation whatsoever, lest sudden destruction come upon you, which shall come upon all the wicked, who love and make a lie, without speedy repentance and amendment of your ways, not only in confessing your sins but in forsaking them. There is no other way to obtain mercy at the Lord's hand. For be not deceived, God will not be mocked, such as every one sows, such shall he reap. They that live after the flesh shall die, but they who have a part in the first resurrection, over such the second death shall have no power.

If ever you come to know the way of God and to walk in it, you must come to the spiritual worship, for God is a spirit and they that worship him must worship him in spirit and in truth, and such he is seeking to worship him in this his everlasting day. So you in whom tender desires are, come ye out from among them and be ye separated, and touch no unclean thing and I will receive you, saith the Lord. Be careful now while you have time to cast off the deeds of darkness and to be separated from all your idol worships, for the Lord is wearied with them. Prize the everlasting love of God to you, who hath spared you so long; some twenty, some thirty, some forty years, and upwards; and yet you are crying, if we knew the way of God, we would walk in it. And then to satisfy yourselves, you say, "We hope we are in the way," whereby it is evident that you have no certainty of it.

By this you may plainly see, if you are not wilfully blind, that your teachers have not been sent of God, for they have not profited you and ye are always learning, led away with divers lusts, but never able to come to the knowledge of the truth. Some led into lying, swearing, and drunkenness, fighting, and quarreling, gaming, and sporting, and such like fruits as these.

And though both priests and people cry and say we are the false prophets and deceivers come in the latter days, I answer as the Scripture saith, by their fruits the false prophets are known. Do men gather grapes of thorns, or figs of thistles? Nay, they are not so blind.

242

So whether we or the priests and teachers of the world, who have the words but are strangers to the life, bear the fruits of the false prophets, let that of God in all consciences and plain Scripture judge.

Christ said, "False prophets shall come," and John said that in his days, "Many false prophets and antichrists are already entered into the world; whereby," said he, "we know it is the last times." I believe many of you will confess that there were no Quakers (as in derision we are now called) in John's time, yet he said that they knew it was the last time then because many false prophets and antichrists were already entered into the world. You say the last time is but now come in our days. And so whether it is John or the professors and priests and teachers of the world which have holden forth the truth in this thing, let the wise in heart and plain Scripture judge. Christ, who is the light and life of men, is the door by which you must enter into the kingdom, if ever you enter, "for he that climbs up any other way, the same is a thief and a robber."

And if ever you come to own God and the way that leads to his kingdom, you must own the light of the Lord Jesus Christ in his inward appearance to be your teacher, leader, and guide. It is even he, the true light, who is the way, the truth, and the life. And if you speedily repent and turn unto God by him from whom you are fallen and put away the evil of your doings before repentance be too late, it shall be well with you. But if otherwise you go on in rebellion against the light and strivings of his good Spirit and grace which God hath placed in your hearts to witness against all sin and iniquity and harden your hearts, stop your ears, and close your eyes, you shall seek repentance with tears and shall not find it. And this you shall know in the day of the Lord when you must give an account unto him of every idle word and of all the hard speeches which you have spoken against his servants, his pure way of truth, and his people. You were warned to repentance in your lifetime by a lover of all your souls, though but as a child and one of the least among many of the Lord's children and people. Yet he hath obtained favor with the Lord and mercy at his hand through true judgment for sin and transgression. And therefore hath "rather chosen to suffer affliction with the people of God than to enjoy the pleasure of sin for a season."

John Banks

Given forth in the year 1661.

UNTO YOU WHO ONCE KNEW THE TRUTH, THE LIGHT, TO YOUR JUSTIFICATION; BUT BEING TURNED FROM IT INTO THE UNCLEAN WORLD, IT IS NOW YOUR CONDEMNATION

That all in whom there yet remains any tenderness, or breathings towards the Lord and his truth, and whom the enemy of their souls' peace may be tempting to forsake the truth, for the enjoyment of that which will perish in a moment, may take warning lest they also be given up to hardness of heart.

Did you once know the truth to convince you of the evil customs, fashions, and vain traditions, together with all the dead worships and forms which are in the world and are you now like the dog turned to the vomit and the sow that was washed to the wallowing in the mire?

Oh! how doth my soul mourn and lament for you in secret, at the consideration of your state, who were once convinced by the light of the Lord Jesus of the evil that is in those things and knew his power to redeem you therefrom in some measure. And as you yielded obedience to that which manifested the evil and departed from it, how did your peace increase so that you were brought near unto the Lord in spirit, and worshiped him in truth and righteousness, by which you felt acceptance with him, and he was well pleased. And are you now departed from this, and gone back again into Egypt's darkness, amongst the fleshpots, which causeth you to have an ill savor?

Consider your ways and look back from whence you are fallen and return unto that which justified you, but now condemns you, or else you must perish eternally. Wherein stands your joy, peace, and comfort? Or in what can you content yourselves? Doth it stand in the enjoyment of the deceitfulness of riches or in that which will perish in a moment? "Thou fool, this night thy soul shall be required of thee," and then whose shall all these things be, for which thou hast forsaken my precious truth, saith the Lord, which of my everlasting love I made manifest unto thee for the salvation of thy soul. "For as I live," saith the Lord, "I will not the death of a sinner—Oh foolish and unwise people, who hath bewitched you," that you should forsake the truth, which for ever will be your condemnation, except you repent. Repent then, consider your ways, and be wise, who are not wholly given up to hardness of heart and past feeling that which is good. Repent and return unto the Lord God with all your heart and be ye separated from all idol worships and come ye out from amongst those people who resort thereto, whose course is evil, and whose way is not right. For if you do not, but go on in rebellion and hard-heartedness, (mark what I say) seven other spirits more wicked than that which bare rule in you before will enter you so that you will become two-fold more the children of hell than you were before.

Oh! your state is sad and your condition lamentable, who turned from the light, Christ Jesus, the way, the truth, and the life, into darkness, to be tempted and led away of the devil. Your state is miserable, who turn from worshiping the true and living God in spirit and truth, which worship he accepts and none else, to the worship set up by man's invention and tradition and forsake the truth, the light, under what pretense, color, or covering soever. If upon pretense of staying at home, you say why may you not serve God as well there as in coming to our meetings and that you will stay a while at home and not join yourselves to any people as yet. Oh! Believe not, neither hearken ye unto the enemy of your soul's peace, in this kind of reasoning by his lying spirit by which he would counsel you or under what other pretense soever, for this is the craft and subtlety of the old serpent.

He will proffer you all the glory and preferment of the world if you will worship him or that likeness which is now set up, under what name or in what manner soever, whether by staying at home or with whatever other trap he may take you. For he cares not whither the body goes or is, so that he in his subtlety can but get the rule of the heart and the affections set on earthly things.

If you lend an ear unto him, you will grow worse and worse, as the wicked do. And then though you may enjoy all the pleasures the world can afford, you shall always beg and still want. He that hath an ear to hear, let him hear what the Spirit saith. This covering, or any other besides the Spirit of Truth, cannot hide you from the wrath of the Lord. For where is your example? They that feared the Lord and worshiped him in spirit and truth, met often together, though sometimes upon mountains and highways and did salute the church at one another's houses. And they that forsake the assembling themselves with the people of God, under what color or covering soever, I must declare it for the clearing of my conscience, whatever they pretend, they neither worship nor serve God, nor hath he pleasure in them, because they draw back, "for if any man draw back, my soul hath no pleasure in him," saith the Lord. All these coverings are but like those of fig leaves, for "woe unto them that are covered with a covering, but not of my Spirit," saith the Lord. All other coverings shall be ripped off in the day of the Lord, and they that are under such coverings shall be made naked and bare and by his jealousy consumed.

Oh! how is the truth dishonored by you who turn from it. Oh! how do vain people boast themselves against it and plead to do wickedly. Because of you offenses come, "but woe unto them by whom they come; it were better that a millstone were hanged about their necks, and they cast into the depth of the sea."

Therefore I say unto all you in whom there are any true breathings towards the Lord and his truth yet remaining and do yet feel the Spirit of the Lord striving with you, in whom the enemy of your souls' peace may be twisting and twining to drive you therefrom and to persuade you to forsake the truth (but under another pretense,) for that which will perish in a moment and will bring everlasting torment, I say unto you in true and tender love, take warning betimes upon the consideration of what I have before said concerning the state of them who are turned from the truth lest you also be given up to hardness of heart.

Friends, do you know the truth in any measure to abound in your hearts, yea, though never so little and do you feel the Spirit of the Lord yet to strive with you, which will not always strive?" And are you sensible for what it striveth? And do you know the truth, and that there is not another way nor truth that can bring people unto God? And do ye know that ye are in that, and if you turn from that, it must be to your own condemnation?

And doth the truth let you see that all worship and forms, and many ways and opinions in the world, are dead, dry and empty and that all the vain customs and changeable fashions in the world are corrupting and will defile? And are you not sensible that the Lord out of his everlasting love did reveal and make manifest these things unto you, that you should come out of them and be separated from them, and wait upon him and worship him in spirit and in truth, according to his own ordination? And if you turn back again from this his precious truth which hath separated you from all these things, or at least made them manifest to be evil, into the world where all these things are, you shall be polluted by them.

I say, Friends, do you know and hath the truth made you sensible of these things? Oh! then for ever stand fast, faithful, and obedient and continue to the end and you shall be saved. Let none faint in their minds nor sit down by the way, but in the measure of light which hath life in it, breathe unto the Lord and continue unto the end, that in the end you may receive the crown of life, even the salvation of your souls.

But they who are not willing to bear the cross cannot obtain the crown. And they that will live godly in Christ Jesus must suffer persecution. They that are not willing to suffer with him, cannot reign with him (mark that) and "he that loves father or mother, wife or children, house or lands more than me," saith Christ, "is not worthy of me."

Dear Friends, as you value the salvation of your souls, which is of great weight, "choose rather to suffer affliction with the people of God, than to enjoy the pleasure of sin for a season," and do not hearken unto that spirit in you which would say you may go to the world's worship and yet live honestly and serve God well enough. Oh! dear Friends, let none hearken to that, for that is the seed of the evil one, the devil, who was a liar from the beginning. "You cannot serve God and mammon." You cannot forsake the truth and serve God, though the enemy of your souls' peace may tell you that departing from or not coming to meetings in the way and manner that the people of God meet to worship him in spirit and truth and going into the world or to their worship is not departing from the truth, and that you may serve God in another way, and live honestly in this world. Dear Friends, be not deceived through the subtlety of the enemy, for God will not be mocked. Such as every one of you sows, such shall he reap. "They that sow to the flesh, shall of the flesh reap corruption; but they that sow to the spirit, shall of the Spirit reap life eternal."

But rejoice ye, my suffering Friends, who sow unto the Spirit, of which you shall reap life everlasting. Rejoice, I say, and be exceeding glad, even in the God of your salvation. Let your rejoicing be in the cross of our Lord Jesus Christ, by which ye are crucified unto the world and the world unto you, ye lambs of my Father's fold with whom I lie down and am safe, even in the endless rest. Oh rejoice, ye who are freely given up to follow the Lamb whithersoever he goeth in this the day of trial "wherein he will thoroughly purge his floor, and gather the wheat into his garner, and burn the chaff with unquenchable fire."

In this day the wolf is seeking to worry you and the ravenous beasts to make a prey of you. And wherein the spoiler may be suffered to take away that which you enjoy as to the outward, yet again I say unto you, rejoice, as one whom the Lord hath made sensible of your state, as being a member of the same body, for the stirring up of the pure mind in you, that you may be more sensible of his love in your trial, and that you may answer the same by pure obedience. Praise and magnify the God of your salvation by walking in obedience to what he requires of you or suffers to come upon you for the trial of your faith, who are as those having nothing, yet enjoying all things to the praise of the Lord. Yea, truly, my Friends, this can I say to your comfort, that in whatever ye suffer freely and willingly, for holding the testimony of Jesus in righteousness, you shall receive an hundred fold in this world, though it cannot be beheld with an outward eye, and in that which is to come, everlasting life.

Blessed are your eyes that see and your ears that hear and your hearts that understand the things of God aright, for you shall hear and receive the things that belong to your peace. Yea, as you diligently hearken to that still small voice in you, which is the voice of the true Shepherd who calleth the sheep of his pasture into his fold, you know his voice and the voice of a stranger you will not follow. As you keep close unto this which leadeth into the low valleys where fat pasture is, you shall receive strength, whereby you will be enabled to stand in and go through the greatest trials and leap over the highest mountain that shall arise in your way. So shall you finish your testimony for the Lord and his pure way of truth and righteousness in the faith of Jesus Christ, in which you did begin, which is to make a blessed and happy end and finishing. For such as continue and persevere unto the end in all faithfulness shall be saved. Unto which the Lord preserve you all, bold and valiant, and faithful for the truth, while yet upon the earth.

This is the breathing and travail of my soul in tender love to the Seed of God in all.

John Banks

FOR FRIENDS OF PARDSAY MEETING, OR ELSEWHERE IN CUMBERLAND; TO BE READ AMONG THEM IN THE FEAR OF THE LORD.

Dear Friends,

The foundation of God standeth sure and they whose building is thereupon dwell in safety, where the enemy cannot come. Dear Friends, keep the watch, that nothing may have any entrance into your hearts but the beloved of your souls, whose love hath been so prevalent with you, that by it a willingness hath been wrought in you to part with all for his sake. Oh! therefore, press on towards the recompense of reward, always following him, so that you may feel sweet peace with him in your bosoms. For behold he cometh quickly and his reward is with him who can deliver, both out of the fire and out of the water.

Let none think it strange concerning the fiery trial in which the Lord hath seen it good to try you among the rest of his people, as though some strange thing had happened. But all be faithful to the Lord unto death and you shall receive a crown of life. It is not they that have begun well and sit down by the way who receive this recompense of reward, but they who in faithfulness continue unto the end, who know the saving health of Israel, and are cured of all their infirmities.

Let none suffer that to have place in your hearts which would say, "Why is it thus or why hath the Lord suffered it thus to come to pass?" But all keep the faith and hold fast your integrity and be steadfast in your minds, for ere the day be over, the trial must be greater before the dross be separated from the pure gold. For the Lord our God is about to work a thorough work in the earth to make you clean vessels for his use, by which he will get himself honor and make you shine who are faithful.

Blessed and happy are all you, my dear Friends, who honor God in your generation and woe to them who dishonor him in their lives and conversations, who would seem to honor God with their mouths and lips, and yet their hearts are far from him, in the earth. And all that are given to tattling and talebearing, and of a whispering spirit and busy mind are for judgment. And in what bottle soever these things are retained, it will burst and must be broken to pieces.

Therefore, watch against every appearance of evil, both within and without, with an eye for good over one another, that where there is an evil eye, it may be plucked out and so the eye being single, the

249

whole body will be filled with light, by which the darkness comes to be expelled. And they whose abiding and dwelling place is here know that it is a pleasant thing to dwell together in unity. "It is like the ointment that was poured upon Aaron's head, which ran down his beard to the skirts of his garment; yea, as the dew of Hermon and as the dew that descended upon the mountains of Zion, for there the Lord commanded the blessing, even life for evermore."

Dear brethren, dwell together in unity, that this blessing may be witnessed among you, even life for evermore. And that this everlasting dew may be felt to be distilled among you, that so you may all be members of that body that is fitly framed together by joints and bands, which the Lord God hath prepared to do his will.

And all my dear Friends in the Lord Jesus Christ, who have kept your garments unspotted of the world and who have borne a faithful testimony for him in this trying day and perilous time, peace be unto you. The love of God fill your hearts and his living unity tie you together for evermore, with whom I am truly bound up in that bundle of love and life that can never be broken. Surely my soul loves you and I am truly one with you in that love and unity of which length of time, distance of place, and wide seas can make no breach or separation. Oh! be you all encouraged to follow the Captain of your salvation, who hitherto hath gone before you and pleaded your cause with your enemies, both within and without. Surely you have good experience how he hath spread his banner over you, which is love, which unto you hath been as a covering from the heat and a hiding place from the tempest and the storm. Yea, it is even so, for there never hath been any weapon yet formed against you which hath prospered as you have stood in his pure counsel.

Therefore, whatsoever the Lord may yet suffer to come to pass for the further trial of your faith, fear not, ye little flock, for it is his good pleasure to give you the kingdom. And though the waves toss themselves, yet need you not be troubled, for he that delivered Daniel out of the lion's den and Shadrach, Meshach, and Abednego out of the fiery furnace is the same as ever he was. "I am the Lord, I change not, therefore ye sons of Jacob are not consumed," but preserved, and that to his praise and glory, even all who are of that seed and offspring.

And blessed are all you that suffer for the sake of truth and righteousness, who count nothing too hard, too near, or too dear to be parted with for this righteous cause of your God. Great is your reward in heaven, even life everlasting, world without end. And as the Lord your God hath not only counted you worthy to believe in his name and truth but to suffer for him, Oh! suffer joyfully the spoiling of your goods. Wife, or husband, or whoever it be, part with and freely give up each other, whether to a prison or the spoiling of goods or to be spoken all manner of evil against. The servant is not greater than his Lord. "As they have done unto me," saith Christ, "so will they do unto you," who suffered even unto the death upon the cross, through the counsel of the chief priests, scribes, Pharisees, and hardhearted Jews.

Dear Friends, consider the everlasting love of God unto you, who spared not his only Son for your sake, that by him, to wit, by his death and suffering, you might be redeemed out of your miserable state and lost and undone condition. By this love, the Lord your God hath wrought a willingness in your hearts. And oh! that he may work more and more, that so in a true sense of the same you may be preserved to the tendering of your spirits in true unity and fellowship with him and one with another. In a blessed inward feeling of that love, life, and heavenly unity which are at this time in my heart, I take my leave of you and breathe unto the Lord, that we may all be preserved unto the end.

Your brother in the living truth that changeth not.

John Banks

From Malloe in the county of Cork in Ireland, the 19th day of the Sixth month, 1671.

THE TESTIMONY OF TRUTH AGAINST ALL THE CUSTOMS, FASHIONS, WAYS, WORDS, WORSHIPS, CARRIAGES, AND BEHAVIORS THAT BE IN THE WORLD, WHICH ARE OUT OF THE TRUTH

With an exhortation and warning to all that profess the truth and come amongst God's people, and yet are found in the said customs, fashions, ways, words, &c., and plead for them. The people of God, in scorn called Quakers do deny and have no fellowship with such unfruitful works of darkness, but rather reprove them, because the testimony of truth is against them.

Fashion not yourselves like unto the world, for the world passeth away and the glory of it as the flower of the field. And the world by wisdom knows not God nor the things of his kingdom, for its wisdom is from below, which leads and draws down into the beggarly elements and rudiments. The carnal-minded man knows not the things of God nor his kingdom, even those things that belong to the soul's peace, for they are foolishness to him because they are spiritually discerned. The carnal mind and wisdom lead out into carnal, visible things to feed on the husks among the swine, for without are dogs, sorcerers, &c.

That spirit which rules in the hearts of the children of disobedience leads into divers lusts, pleasures, customs, fashions, idle talking, foolish jesting, lying, swearing, pride, and drunkenness. Such discern not the Lord's body, but crucify him, and say, as some did of old, that they will not have this man, even Christ, to rule over them because by his light he reproves them for their evil deeds. So they crucify the Son of God afresh and put him to open shame by sinning against him. And in such who bring forth these fruits, the just suffers by the unjust.

For these are the fruits of the flesh and of those who preach and teach for doctrines the precepts of men, and are found in the many inventions in outward washings, eating and drinking, under a pretense that God requires these things at their hands when as he saith, "Who hath required these things at your hands?" These things do not so much as make clean the outside and so are far from making or keeping the heart or conscience clean, or void of offence towards God. All such ways, worships, customs, and fashions truth's testimony is against, for these things are practiced amongst them who say they are erred and strayed from the way of God, like lost sheep. And so upon good ground God's people dissent from them.

The practice of the world is to change from fashion to fashion, in pride of apparel, meats and drinks, to see who can exceed each other in pride and high-mindedness to the end that their eyes and minds may look out one after another.

The practice of those who truly fear the Lord is to be plain and decent in their apparel, not given to change, as they of the world are, nor to wear anything but what becomes the truth and may tend to adorn the Gospel of our Lord Jesus Christ. Where God hath endowed with much, they are not to be extreme because of that. Nor they who are endowed but with little, to strive to set out the fleshly part beyond their ability. For both in rich and poor, this is to cause the eye to look out and the mind to wander. But the people of God strive who can exceed each other in good example both in meat, drink, and apparel, only using what is decent and comely to the end every eye may be turned inward, and all learn to be lowly minded.

The ways of the world are many, crooked, and unclean and they run to and fro in lying, swearing, and drunkenness; idle, vain, needless, unsavory words; vain customs and proud antic fashions which is the cause why their ways are crooked and unclean.

The way of the people of God, whom he hath redeemed out of the world, is but one straight and pure way in which they follow the Lamb in the regeneration, who leads them out of all uncleanness into purity and holiness.

The words of the people of the world, are many, needless, and unsavory. But the words of God's people are few and savory.

The worship of the people of the world, who deny the true light, is in darkness and their prayer therein is not heard nor answered, for in praying they cry, "Lord forgive us our sins," and yet they do not believe they can be freed from them and the people they preach to, live in their sins and so are never the better.

The worship of the people of God is in spirit and truth. They pray with the Spirit and with the understanding, and their prayers he hears and answers. They preach, being sent of God, and so profit the people. And such receive the end of their hope, the salvation of their souls, by Jesus Christ the righteous.

And now unto you who profess the truth and assemble amongst God's people, and yet are not in reality what you should be either in your words or practice in many things but are loose and unfaithful, in love to your souls this is written as a faithful warning, being the testimony of truth.

Take heed both old and young who are fashioning yourselves according to the world in extremes, beyond the bounds of truth, either in your apparel, words, carriage, or behavior. What! cannot you set the people of the world an example according to truth, and if they will not come to that, never go you to join with, embrace, or follow their vain and antic fashions?

And you that are old men and women, both as to convincement and years, set a watch in the fear of God against hastiness, rashness, peevishness, and crossness of spirit, for this is an ill example to your children and to such who are young and weak in the truth. But be ye grave and temperate, as nursing fathers and mothers. And set a watch before your lips, that you may not offend with your tongue.

And both old and young who make a profession of the truth, take heed that you do not utter unsavory words in your communications, and using the name of the Lord and God in your common talk, as is the manner and custom of the people of the world. This is taking the name of God in vain, and such he will not hold guiltless. It is evil communication that corrupts good manners. "Ye are the salt of the earth," said Christ Jesus to his disciples, "but if the salt hath lost its savor, it is good for nothing but to be cast out and trodden under foot of men." Wherefore have salt in yourselves.

Friends, you know that from the time you were first convinced the truth would not allow nor admit of any of those things above and it is the same now as ever. Therefore consider from what root it is these things arise, for they are all out of the truth and disowned by the children of light and the testimony of truth is against them.

You who are parents of children, train them up in the fear of the Lord, as becomes the truth, and give no liberty to them, nor indulge them in word or action that is contrary to the truth of God. Teach them the plain language of thee and thou to every single person and to name the days of the week and months in the year according to the testimony of the holy Scripture, for this is according to truth, and not as the people of the world do, after the names of the heathen's gods. And beware, both old and young, of taking liberty and presuming to do such things as you call little faults, until greater evils break out, for then will shame come openly to such and God's truth and people suffer.

And let none join with the people of the world in their customs of marriages, feasting, or set drinking, sports, pleasures, or vain shows whatsoever, but take heed unto the light of the Lord Jesus

Christ which makes manifest all things that are reprovable and for condemnation.

Beware all you who profess the blessed truth of being overcome with strong drink or other liquors, for by such the truth will suffer great reproach. Take heed of idle talking, foolish jesting, or fair speeches. For pleasing your relations in the flesh for an earthly end, more than the truth will allow of, that is a deceitful thing. Neither be ye found back-biters, tattlers, nor tale-bearers to stir up strife, or busy bodies in other men and women's matters.

Be watchful in the fear of God and carefully mind and obey his teaching grace and Holy Spirit, the Spirit of Truth that leadeth into all truth. And as this is kept to, we cannot in conscience join with the people and spirit of the world, for that spirit leadeth out of the truth into the broad way which leads to destruction. So all who in any measure have known your garments washed and made clean from the pollutions of the world, have a care that they be not spotted and defiled again by being familiar with the people of the world in their vain, loose discourse in their communications. This is the inlet of many evils. For we cannot join with the spirit of the world that leads into vanity and excess, without there is first a going from the Spirit of Truth in ourselves, for light hath no fellowship with darkness. Hence when the mind is gone from the pure light and all-sufficient grace, the eye is abroad after many things, which should be inward to the Lord. And so that eye and mind being too much one with the world, such begin to spy out which is the newest and finest cut and fashion, and the minds of such are restless until they have it, being gone from the truth in themselves, in which is the true rest and peace.

And yet you would be owned and called Friends! "You are my friends," said Christ, "if ye do whatsoever I command you." And he says, "Learn of me, for I am meek and lowly in heart." His grace teaches not to be proud or high-minded, for that is the enemy's work, and the spirit of the world joins with it, but not the Spirit of Truth.

But some are friends to the world and enemies to God. So consider whether you are friends of Christ or of the world. For according to the blessed apostle Paul, "Be not deceived, God is not mocked, such as you sow, such must you reap; they that sow to the flesh, shall of the flesh reap corruption, but they that sow to the Spirit, shall of the Spirit reap life everlasting."

Now it is plain and clear to every one who knows what it is to have their eye in their Head, (which is Christ) that they who follow and join with the world, in their needless and extravagant fashions, sow to the flesh and the wrong spirit, for some of which the prophet Isaiah, in chap. 3, from ver. 16 to the end of it, reproves the haughty carriage and behavior of the daughters of Zion.

Wherefore I say unto you, away with your round tire like the moon, (as said the prophet) and setting your dresses high above your brows with your powdered hair, but adorn yourselves in modest apparel, with shamefacedness and sobriety, not with broidered hair, or with gold or pearls, or costly array, but, which becometh women professing godliness, with good works, as said the apostle Paul, I Tim 2:9, 10. And for further proofs read Jer 10:2, 3; I Cor 7:31; I Pet 1:14, and 3:3-5 and there you may see how many fashions the apostles name.

The fashions which too many of you are found in the practice of, had you not your example from the people of the world and were taught by the spirit of it to uphold and plead for them, and not from those who truly fear and serve God nor yet from his pure Holy Spirit? For the testimony of the Spirit is against your fashions that the truth never led into. And they who live the life of the Spirit must stand in their testimony against them. These things cannot be hid from the world, being daily and publicly practiced and seen with their eyes. That as Thomas Ellwood said in his Epistle to Friends, "It hath come to pass that there is scarce a new fashion comes up, or a fantastic cut invented, but some one or other who professes truth is ready with the foremost to run into it. Ah! Friends, the world sees this and smiles and points the finger at it. And this is both a hurt to the particular, and a reproach to the Society in general."

If you would not have these things spoken nor written against, take away the cause, and the effect will cease. See to it that the inside be clean and then the outside will be clean also. Cast off the deeds of darkness and put on the armor of light, and willingly take up the cross of the Lord Jesus Christ and contentedly bear it, and it will crucify you to the world and the world to you, with all the vain fashions, words, and actions of the world, with all the sinful lusts of the flesh.

And as our dear and elder brother George Fox who was a good example to us in his time said, "All Friends everywhere, admonish one another, young and old, that you do not run after every fashion which is invented and set up by the light and vain mind, for if you do, how can you judge the world for such things? And set not up nor put on that which you once did with the light condemn, but in all things be plain, that you may adorn the truth of the Gospel of Christ and judge the world and keep in that which is comely and decent."

So hear and fear, betimes, and lay to heart and consider these things, for the Spirit of the Lord is grieved because of them, and the hearts of the righteous are made sad. Therefore see that these things be amended, for all those are for judgment.

And you who profess the truth and meet amongst God's people, and yet go out into the world to seek wives or to join yourselves with the world for wives or husbands, the testimony of truth and of the holy Scriptures and all God's people is against you because you have fellowship and join with them who are in darkness. In so doing, you go from the truth in yourselves, and so lose unity with the children of light and wax cold in your love and affection towards God, his truth, and his people and grow hard, proud, and high-minded, and count this but a light matter. But it will prove heavy unto such in the end, except they unfeignedly repent. Oh! be not deceived, you cannot serve God and mammon; you cannot live in the truth, though you make profession of it, and join with the world.

Why are you so vain in your imaginations, and why are your foolish hearts so darkened? Surely it is because you have not been watchful in the fear of God against the out-goings of your minds. And not keeping to that which is good, the evil hath overcome you. For if you had dwelt in the pure light, it would have expelled your dark thoughts, and then the world's spirit would have had no place in you.

It never was the practice of God's people in any age of the world to be joined together in marriage by a hireling priest. But marriage being an ordinance of God, and the true joining together being in and by his Spirit, God's people who kept the law of marriages took one another in the assemblies of the righteous, or before witnesses, and they were and are witnesses thereunto.

And so, dear Friends, whom God hath redeemed out of the world and the evil that is therein, keep out of the same, keep your garments unspotted of it. Take heed of that which would spot and mar your garments and heavenly image. Evil words in your communication spot and mar. Corrupt ways, peevish, hasty, and passionate humors, lead and drive the heart far from God and out of the way of truth. Evil customs and changeable fashions spot and defile your garments. Condescending to the worldly spirit for pleasing relations or others, for an earthly end, loses your dominion in the truth. Mixed marriages by a priest, and yet the truth professed, tend to bring into worldly-mindedness. And where the earth and love to the world come over the pure mind, the just is oppressed by it.

257

Live and dwell in the redeeming power of God that sets free and preserves so, all those who abide in it. It preserves out of the world's ways, customs, and fashions; out of unsavory words, out of hastiness, bitterness, and crossness of spirit; out of pride, and high-mindedness, bad marriages, and the like, and preserves the mind unto God to seek first his kingdom and the righteousness thereof, and then all other things, in the Lord's time, will be added. Thus you may be true witnesses that greater is he that is in you than he that is in the world. Christ Jesus, God's everlasting power, you are all to follow, hear, and obey. He leads into purity and holiness. He leads into the green pastures which make fat. But the spirit and power of the prince of the air and darkness that rules in the world, if you give way to it, leads into blindness, and darkness, and hardness of heart, and leanness of soul. And when the soul is in death, what better will any be to have a name to live and be dead? What comfort can a wife, a husband, houses, lands, gold or silver then minister unto any, especially when their dying hour comes and they not fitted for it, for tribulation, anguish and woe will then be to every soul that doth evil.

So know Christ Jesus the power of God to be your head and husband, and never forsake or deny him for any pleasure or delight in the world, for the world passeth away and the glory of it. But he, the way, the truth, and the life, will last and endure for ever, whose name is called the Word of God. He hath said, "I am Alpha and Omega, the beginning and the end, the first and the last." He was before, and will outlast all the world's ways, worships, customs, fashions, tithes, types, figures, shadows, and inventions of men. He the substance is come and fed upon, blessed be his name for evermore.

And, dear Friends, keep all your meetings in his name and power. Come orderly together at the time and hour appointed, not scatteringly, a long time one after another, for this is no good example to the world, nor so profitable for your growth in the truth in your own particulars. Keep your meetings in constancy and faithfulness, as well on the weekday as on the First-day, as our manner was in the beginning. Prize truth and God's glory, for truth is the same that ever it was. And the Lord is not wanting to his people now, any more than formerly, to them who in faithfulness wait upon, worship, and serve him.

And when you are met together, be faithful and diligent in keeping your watch, and take heed that you be not overcome with the spirit of slumber, especially you that are ancient and public in the affairs and concerns of truth, nor any professing to wait upon, worship, and serve God, neither old nor young. It is of bad report and ill savor, and very uncomely to behold, a stumbling-block in the way of the weak, a hurt of their own souls, and a grief unto the heart of the upright.

Dear brothers and sisters, be faithful and diligent in your meetings and waitings, lives and conversations, that you may adorn the Gospel of our Lord Jesus Christ so that the life you live may be the life of the just, which is by faith in the Son of God. For this only gives the victory over the world, and all the evil that is in it. Hold fast the same unto the end, that you may receive the crown of life and of immortal glory. To God alone, who hath called you by an holy calling and gathered you together by his own hand and arm of power to wait upon, worship, and serve him, who never said to the house of Jacob, seek ye my face in vain, give the praise and evermore have cause to return him the honor and glory, who is worthy thereof for evermore. Amen.

John Banks

Mooregate, in Cumberland, the 22nd of the Twelfth month (year unknown).

DEAR FRIENDS AND BRETHREN, UNTO WHOM THE SALUTATION OF MY LOVE REACHETH.

In all your meetings together to do service for the Lord, his truth, and people and to see that good order be kept in the churches of Christ, wait diligently to be endowed with power and wisdom from above, which is pure and peaceable, that by the same you may be guided to judge of and determine all that you have committed to your trust and charge, whether in things spiritual or temporal. Thus good order, the blessed unity, and fellowship that stands in the one Spirit may be preserved amongst you and every one may have right done them, and true judgment in the power and wisdom of God may be set upon the head of that which is unruly, stubborn, and rebellious. For take notice that every one who professeth to be a member of the body, or of the meeting, where things are to be done in unity, according to order, and settled and agreed to by the ancient and elder brethren of the church of Christ, every such an one ought to be subject and condescending one unto another in things which are already settled and established as to church order, and not any one to say in this or the other, "I would be left to my freedom and liberty."

Let all seriously consider that if every one of you, when met together, should be of this mind would not this tend to lay aside and break all order, rule, and fellowship as it is already settled according to truth in our men and women's meetings, as seen meet in the wisdom of God? Yes, surely it would. Wherefore I cannot but say unto you for the clearing of my spirit that care be taken to keep up the good order settled in the church, notwithstanding some in their particular judgment be against it. I speak in tenderness, for the good and preservation of all who love good order and unity with the people of God, beware every one of reasoning above the simplicity of the truth, for the apostle warned to take heed that you be not betrayed from the simplicity that is in Christ, as the serpent beguiled Eve.

Dear brothers and sisters, be ye all careful to keep low and near the Lord, and then you will be kept near and dear one unto another, and the Fountain of life and Divine wisdom will be opened unto you, and the streams thereof will run plentifully among you, which will make all your meetings and undertakings sweet and comfortable in the wisdom and power of God and in the heavenly fellowship of his Spirit. All the disorderly, unsubjected, and unruly will be judged and cast out from among you.

Wherefore, dear Friends, keep close together, as a body fitly framed together in unity, so shall nothing be lacking. For we need not to want anything amongst ourselves that may tend to strengthen us against the enemy within or his instruments without. For the enemy is strong and subtle and they are many, all seeking to devour and break us asunder, which all the powers of hell and death shall never be able to do, as our care is to keep close together. Let your continued care and mine be that nothing upon any account may be given way to that may tend to do any hurt or make any breach amongst ourselves. But as the Lord hath honored us with his truth above many, to his praise and glory and our comfort be it spoken, he hath preserved us in unity and sweet communion together for many years.

Oh! that we may still be concerned as one man, of one heart and mind, to continue and persevere unto the end, in that in which we have begun and thus far are preserved, living to God, zealous for his name, truth, and glory. Through our careful settling and steadfast abiding upon the rock and living root that bears us, we may bring forth fruit more abundantly through the fresh springs of life which will spring afresh into us, in and through Him, who is the fountain of all our mercies, blessings, favors, and preservations so that living praises in our hearts and mouths in our assemblies may rise to the Lord in a sense of life, being broken and tendered before him, to bless, praise, and magnify his holy and honorable name, for our preservation in his truth near to himself, and in love and unity one with another; which is the travail and living concern and prayer of your brother, that you may be so kept and preserved for ever, unto the end, Amen. Known to you by the name of

John Banks

From my prison-house in Carlisle, in Cumberland, the 29th of the Third month, 1684.

THE BLESSED EFFECTS OF TRUE
AND SAVING FAITH

With encouragement to all Friends everywhere that suffer for the sake of truth and righteousness.

Dear Friends,

The great work of God in the sons and daughters of men is to purify the heart and make clean the inward parts, which is through faith in his Son. Faith is the gift of God and the work of it is to purify the heart and cleanse from dead works to serve the true and living God in newness of life, to work out the old leaven, and mold into a new lump, to make the heart anew, the mind heavenly, and the soul living.

Oh, the blessed effects of true and saving faith, even that faith which stands in the power of God! which as man comes to the knowledge of, such come truly to believe in God and confession with the mouth is made to salvation, and so gradually a casting off and forsaking everything that is evil, whereby a learning to do well by the teachings of the grace through faith comes more and more to be known. These are the blessed effects of true and saving faith, which works tenderness in the heart, instead of hardness, and brings to true openness those that have been shut up, and into a nearness with the Lord and one with another, even such who have been far separated from him by wicked works. This is true faith that works in the heart to the overcoming of it, saves them that were lost, quickens them that were dead, and brings them through the strength and power thereof to serve the true and living God in the newness of life.

The blessed effects of this true and saving faith are to make clean, pure, and holy and to sanctify throughout, in body, soul, and spirit; to make a new creature and bring to a true knowledge, what it is to be in Christ Jesus. And so the heart with the whole affections come to be set on things which are heavenly, everlasting, and eternal. Oh! the pure change and blessed alteration that comes to be known hereby. Man that hath been unclean is made clean, and man and woman that have been unholy and impure are made holy and pure. And so in the holy life, holy men and holy women come to worship and serve the pure holy God in the newness, livingness, and tenderness thereof. According to their measure, they come with the blessed apostle to say by living experience, "The life that I now live is by faith in the Son of God. Old things are passed away, and behold all things are become new." The old words are passed away, the bad actions and vain conversation put off, which are for judgment and condemnation, and the armor of light put on through the blessed effects thereof.

Through this true and saving faith which stands in the power of God, his people come to have on their armor, by which they are made more than conquerors, made able to withstand all the fiery darts of the devil, and all his instruments both within and without, and with the prophet to leap over a wall, run through a troop, and to break that which is as a bow of steel spiritually, that otherwise cannot be got over, run through, nor broken. Oh! what is too hard for those who are in this true and saving faith?

The author to the Hebrews, in the eleventh chapter, verse thirty-second, having spoken largely of the fruits and effects of faith, saith, "What shall I say more? for the time would fail me to tell of Gideon, and of Barak, and of Sampson, and of Jephtha, of David, and also of Samuel, and of the prophets who through faith subdued kingdoms, wrought righteousness, obtained promises, stopped the mouths of lions, quenched the violence of fire, escaped the edge of the sword, out of weakness were made strong. Women received their dead raised to life again and others were tortured, not accepting deliverance, that they might obtain a better resurrection. And others had trials of cruel mockings and scourgings, yea, moreover, of bonds and imprisonment. They were stoned, they were sawn asunder, they were tempted, they were slain with the sword, they wandered about in sheep skins and goat skins, being destitute, afflicted, tormented, of whom the world was not worthy. They wandered in deserts and in mountains, and in dens and caves of the earth, and these all have obtained a good report through faith."

So dear Friends, wherever this may come, unto whom the salutation of my life reacheth, try yourselves, prove yourselves, that you may know whether you be in this faith or not, whereby all these blessed effects are wrought and brought to pass, and many more, to the making perfect throughout. Let none content or satisfy yourselves with the word faith or with the bare profession of faith. But carefully mind what Christ Jesus our Lord saith, "If thou hast faith as a grain of mustard seed, thou shalt say unto this mountain, be thou removed, and it shall be so." If faith in this small measure or degree, through the blessed effects of it, be thus powerful, or those whose faith is no more, thus gain the victory, how much more victory shall those obtain that keep it unto the end. For it is those who finish in that same faith in which they began who shall be saved and for whom the crown of life and immortal glory is laid up. But some who are young in the truth and whom the enemy may bear hard upon by temptations may say, "I thought I had faith in some measure, and yet those things stand in my way like mountains, so that I cannot get over as yet, and great oppositions and temptations I meet with, both within and without, that prevail with me."

Dear Friend, in much tenderness my soul breathes unto the Lord for thy deliverance. And in order that thou mayest be delivered from that which so oppresses thee in spirit or stands in thy way, mark well what I say unto thee. Thou willest too much, and through thy willing thou wouldest run too fast and make too much haste, striving to get over things which is the great cause why thou comest short of obtaining victory through faith and that thou dost not come to know the blessed effects or work of it in thy heart. Remember the counsel given to Israel of old, "Thy strength, O Israel, is to stand still." True strength and victory through faith over and against the enemies both within and without is in standing still and being quiet and cool in thy mind. For as the Scriptures of Truth testify, it is certainly true that it is not in him that wills nor runs. The battle is not unto the strong nor the race to the swift. And Christ saith, "Which of you by taking thought can add one cubit to your stature?"

Stand still and patiently wait to receive the power which the Lord will give to all in his own time, not in theirs, who patiently wait for it, that so patience in thee may have its perfect work and thou mayest have the victory given to thee over all the temptations of the enemy, through faith in the power of God. And so will all those things come to be removed out of thy way that thou standest questioning and reasoning about. True faith gives victory and is known by the blessed effects of it. And as the apostle said, "This is the victory that overcometh the world, even our faith," and this is the way to know an anchoring and establishing upon the sure rock, through faith and hope, which never make ashamed.

And now, dear Friends, unto all you whom God in and through Christ Jesus his Son hath not only called to believe in his name, but also to suffer for truth and righteousness sake, blessed and happy of the Lord shall you be if you continue unto the end. You have a true knowledge and right understanding, that your suffering is for truth and righteousness sake, for Christ's sake, as those that are his, whom he hath redeemed and saved and sanctified by his blood, death and suffering. You are not your own, nor anything you have or enjoy, that

264

your suffering may be for Christ your Redeemer, your Savior, your Shepherd, Counselor, King, Priest, and Law-giver, and so for righteousness' sake, as those who because of the tenderness of their consciences cannot do nor consent to have done that which is unrighteous, unjust, or unlawful, according to the righteous law of God.

Blessed and happy are all you whose suffering is on this wise. For it is not only what any suffers, whether in body or goods, that will tend to bring the recompense of reward home to the comfort and joy of the soul, as a confirming encouragement in suffering, but also that you all know for what you suffer, to wit, the name, the power, the truth, in the Seed Christ. Here is true ease, true peace, and quietness in spirit under suffering. This makes the yoke easy and the burden light, and the blessed recompense of reward from the hand of God cometh unto all such an hundred fold in this life, and such also shall inherit life everlasting, as Christ Jesus our Lord said unto Peter that where there is a willingness to forsake father or mother, wife or children, houses or lands for his name sake, this shall be their reward.

So dear Friends, my counsel and advice unto you all is that you all be truly careful what you suffer for, that none may have only a name to live and be dead. But suffer as those who have faith in Christ, and are in a spiritual travail. For if anyone suffer in body or goods, and not in the truth, that will be a sad, comfortless suffering.

While as a great mercy from God you have yet health and liberty to meet together to worship and serve him, be faithful in meeting often together, First-day and week-day, in men and women's meetings. And when met, be diligent in waiting upon him, to receive of his living power from time to time. This is that which truly fits, furnishes, and prepares in every good word, work, and service. Make good use of time in being truly careful how you spend it, for it is the ill use made of time, or the careless squandering away of it, that makes many unfit for a time of trial when called thereunto.

Remember, the ten virgins all had lamps, but five wanted oil, and it is said their lamps were gone out. It seems they once did shine. And they were all called to prepare, but the five foolish wanted oil, and so were left behind, and the door was shut against their entering into rest and partaking of joy because of their unwatchfulness in the time they had given them. And although they came calling and crying afterward, it was to no purpose. The door was shut. It is plain there was a time when the door was open when the wise, who had both the lamps and oil, entered in. Therefore all be upon your watch continually with a care to have oil in your lamps, that you may enter into the place of rest where you shall partake of joy unspeakable and full of glory, as in a habitation of safety, where none can make afraid. If the storm or tempestuous trial last long, you shall never want for bread, but it will be sure and your water will never fail. For He for whose name sake ye suffer will spread your table, fill your cup, and maintain your cause. There your communion will be sweet with the Lord, and your unity and fellowship will be very comfortable, that you will have with all faithful suffering people.

This is the counsel and advice of your brother, in tender love, that all who suffer by oppression for truth and righteousness sake, it may be in this manner, that so you all may have cause of great encouragement under suffering, whether in body or goods. This I can give in truth by good experience, who have had my own goods spoiled and my body imprisoned time after time, and now am a prisoner, because for conscience sake I cannot uphold that great oppression of tithes. In the same day and hour I was to go to prison, the spoilers were carrying away my goods for no greater crime than worshiping and serving the Lord my God. And oh! the joy, gladness, and rejoicing that was in my heart because I was truly sensible of the cause wherefore I suffered. My joy was unutterable under this consideration, that the Lord my God should not only count me worthy to believe in his name, but also to suffer for the same. Christ Jesus the Son of the Father's love suffered to save and redeem my soul, and therefore should not I willingly offer up all I had and did enjoy in answer to what God through Christ his Son had done for me? Yea, surely, I said in my heart, "I will offer up all freely." I speak to his praise and glory, and the encouragement of all faithful, willing sufferers, whose suffering will never be wearisome nor tedious unto you. No murmuring nor complaining will have room in any such heart as to say or think, "How shall I live? Or how shall my wife and children be maintained? Or my business be carried on?" For though we are not to be void of an honest care in those things, yet not to murmur because of the suffering.

What! is not God Almighty all-sufficient for the soul? And must not he be relied upon, through Christ his Son, our Lord, for the salvation thereof? And is not he that is all-sufficient for the soul, sufficient for the body also? Yea, assuredly, by living experience can my soul say so. And is not the earth the Lord's, and the fulness thereof? And cannot he take and give according to his good will and pleasure?

Let all remember the patience of Job in retaining his integrity in his deep affliction and suffering, both in goods and body, whose wife gave him bad counsel, saying, "Wilt thou always retain thine integrity? Curse God, and die." But he refused it and reproved her and suffered the loss of his thousands of sheep and camels, and hundreds of oxen, and all his children and servants. Yet the Lord restored him double, so that it is said, "The latter end of Job was far more happy and blessed than the beginning."

Oh! that all who are called to suffer may be careful to refuse evil counsel given either by wife or husband, kinsfolk or relations, who would persuade them to requite the Lord evil for good and desert their testimony in suffering. Such who would give counsel on this wise, "This is but a small matter, and the other is but a little thing. Thou mayest do it well enough, or suffer another to do it for thee." "Nay," saith the honest-hearted and true to God, "I must first be faithful in the little and then my Lord and Master will make me ruler over more. And that which I cannot for conscience sake do myself, I cannot suffer any connivingly to do for me, for this is hypocrisy and dissimulation."

Oh! what encouragement have all the faithful in suffering to trust the Lord with all they have and enjoy, and to consider the patience of Job, the faithfulness of Daniel, and the faith, courage, and nobility of Shadrach, Meshach, and Abednego. Daniel could not but open his window and pray to his God though a decree was made to cast him into the den of lions. But the angel of the Lord's presence shut their mouths and preserved Daniel, the servant of the living God, as the king called him when he saw his faithfulness.

The kings and rulers of the earth, with many people, are made to confess that we are the people of God indeed when they see us stand faithful in our testimony, as Nebuchadnezzar was made to call the three servants of the Lord, "Come forth ye servants of the Most High God," although he had threatened, as some in our times, that if they would not fall down and worship the image he had set up, they should be cast into the fiery furnace, seven times hotter than ever; and who is that God that shall be able to deliver out of my hand! Yet as the Lord had then, so he hath a way now, to deliver all whose trust and confidence is in him, beyond the expectation of wicked and cruel men, notwithstanding their fury. Shadrach, Meshach and Abednego said, "Be it known unto thee, O king, we will not serve thy gods, for our God whom we serve is able to deliver us from the burning fiery furnace. And if not, we are not careful to answer thee in this matter."

And because they could not bow to the king's image, at the sounding of several sorts of instruments of music, they were bound and cast into the burning fire with their coats, hoses, and hats. And the flame of the furnace was so great that those men that cast them in were slain thereby, but not so much as one hair of the three faithful servants of the Lord was singed, nor the smell of fire found on their clothes.

What great encouragement is here for all who in any measure know God, to believe and trust in him in suffering, whether in body or goods, though ever so deep. For hereby it is evident that the Lord always had and hath a true regard to his people. And the more need they stand in of him, so accordingly he appears and works their deliverance, according to that saying, "The rod of the wicked shall not always rest upon the lot of the righteous." Not only so, but he brings plagues and judgments upon the heads of the persecutors and afflictors of his faithful ones, "One hair of whose head," saith Christ, "shall not fall to the ground without your Father's notice."

When Herod the king, the troubler of the church killed James, and because it pleased the Jews, took Peter also, and put him in prison, intending to bring him forth to the people, that same night, although Peter lay bound in prison with two chains between two soldiers, an angel from God came upon him and loosed his chains and caused the iron gate to open of its own accord. And Paul and Silas, who were put in the inward prison after they had been beaten and sorely abused and their feet fastened in the stocks, prayed and sang praises unto God at midnight and such was the wonderful appearance of the great power of the mighty God which caused the prison doors to open that it is said, "The foundations of the prison were shaken and when the jailer waked, he thought to have killed himself, seeing the doors open, supposing the prisoners had been fled. But Paul said, "Do thyself no harm, we are all here." And he came trembling, when he perceived what was done, and said, "What shall I do to be saved?" And Paul and Silas spoke unto him the word of the Lord and bid him believe in the Lord Jesus Christ, and he should be saved. And he and all his house believed.

There is great encouragement for all faithful, honest hearted Friends under suffering to go on in all faithfulness, freely giving up life and liberty and all into the Lord's hand, willing to cast their care and put their confidence in Him who hath all power in his own hand to bring to pass whatsoever seems good in his eyes. The wicked many times in the height of their wickedness are frustrated and God's people, beyond all expectation, preserved and delivered, of which you yourselves have many times been made living witnesses. Hold it fast, dear Friends, in your remembrance!

And you may also see that when there is a giving up freely to what the Lord requires, through the might of his power people's hearts and consciences are reached, causing them to tremble, whereby good desires are begotten and the query raised, "What shall we do to be saved," though before they have been persecutors and afflictors of God's people. They whose care it is thus to walk and show forth a godly conversation and example in doing or suffering so as to reach to the witness of God in people's consciences, though in the inner prison as Paul and Silas were, have not only cause to bless and praise the holy name of God for accompanying them by the angel of his presence, but also to sing and make melody unto him in their hearts.

Dear Friends and suffering brethren, though the Lord our God see it good to try your faith and patience to see how you will trust in him in the hour of temptation and time of trial, and men are permitted to take your goods and also to separate you from your nearest relations, your dear wives and tender children, and put you in prison, yet this is your joy and comfort, being sensible of the cause wherefore you suffer, and that man with all his power and rage cannot separate you from the pure enjoyment of the presence of the Lord, but it reaches unto his dear suffering lambs, though in a dungeon. If it were not so, we were most miserable. But now above all people we are blessed and happy, blessed and praised and magnified for evermore be the holy name and great power of our God, by which he doth carry through all his faithful children and people, for he is forever worthy of all praise, honor and glory, unto him alone be it given, both now and for evermore. Amen.

Dear Friends, put on courage and boldness as an armor, in the name, fear, and power of the Most High, faithfully to follow your Captain, the Lord Jesus Christ, who will never leave you nor forsake you, except you first leave him, who will lead through good and bad report, fire and water, and in every trouble and exercise, he will be your preserver who upholds all by his word and power. In faithfulness follow your Leader whithersoever he goes, for as you with diligence follow him, he will bring you forth in his own time. Happy are they that patiently wait till then though in as great trial as ever any of his people suffered.

Yet, if you be steadfast in the faith, he will bring you forth, and make you more bright and pure, holy and clean, for the fiery trial makes so, concerning which, as the apostle Peter said, "Think it not strange concerning the fiery trial which is to try you as though some strange thing happened unto you, but rejoice, inasmuch as ye are partakers of Christ's sufferings, that when his glory shall be revealed, ye may be glad also with exceeding joy."

So a true and faithful testimony, whether in doing or suffering in body or goods, may be borne unto the truth and for God and his pure holy worship, and against all oppression and unrighteousness, that the same may be left upon record to after ages as a confirmation to their faith and may tend to their encouragement, just as the example of those faithful witnesses who have already finished their course in the faith of our Lord Jesus Christ and are gone to their rest doth greatly tend to strengthen the faith and encourage those who are now traveling in the same way.

In that same love, pure life, and true tenderness into which at first you were begotten and raised to bear a faithful testimony for the Lord, his truth and glory, though but in little things, when nothing was too near or dear for you to part with, may you all persevere so that he who was known to be the first, may carefully be kept unto, and be known to be the last; the Alpha and the Omega, the beginning and the ending, the same yesterday, today, and forever, who is from everlasting to everlasting; that so the crown of life and immortal glory may be set upon your heads, which is laid up in store for all who in faithfulness continue unto the end. Unto which the Lord God of life, by and through the greatness of his own power, preserve you all faithful in life and unto death. Amen.

John Banks

From my prison-house in Carlisle, in Cumberland, the 17th of the Fifth month, 1684.

AN EXHORTATION TO FRIENDS

Dear Friends,

Many have been the mercies, privileges and deliverances of which the Lord your God hath made you rich partakers as you have stood faithful, ever since he gathered you out of the world by an arm of mighty power stretched forth.

And first of all, let me put you in mind of his love and good will towards you in so calling and gathering you. And it hath been through his fatherly care over you that you have been preserved until now. Forever prize the same in all humility before Him, for he is worthy.

And now, dear Friends, you know the good end of the Lord in calling and gathering you to be a people to himself was not only that you should believe in his name, but that you should also suffer for truth and righteousness. And a great work the Lord hath wrought in you and also for you by his power and Holy Spirit of Life in order to prepare and furnish you and give you strength, that you might run the race set before you without weariness or fainting where you meet with many conflicts by the enemy within and deep exercises and hard trials without, so that the saying is fulfilled in you, "Through many tribulations you must enter the kingdom." And yet, notwithstanding the danger on every hand that caused fear and trembling sometimes, and notwithstanding that the rod of the wicked was laid heavy and with sharp strokes upon you, yet through all the Lord your God, by the same power with which he gathered you and brought you through all these things, hath wrought your deliverance and brought you to your desired haven.

And these the mercies, favors, and deliverances which you received from His hand are never to be forgotten. Many times they were little expected, either inwardly or outwardly. And in both respects, when your travel and exercise was great, when a little peace was given and ease from burdens felt, how sweet and precious was this unto you and how did it tend to humble you before the Lord and lay you low before him, to the renewing of your fellowship and communion with him and one with another.

Dear Friends, always keep these things in your remembrance, that like so many good householders you may be found bringing forth out of the good treasure of your heart, things both new and old, and yet all sweet and savory.

Oh! the inexpressible love and kindness of the Most High in calling and gathering you, in quickening and giving life unto you by his eternal Spirit and power, and in causing his heavenly light to shine out of the darkness to give you to see your way out of the same, in which waiting you might witness life more and more. And great was his love and Fatherly care in feeding, refreshing, and nourishing you, causing his gracious showers to fall upon you, his plantation, that the seed of life and righteousness might grow in you in freshness and tenderness.

Oh, the love, mercy, and good will of your God unto you who have stood faithful in your testimony-bearing for him and his pure truth. In the day of your trial he hath borne up your heads over all his and your enemies, that you might not sink in the midst of troubles and he hath filled your cups and maintained your cause, and returned an hundred fold of joy and peace into your bosoms. Even when the body was in prison and the goods spoiled, and husband separated from wife, and wife from husband, sometimes unto death hath the Lord in all these things been as a husband unto the widow and more to the wife than she could either ask or think, and as a father unto the fatherless children.

And in the time, when as to outward appearance, you might have wept and mourned because of your deep exercises, you have even then been made to rejoice and give praises unto God who did not only count you worthy to believe in his name, but to suffer for truth and righteousness, and to say with patient Job also, "The Lord gives, and takes away, &c.," or suffers it to come so to pass, blessed and praised be his holy name and great power for evermore.

Oh Friends! let these things be had in remembrance by you while you have a being. For how hath the Lord gone before you as a King and Captain to lead you on, who have counted nothing too near nor dear to part with, that in faithfulness you might freely and fully follow him, as Caleb and Joshua did, notwithstanding the winds and tempests. And how hath he also followed you with his mercies, blessings, and favors when great spoil and havoc hath been made of your goods and of what the earth brought forth and afforded you. Yea, how hath the Lord caused these things to grow and increase again abundantly so that you have had good cause to say that you have been blessed in basket and in store. And though some have had but little, yet having meat, drink, and clothing, let such therewith be content, for so we learn by the teachings of the grace of God which is sufficient in all states and conditions.

Dear Friends, let these things come often under your consideration, when you lie down and rise up, and go forth and come in. So shall you feel your spirits wrought more and more into true tenderness and brokenness to lay to heart what the Lord hath done since his heavenly day dawned. May not I say to such as can read and understand, "One hath chased a thousand, and two put ten thousand to flight." The work is the Lord's, the praise and glory thereof belongs unto him to whom it is due, both now and for evermore. Amen.

And now, dear Friends, the Lord in his kindness and goodwill to you, after a long time of cruel sufferings, tribulations, and deep exercises, hath suffered a day of ease and liberty to come unto you, according to the desire of your hearts, which was not to be expected as to outward appearance, which hath freed you from your suffering condition, both in body and goods, in many places. And although it doth not reach to free me from my bonds, yet the Lord knows that I am truly content with my condition and no more weary than I was the first day I entered the same. And my heart is glad, and my soul rejoiceth upon the account of what is extended unto many Friends.

One hour of such a day and time, once, by many would have been greatly valued, when prisons were full, houses and shops broken up, goods spoiled, and meetings greatly disquieted by wicked informers and others, surely such a day as now is, or one hour of it, would have been greatly prized as a mercy from the Lord, and no doubt was much desired by many and labored for with much care and diligence by others.

And the day and time is now come (and yet continued how long, I shall leave to the Lord) of so large liberty and freedom as I need not to mention. And is it not prized by all as a great mercy, favor, and deliverance, seeing that many prison doors are set open, and the wife enjoys her husband again, and children their parents, and our meetings are continued unto us in a most peaceable manner, praises to God on high for ever? I say, is not this prized by all? I hope it is by many and my desire is that it might be by all. For what a pity were it that such a rich mercy should be undervalued by any, or not considered and prized according to the worth of it, or what it may produce if made right use of. But I fear, and have a godly jealousy, that there are some who are so inconsiderate and unmindful of the mercies of the Lord that they rather requite him evil than good herein.

Oh! let all take heed and beware that because of the present time of liberty and ease none may take more ease and liberty unto yourselves in meeting or out of meeting than becomes those professing truth. No, no more ought you to take than if it were a day of trial and deep exercise. For still you have an unwearied enemy to war with that neglects no opportunity which may make for his purpose by many temptations within and evil counselors without.

And though it be not now a time for him and his to rage and roar as though they would devour all at once, yet he will be creeping now in his cunning and subtlety more mysteriously and hiddenly to darken within, to hurt and hinder your growth in the truth, by presenting some delightful object without. And there is no way to have him discovered nor to receive power against him but by waiting and watching with diligence and true fear in the pure light of the Son of God. Therein power is received whereby the power of darkness is trod down and kept under so that he will be known to rule and reign, whose right it is, who is God over all heaven and the whole earth, blessed for evermore.

It is the work of the prince and power of the air, that evil spirit, where it gets place and rules, to do what hurt it can amongst the tender plants of God, to hinder the work of God, as that rending spirit of separation in those that entertained it hath used all its cunning craftiness by creeping in the dark to hurt and spoil within, and so make breaches and separations without. For it is plain and evident, which may greatly tend to confirm all Friends against it, and to convince those that are of it, that this spirit and power which pretends to be the Spirit of Truth and power of God is not the Spirit of Truth nor the power of God. For though such be preachers, they never have been instrumental since they were joined with it, I am fully persuaded, to convince any of sin or to gather any out of the world. Their work has been, and still is, to deceive the simple, and the wise and rich, who love ease and pleasure more than God, his truth and people, and are got into a false liberty and looseness, because they love not to bear the cross and live in self-denial, because they who are of that spirit like ease and liberty to the flesh and carnal mind. This present juncture of time might have served them to work in, but that they have already so far manifested what spirit they are of to all whose eyes are open, by flying and hiding themselves in the time of persecution and keeping Friends out of their meeting-houses. So that now they can do little more harm, though they creep here and there. For that serpentine spirit hath shot its sting and spent the greatest of its strength, so that any child of God now may tread upon it without hurt or danger.

Dear Friends, how can it otherwise be, but all those things rightly considered shall greatly tend to confirm your faith against it, never any more to touch with it, nor them that are of it, and also open the eyes of others, taken as in a snare, to break the snare and come forth from them who are of that spirit, that such may be restored and healed. As many as have escaped, let them prize God's love therein forever.

I say, they have never since they received that spirit I have described been instrumental to convince any of sin or gather any out of the world to God. So it is plain that such are none of his sending nor preparing. They are no ministers of Christ, but of him that is opposite to Christ, speaking from a dark power and spirit which gathers into the darkness out from the true light, where people cannot see the true way.

For the work of the true ministers of the everlasting Gospel is still to gather from darkness into the true light and life, and so into the heavenly Man, who was before the power of darkness was, Christ Jesus the power of God, there to live, move, and have a being where this earthly, separating, rending spirit cannot come. For it hath its power from below, out of the pit of darkness where its habitation and dwelling place is, out of which the Lord God of life keep and preserve you all, my dear Friends, in your habitations of light, there for evermore to live and dwell.

Let all take heed and beware of the deceitfulness of the enemy's workings in the dark, who from the beginning still wrought man's misery by getting an entrance by his lies, contrary to the knowledge God gives by his light and grace. He undoubtedly will now persuade to fleshly ease, careless security, worldly-mindedness, to seek self and its interest, if the watch be not carefully kept. For want of this, darkness enters, deadness comes over them, and a spirit of slumber takes place, which is both a thief and a robber. And the Spirit of Truth not being minded to lead and guide, the spirit of the world gets in and draws and leads into the earth and earthly things. And instead of laboring to be rich in faith and good works towards God, such labor chiefly how to grow rich in the world, that they may have great substance to leave, they know not to whom.

And all this darkness and insensibleness comes for want of waiting and watching with diligence in the light of Jesus Christ, the ancient and standing principle of truth, and because the daily cross to the will and mind that leads out is not borne and lived in.

And some, for want of a rightly prizing and valuing the present mercy so largely enjoyed, suffer a high mind to rule them, which leads above the fear of God and out of a sense and feeling of the pure truth in themselves, and so walk not orderly.

Dear Friends everywhere, as wise men and women have a care in the fear of God and in love to his truth, as those who are ordered and guided in his wisdom, that all people may see that you are no more heightened because of peace and liberty than cast down in a day of trial, but that all may behold your good conversation coupled with fear, that you are as those bowed before the Lord under a deep sense of his present mercy, not forgetting those heretofore received. For although the Lord may be pleased to make man instrumental in this or any other thing, it is unto him alone, who is the Author and Original of all good, that you are to return the praise, honor, and glory forever, though we would not withhold that from man which is his due who is found doing well, which is acceptable with God, and worthy of commendation and praise by all his people, who desire their continuance therein. And dear Friends, as you are preserved before the Lord and all people, you will be of the blessed apostle's persuasion who says, "I am persuaded that neither life nor death, principalities nor powers, things present, nor yet that which is to come shall be able to separate me from the love of God that is in Christ Jesus." So let all take heed and keep low in the even way, the middle path, where no extreme is, where you will be kept humble and meek. It is such that the Lord teacheth to prize and value every mercy and favor they receive from him.

It is very rarely those prize liberty and ease to the worth thereof, who never knew bonds, trouble, and suffering. Yea, it is as rare in such as for a man and woman to prize health and strength who scarcely ever knew sickness or weakness, or for those to prize the worth of bread who never knew the want of it.

It is those chiefly who have borne the heavy burden of imprisonment and spoiling of goods and have been straitly confined to the impairing of their health who are ready to cry out and say, "How deeply are we engaged unto the Lord for the enjoyment of this mercy of so large liberty and freedom."

Oh, that you may never forget of the same, though I know the honest-hearted who have their eye to God and love him, his truth and people above all, though never called to suffer, are ready often to say in their hearts, "Though I have never been exercised as other of my friends, yet I cannot but be mindful of their suffering condition and when they suffer, I suffer with them, and when they are freed, eased, or at liberty, I am made truly glad, so that I am engaged with them to praise the Lord for such a favor."

And the blessed effects produced by duly prizing the mercies and favors received from the Lord are, walking worthy of his love manifested to us and valuing the same, which engageth the Lord to give us more abundantly thereof, and constrains us to love him again and to double our diligence. These are so far from taking more liberty to themselves because of the liberty that is given, that they find themselves the more engaged to meet often amongst God's people in all their meetings, not only for worship, but men and women's meetings to do service there for him, his truth and people. But ease and liberty not made right use of bring forth little but idleness and unprofitableness, which render men unfit to do service for God.

Dear Friends, in the name of the Lord go on, and let none sit down by the way, but in faithfulness follow your Captain, the Lord Jesus Christ, who never leaves nor forsakes those who follow him, that you may have good cause to say, as those who have made right use of the day of God's love and mercy in giving ease and liberty, as well as when exercised in and under suffering, "Come what will come, the will of the Lord be done."

And all who make not use of this day's mercy for that end and purpose wherefore the Lord hath suffered it to come to pass, which is to engage and establish his faithful people, it will rise up in judgment against them.

Brothers and sisters everywhere, all be awakened unto righteousness to serve the living God, as you ought to worship and serve him, which is with all your hearts, your might and your strength, and with all you have and do enjoy, which is the Lord's. The Lord God of Israel keep and preserve you faithful in serving Him and one another in love for the increase of life and unity amongst you. This is the supplication and travail of my soul unto the Lord on your behalf, into whose blessed and fatherly protection I commit you all, to be kept where safety and preservation is for evermore.

I am your friend and brother in the living and precious truth, though a sufferer in outward bonds for the testimony of Jesus and of a good conscience.

John Banks

From my prison-house in Carlisle, in Cumberland, the 8th day of the Seventh month, 1687.

A GENERAL EPISTLE TO THE FLOCK OF GOD, BUT MORE PARTICULARLY, IN CUMBERLAND

Dear Friends and Brethren,

Look to the rock from whence ye were hewn and to the hole of the pit from whence ye were digged. That is to say, never forget from whence you came, no more than to what degree you are attained, what you were when the Lord first visited you and what you still are of yourselves, without the assistance of his power. Hold this fast in your remembrance, and it will greatly tend to humble you and keep you little and low in your own eyes in true self-denial. So shall the Lord alone be exalted, and his glorious power extolled over all.

It was the Lord who visited us with the day-spring of his love from on high, by the shining forth of his glorious light in a land of darkness, a country where there was a famine, not of bread nor water, but of the preaching of the Gospel, and brought us to a country where light and life are and that flows with milk and honey. Forget not the way of your soul's travel. And you that have not known it yet must tread the same path before you can come to be sharers with those who have so done, who have known what it was when they entered on their journey, or the beginning of the work, to drink a bitter cup, even the cup of judgment, to bring down and burn up all that was contrary and as a sword to slay the enmity and of twain to make one new man.

Then was the day of weeping, and mourning, and trembling. Then did the earth tremble at the presence of the Lord. The way of Zion's redemption being through judgment, love it still and dwell in a sense of it to the end, and the enemy shall never prevail against you, dwelling in Him to whom all judgment is committed, both in heaven and in earth, in Christ, the light, the life, and the quickening Spirit.

Dear Friends, in a sense of the tendering love of God, let me ask you who delivered and saved you and who hath kept and preserved you until now. Surely you can say with my soul, "The Lord alone by his own power and strength which he hath never failed to show for those that trust in Him." Therefore trust therein and keep thereto unto the end, and you shall be eternally happy.

And as you have known the travail of your souls in passing from death to life and out of darkness into light, which is the path that the younger generation who are coming up must tread in, you can tell them by experience, for their encouragement, that the Lord will never leave them nor forsake them if they follow him in the way of his judgments, which he mixeth with mercy and which must be owned and loved to bring down self and whatever would exalt itself above the pure witness. You can tell them that when your hands did hang down and your knees smote one against another so that sometimes your hearts were fearful whether they should ever be lifted up or strengthened again, yet having faith and being taught by the grace of God to have patience also to wait the Lord's time, he has appeared to lift up the weak hands and strengthen the feeble knees and make the fearful heart strong by the might of his power.

Yea, the Lord hath often wrought your deliverance and done wonderful things for you, beyond what you then could see, so that you have been ready to say, "I hope I shall never meet with such exercises, trials and temptations as heretofore." Yet if anything of self was set up to glory above what was meet, because of what the Lord had done for you, hath not the only wise God seen it good, after all this, to try and prove you again, both without and within, that you might be kept truly humble and low before him, always depending upon his power, and on nothing of your own? Hath he not seen meet to try your faith and patience, and for a time hath hid his face from you and given you but little either of spiritual bread or water, insomuch that because of your weakness and faintness, the enemy hath been very busy to tempt you to despair of the sufficiency of the power and mercy of the Lord, or to turn you aside from the way of truth, using all his subtlety to keep you from calling to mind how the Lord heretofore brought you over mountains and high hills, and leveled them all before you? And your hopes sometimes have been so faint, that some of you have been ready to say with one in the days of old, "Lord, hast thou forgotten to be gracious?"

And yet has not the Lord, after all this and much more, renewed your hope and strength again, and by the glorious appearance of his heavenly Sun, hath broken forth and shined in your hearts, clearly discovering to you the enemy's wiles and working, with all the mists and darkness he brings in with him, and driving away the same through the power that is received in the light, even the light of life? Thereby you see what hath been the cause of your being so exercised so long after your convincement. After you have known many deliverances, and watering-showers, and fruitful seasons, yet now you are brought to judgment and the sentence of condemnation, that all which is of self, in which the enemy works to the hurt of the soul, may be slain with the sword of the Spirit, which is the Word of God, and consumed with the fire of the Lord.

Thus hath the only wise God taught you by his Holy Spirit, and thereby you have learned experience and spiritual skill, how to come to his judgment seat, that you might come to his mercy seat also, that so you might know the way of your soul's travel from death to life, through weeping and mourning, to joy and gladness, through poverty and weakness, to feed at the table of the Lord and to come to have your strength daily renewed, to sit in heavenly places in Christ Jesus in that rest prepared of God in Him, where his glory shines in your dwellings, which will make you to shine as the stars of heaven, as you keep your station in inward watchfulness and waiting in the light.

When the mind is stayed there, it is immoveable, for its stay and strength is the sure rock and foundation of God, his great and glorious power, out of which both the water and honey proceed. Oh, the divine sweetness that is in it! Who can set forth the greatness, the goodness, and the excellency thereof?

You know, dear brothers and sisters, that our souls many times when together have been made rich partakers of the same in the enjoyment of the life-giving presence of our God and made near and dear one to another when we have been so filled with the wine of his kingdom that tears of joy have often run, which have far exceeded the tears of our sorrow.

Dear Friends, whom my soul loveth in all true tenderness and unto whom I am inseparably joined in the unity of the Spirit, my heart is full of love and life which flows from the living Fountain with desires for your eternal good. That you ancient ones, whose time cannot be long here, may finish in that in which you began, in freshness, and true tenderness, and receive the crown, that so it may be well with you for evermore.

And that you who are younger in the truth, and also in years, may not please yourselves with long life, nor yet with worldly preferment, but wait with all diligence and true fear, to feel the work of the converting, heart-tendering power of the great and mighty God, to work a true change in you, in body, soul, and spirit that so it may be well with you when death looks you in the face.

And my dear ancient Friends, be careful that you never forget nor depart from your first love and tenderness. And all you younger who have not so fully known it, wait diligently for it, that you may know the blessed effects of it, as the ancients have done, that through the fear of God placed in the heart and an awe and dread of offending the Lord you may come to say with them, "Oh! that I may never speak a word nor do any action that may grieve his good Spirit, nor break my peace with him. May I neither eat nor drink to excess, nor wear anything in apparel contrary to the pure truth, neither be found in any carriage or behavior, in conversation or communication, that may give any occasion or whereby truth may suffer." This was and is the desire and cry of all the faithful, and of those that truly fear the Lord and have known what the first love is and the blessed effects of it.

There was a time when nothing was valued like the truth, and it is so still with all who love truth and righteousness. No hardship, no scoffing, no scorn, no reproach for the name of Jesus, no suffering, no spoiling of goods nor imprisonment of body, neither principalities nor powers, things present nor things to come, shall be able to separate such from the love of God which is in Christ Jesus our Lord.

All these, and much more than I am able to express, were the effects of your first love and true tenderness that was begotten in you thereby. Keep to it, live in it, and never depart from it nor forget it, that so you may continue unto the end in that in which you have begun. As those whom the Lord in his love and by his power hath thus far preserved, so shall you be everlastingly happy when time here shall be no more.

Dear Friends, were we the wisest, the greatest, the mightiest, or richest among the sons and daughters of men? Most of us were such as were accounted foolish, weak, mean, and contemptible, like the Jews in the days of the prophet Nehemiah, who were called feeble by the enemies of God and of his people, who mocked and laughed them to scorn, and said, "What do these feeble Jews!" not knowing what work the Lord hath determined to do by them in answer to the prayer of the prophet.

He hath done great and wonderful things in this his day through the might of his own power, by those whom he hath called and chosen out of the world, though counted weak and feeble, yet made strong through his renewing of their strength. Here is encouragement given by our Lord and Master Jesus Christ for all true believers and faithful followers of him through many tribulations. "Behold," saith Christ, "I give unto you power to tread on serpents and scorpions, and over all the power of the enemy, and nothing by any means shall hurt you: notwithstanding, in this rejoice not, that the spirits are subject unto you, but rather rejoice that your names are written in heaven." In that hour Jesus rejoiced in spirit, and said, "I thank thee,

O Father, Lord of heaven and earth, that thou hast hid these things from the wise and prudent, and hast revealed them unto babes, even so Father, for so it seemed good in thy sight."

What remains for you then to say? "Oh," saith the truly humbled, "what manner of love is this wherewith the Lord my God hath loved me and visited my soul? And most especially, in a day when I was an enemy in my mind to him by wicked works. I am constrained to love him again, and to fear him always, that I may in no wise offend Him, so good and gracious a God, so dear and tender a Father, who hath dealt so kindly with me, not according to my desert, for I was unworthy that his love should reach unto me."

And such were we. Yet, notwithstanding all this, and much more, hath the Lord, with whom there is no respect of persons, loved us freely in a time never to be forgotten. Oh! be humbled and laid low before him under the sense of his love, that our hearts may be often broken and tendered thereby. For if the love of God doth not work this effect, nothing can. But all who, in true fear, dwell in a sense of what the Lord hath done for them, the secret cry of their soul is, "Oh! I can never do enough for the Lord, to answer his love and the knowledge of his blessed truth he hath given me, and the divine sweetness and abounding thereof, that I have many times felt to spring afresh in my soul in waiting upon him."

Wherefore such a one is made often to say, "There is nothing that I have that is so near and dear to me but I can freely part with it for the Lord and his worthy name's sake. For all I have and do enjoy is the Lord's." So can his redeemed say with a good understanding, not only their souls and bodies, but all they have and do enjoy are his.

Blessed and happy are all they whose godly resolution this is, who are thus redeemed by his power. Hold fast and continue your godly resolution unto the end in true faith. And look not out nor give way to the reasoning part, but keep near the Lord and rely upon the sufficiency of his power so that by waiting and watching therein you may receive strength. Then you will be strong and courageous, bold and valiant for the truth upon earth. For he, for whose name's sake you suffer, has sufficient in store to reward all your losses, crosses, trials and sufferings, both here and eternally hereafter. And assuredly he will not withhold it from you, as you stand faithful unto him in your testimony unto the end, unto which, the Lord by his own power, preserve you all. Amen.

Dear Friends, being well stricken in years, I cannot promise a long time to myself in this world, and I was willing, in answer to the motion of God's blessed Spirit, to send this epistle abroad amongst you as a token of my entire love and tender care over the flock of Christ, wishing that grace, mercy and peace, in and through Him, may be multiplied and increased amongst you, and that brotherly love and unity in the one Spirit of life may continue and abound more and more, and that in all your meetings and families you may be blessed with heavenly blessings in Christ Jesus.

From your friend and brother in the covenant of light and life,
John Banks

Given forth at Meare in Somersetshire, the 23rd day of the Fifth month, 1698.

A TRUE TESTIMONY CONCERNING
MY FAITH IN CHRIST

I believe in that same Lord Jesus Christ, the Son of God, for remission of sins and the salvation of my soul, who was conceived of the Holy Ghost, born of the virgin Mary, made a good confession before Pontius Pilate, and was crucified without the gates of Jerusalem, was dead and buried, and rose again the third day, and ascended into glory, far above all heavens, "that he might fill all things," according to the testimony of the Holy Scriptures, for which I have a godly and reverent esteem.

I also believe in Him as to his appearing the second time without sin unto salvation to all that look for Him by his living and eternal Spirit, the Spirit of Truth, which the world cannot receive, as when he prayed unto the Father, that he would send the Comforter who would lead into all truth all that believe in him thereby.

When it pleased the Lord to visit me with the day-spring of his love from on high in the days of my youth by this Spirit of Life and Truth, sin and Satan were manifested. And if at any time I was prevailed upon by entering into any of his temptations, I was reproved and judged thereby. But when faith was begotten in my heart to believe in the Spirit of Truth that reproved me, I received power from him in whom I did and do believe to overcome one sin after another, in order to a perfect freedom from it, which must be in this life, or else there is no entering into the kingdom of heaven. For all who live and die in sin are unclean and therefore cannot enter the kingdom.

This is the blessed effect of the faith of every true believer in the Lord Jesus Christ as to his birth, suffering, resurrection, ascension, and second coming without sin unto salvation, in whom all must believe for life and salvation to their souls, whoever come to know the full assurance thereof, in the kingdom of happiness and endless glory.

I believe in him, and own him in all his offices, and under every name and denomination which is given to him in the Holy Scriptures. I own him as King, even King of saints, and Lord of life and glory, High Priest of the profession of all that were and are of the true faith, God's covenant of light and life, Emmanuel, God with us, who is come to save his people from their sins, not in their sins, for there is no being saved therein, which is in the fallen and lost condition.

I own and believe in him, as he is the "true light, that enlighteneth every man that cometh into the world."

I own and believe him to be "the way, the truth, and the life" and that "no man comes to the Father but by him."

I believe in him as he is the Minister of the sanctuary and true tabernacle which God hath pitched, and not man, who by his power and Spirit hath fitted and made many able and faithful ministers in this the day of his everlasting Gospel, among whom he hath been pleased to account me worthy to be one, though one of the least of many. He is the Minister of ministers, and none are or can be true ministers, but who are made so and ordained by him. He fits, opens, and prepares by his power and quickening Spirit. So the ministers of Christ preach him to be the way, the truth, and the life; the true light, the door, the true Shepherd, who laid down his life for his sheep and saves by his grace all true believers who obey the teachings thereof.

He is also believed in and known by his second coming to be the ingrafted Word that is able to save the soul. He took flesh and suffered in it, the one Offering once for all to put an end to sin and finish transgression and bring in everlasting righteousness, the fulfiller, the finisher, and the end of the law with all the types, figures, and shadows of it. He is the end of tithes, swearing, temple-worship, outward circumcision, offerings, and oblations. The end, finisher, and fulfiller of water baptism and outward communion by eating of bread and drinking of wine. He is the great Baptizer, having baptized many by his Spirit into one body, of which he is the Head, which is the one saving baptism with the Holy Ghost and fire. And John with his water baptism is decreased and ended.

And He is the one bread of life, come down from God out of heaven, which is eaten of by faith, whose flesh is meat indeed and his blood is drink indeed. He the living substance is come and fed upon. That was and is the communion of saints.

This being the substance of the testimony, in brevity, of my faith in Christ, I am willing to leave it behind me when I have finished the work of my day and am gathered to my everlasting rest, which I have long travailed for, through many deep exercises. And this not only for myself, but I was willing to leave this upon record on the behalf of my Friends and brethren also, the people of God in scorn called Quakers, who are of the same faith in Christ with me that all may know, who have a desire to have a right understanding of our faith and principles, that we are no such people as to our faith in Christ as some ignorantly and others hatefully have rendered us, as though we only or wholly depended upon the light within for salvation to our souls and did not own or believe in Christ, as to his coming, death, resurrection, ascension, &c., and the benefit we, and all true believers have thereby.

But, blessed, praised and magnified be the worthy name of the Lord our God for ever, who hath opened our understandings by his power, whereby we know him in whom we do believe, which is not to believe in the light within, distinct from Christ—or as if people could believe in the light and not in Christ. But we believe in both, as one, knowing and being clear in our understanding that no separation can be made between Christ and the light that comes from him, which shines in the hearts of all true believers and shines in the darkness of unbelievers, and therefore the darkness cannot comprehend it. So we as truly believe in that same Christ who laid down his body and took it up again, as in his light within, and we have benefit to salvation by the one as well as the other, and of both, they being one, and are willing to lay hold of every help and means that God in and through Jesus Christ has ordained for our salvation.

John Banks

Meare, in Somersetshire, the 5th day of the Seventh month, 1704.

THE END

TESTIMONIES CONCERNING
JOHN BANKS

JOHN WHITING'S TESTIMONY CONCERNING JOHN BANKS

Since it pleased the Lord in his infinite love to cause his day to dawn and his truth to break forth in this nation of England, even in an acceptable time, when many were seeking the Lord and wandering like sheep without a shepherd upon the barren mountains of lifeless profession, seeking rest but finding none, many messengers have been raised up and sent forth to publish the glad tidings of the Gospel and to turn people from darkness to light, that they might find rest to their souls. Many of them, especially of the first rank, are fallen asleep. Among these our dear friend John Banks, the author of the following papers, was early raised and sent forth with the word of life and was a faithful laborer in his day, who gave up himself for the spreading of truth, spending and being spent in the service of the Gospel for gathering people to the knowledge of the truth, in which he was made an effectual instrument to many in this and other nations, particularly Scotland and Ireland.

Since the Lord was pleased to give me the knowledge of his truth, to which my education by religious parents was a good help, I always loved its messengers for its sake, as I did the author of the ensuing papers for his sound and savory testimony, which ministered grace to the hearers. He divided the word aright, according to their several states and conditions, of which he had a good discerning and could speak a word in season accordingly; like a good scribe instructed unto the kingdom of heaven, who bringeth forth of his treasure things new and old. He was also one that ruled well, not only his own family, but in the church of God.

I knew him above thirty years, from his coming into the county of Somerset in the year 1677, and could then, though but a young man, set my seal to the truth of his ministry and witnessed the efficacy of it. It was with demonstration of the Spirit and power, he being endued from on high to preach the everlasting Gospel of life and salvation. I have often been comforted in meetings with him, especially about the time of his coming to settle in the county of Somerset.

One of the last duties we owe to the memory of such who have labored among us in word and doctrine, and for their works' sake have been worthy of double honor, is to publish their memoirs, as occasion offers, after their decease, in which, I confess, I have often been comforted, as commemorating the worthy and noble acts of the

Lord done by them, and his goodness, mercies, and providences in preserving them, and carrying them over all opposition of men of perverse minds, and the persecutions and sufferings which have attended them for their testimony, and which have not been few in these latter days. This has always been the lot of truth and its witnesses, and was the lot of the author of this book.

The following journal and collection of his writings were sent to me by him in his lifetime with a desire that I and J. Field should take the care of publishing them after his decease, which we have carefully done. I have been comforted in reading them, by the sound, solid, serious matter contained in them, which I doubt not will have a witness in the consciences of all who read them in the fear of God. In them, he being dead yet speaketh, whose memorial still lives and will live among the faithful in a lively remembrance of him.

I truly loved him for his sincerity and uprightness, being a faithful man to the testimony of Truth, and concerned for good order in the church of Christ against disorderly walkers, and to keep things clean in Monthly and Quarterly Meetings from all that would defile or break the love and unity. When he grew weak in body so that he could not travel as in time past, though he got to several meetings beyond expectation but a little while before his death, yet his care for the church was not lessened, that all things might be kept well.

And at last having served his generation according to the will of God, he fell asleep and died in the faith and full assurance of a blessed immortality and eternal life. He laid down his head in peace with the Lord, in a good old age and full of days, aged about seventy-four, and is entered into the fruition and reward of his labors, and his works follow him.

John Whiting

London, the 12th of the Twelfth month, 1711.

A TESTIMONY FROM FRIENDS OF PARDSHAW MONTHLY MEETING IN CUMBERLAND

He was one upon whom the Lord poured forth of his Holy Spirit and gave a large gift thereof to serve him. The Lord's love is universal to all. He would have none to perish, but that all should come to the knowledge of the truth and be saved. And for that end he gives gifts to men to make them instrumental in his hand to bring the sons of men to have faith in his only Son the Lord Jesus Christ, "who is the true light which lighteth every man that cometh into the world."

Our dear friend was early called into the work of the ministry and was faithful to improve his gift; and the Lord made him useful in his hand, and many are the seals of his ministry who yet remain in this county, who are witnesses of the power that was effectually with him to the convincing of many. He was a faithful minister of the everlasting Gospel and given up to preach it freely and to labor faithfully in the work thereof. He went through great hardships and traveled much both by sea and land in Ireland, Scotland, and in this nation, and most of all in this county where he labored night and day for the gathering of people to God and for the settling of those who were gathered.

He was one of good discernment and was often opened by the Spirit of Truth to speak to peoples' states and had an answer from God's witness in their hearts, so that many were convinced by him. He was instrumental to gather several meetings in this county, being an incessant laborer in the Lord's work, both in body and mind, rising up early and lying down late, and freely given up to spend and be spent. We sincerely desire that we who had the benefit of his labor may be kept in true fear and walk worthy of all of the Lord's mercies, to his glory, and our salvation.

His ministry was powerful and piercing, ministering judgment upon the transgressor, yet filled with consolation to the sincere hearted, so that he was both beloved and feared by many. His memory lives amongst the righteous and we doubt not but he is entered into rest. It was not only given him to believe, but to suffer for the testimony of God in which he was preserved firm and true, to the stripping of his goods by the Conventicle Act, public sale being made of what he had. Yet the Lord bore him up over all so that he was as one of the stakes of Zion that could not be moved.

He was afterwards in prison at Carlisle for his testimony. Yet he retained his integrity and stood faithful, and the Lord was with him and gave him courage still to stand firm in his testimony against tithes and the hireling priests, not only in word, but in deed and in truth. In the time of the Conventicle Act, he kept close to meetings so that the informers concluded that whoever were not, he would be there, insomuch that they ventured to inform against him whether they saw him or not and thereby laid a snare for themselves and swore he was preaching on Pardshaw Crag when he was gone in the service of the Gospel into Ireland and was taken prisoner in Wicklow. This was proved against them, and they were forced to fly the country, and both came to miserable ends.

He had great service at that time, for many were convinced of the truth at the meeting in which he was taken prisoner. We might say more on this subject; yet the bent of our minds is not to attribute anything to him or to any man, but to the Lord's power which raised him up and made him what he was, to his honor and the peace and benefit of the church, desiring that we who yet remain may keep in true fear and humility, following the Lord Jesus in the way of self-denial, that we may so run as to obtain the crown of immortal glory. "Be thou faithful unto death, and I will give thee a crown of life."

Signed by:

James Dickinson, Peter Fearon, John Burnyeat, William Harris, John Wilson, Jonathan Bowman, John Ribton, Peter Wilson, Thomas Tiffin, Christopher Fearon, Jonathan Bell, John Nicholson, Matthew Lowman, George Wilson.

Pardshaw Monthly Meeting, the 23rd of the Eighth month, 1711.

JOHN BOUSTED'S TESTIMONY

He was a faithful minister of Christ in this his glorious Gospel day after that long and dark night of apostasy which had spread itself over the nations, in which many were made drunk with the cup of fornication. After it had pleased the eternal, wise God to open his understanding and to let him see his own state and condition, and reveal his Son in him, he was made willing to give up freely to the heavenly and inward appearance of Christ Jesus, the hope of glory. And as he was obedient thereunto, he was intrusted with a large gift of the ministry, in which he grew and was made powerful in it, to the turning of many unto the right way of the Lord, who were convinced of the evil of their ways and turned unto Jesus Christ, their free teacher, and were made to bless the Lord on his behalf, that it should please the Lord to send him amongst them who had sat in darkness and under the region of the shadow of death. He was skillful in dividing of the word aright, having milk for babes and stronger meat for those of riper age.

I knew him well, and truly loved and honored him, for he was worthy of double honor, as one that ruled well in the church of Christ. As he was bold in asserting the truth, so he was valiant in suffering for it, both by imprisonment and in spoiling of his goods. When at liberty, he traveled much in divers parts of this nation, also in Ireland and Scotland, and in many places where it was my lot to follow him, I found of the fruits of his labors, both by the convincement of some and the settlement of others. For great was his labor in the love of Christ our Lord.

Although he was sharp in his rebukes to the unfaithful and to backsliders, yet in admonition he was gentle and courteous, God having given him the spirit of discerning and of a sound judgment. I speak these things to the honor of the hand that raised him up, with fervent and true desires to the Lord that he may raise up and send forth many more faithful laborers into his harvest. For the harvest is great, and the true laborers are but few.

John Bousted.

Aglionbye, the 25th of the Ninth month, 1711.

As the labors, travels, and exercises of our dear friend John Banks were great, both in doing and in suffering for the name of the Lord, I shall here give a relation of some part of them wherein I was present with him.

The first time I saw him was at a meeting at John Iveston's of Jerishtown in Cumberland in the latter end of the year 1672, or about the beginning of the year 1673, where there were many Friends and other people. It was a good meeting to the confirming of those who had lately received the truth in the love of it and the convincing others of the right way of the Lord.

The next meeting he had in our parts was at Edward Atkinson's of Masthorne. A great meeting it was and many received the truth in the love of it, and lived and died in it. Others were so reached that though they never took the profession of the truth upon themselves, yet they often manifested their love to truth and Friends to their dying day.

So effectually was the love of God manifested in that meeting that many tears were shed, by some for joy that the Gospel of glad tidings was so preached, and by others in a sense of godly sorrow for their misspent time. He had several meetings afterward nearer to the borders of Scotland and one at Parkrigg, in which several were convinced by him, and others being added, it is now become a settled meeting.

He was serviceable amongst us in word and doctrine, and very exemplary in life and conversation, so that I greatly loved him. He had also a share in government and the care of the churches was upon him, that they who professed the truth might walk answerably in their lives and conversations.

In the year 1679, our dear friend going to the Yearly Meeting at London for the county, and it being my lot to be his companion at that time, we met at Strickland in Westmoreland and visited some meetings in Yorkshire, Nottinghamshire, Leicestershire, Northamptonshire, and so to London. He had good service in most places, and much comfort and satisfaction I had in his company, he, whom I esteemed above many others, being a loving and a nursing father to me.

After we had stayed the time of the Yearly Meeting and he was clear of the meetings of the city, we went to a meeting at Windsor, and so to High Wycombe, Reading, Newbury, Marlborough, Calne, and Chippenham, and most of the meetings in those parts. It was a time of deep exercise to many faithful brethren who kept their habitations in the truth, for in most meetings of this part of the nation there was a rending, dividing spirit crept into the church, and many were made to say, "Alas, we know not which way to turn, or what will be the end."

I am a witness, with many more, some of whom are yet alive, of the deep exercise of spirit he went under from meeting to meeting for the Seed's sake, that the innocent might be preserved from hurt and the spirit of separation which would divide in Jacob and scatter in Israel might be fully manifested. Though his exercises were such night and day that his meat and sleep were almost taken from him, yet the Lord so strengthened him in his inward man that he was borne up in his spirit to confirm and build up the righteous in that most holy faith which works by love, and to proclaim woe and judgment upon the spirit that had led into separation. And though in several places, they who were most in the separation, followed him from meeting to meeting and bent their bows against him, waiting for an advantage, yet the Lord was pleased, for the honor of his own name, to preserve him by his power so that he came away to the churches' comfort and edification, and to his own peace.

After this, we came to Bristol and found faithful Friends under great exercise of spirit by reason of a contentious spirit that some there were gone into. We visited meetings thereabouts, and when our friend was clear and his service over, we came pretty direct for Cumberland.

As the labors and travels of this our dear friend were great for the truth's sake which he was called to bear witness to, so he was also valiant in suffering for it, as appeared in his imprisonment in Carlisle. It was my lot, with others of our meeting, to be committed to prison at that time for our peaceably meeting together to wait upon the Lord and to worship him in spirit and in truth. We found our dear friends, John Banks and Thomas Hall, separated from the rest of Friends who were prisoners and put into a dark place, called the citadel, among the felons, something like a dungeon, where they could not see to work in a dark day without candlelight, and for no other cause, but for preaching and praying in the time of Friends' meeting to wait upon the Lord in the place where they were confined. His persecutors hoped that by their being absent the meetings of Friends would be silent and give less occasion of disturbance to priests and others who took occasion against his preaching.

The first meeting we had amongst the Friends in prison, Andrew Graham and I appearing in public, the jailer was much disturbed and took us away from the rest of Friends and being afraid of the priests and others, he was at a stand what to do, for there was no room for any more beds among the felons. The bed whereon our dear friend lay was next to the sink where the filth was discharged, which made it the more noisome. But the Lord's power carried them over all, and in a few days I obtained liberty of the jailer to go with the turnkey, and found the Friends, through the Lord's goodness, easy and well. The turnkey returning, I stayed to bear them company till evening.

When the turnkey came again, he told John Banks that he and his companion might go to the rest of Friends, if they pleased, for it would avail nothing to keep them there, as there were now other preachers. John Banks replied that the jailer brought them thither without any just cause, and he should fetch them back again and cause what they had to be carried along with them, which he did before he slept.

Being now together in one place, we kept our meetings, First-day and week days, and the place of our confinement being near the upper end of Castle street and not far from the great cathedral, so called, it often happened that at the time when people came from their worship on the First-days, John was preaching and his voice would reach to the door of the great house. The people frequently would either go softly or stand a little, for at that time no meeting of Friends was kept in the city. And at this the priests were much disturbed and threatened the jailer so much that he left this place at the year's end and hired another house.

Our friend John Banks, being a good example in all things, labored diligently with his hands, being a glover and fell monger by trade, and with much sitting during that cold winter, in which the great frost continued so long, he thereby grew infirm. We were sixteen in one room and had the privilege of but one little fire. And mostly four or five ancient people had the benefit of it. But at last we all obtained our liberty, mostly by King James's proclamation, and came forth free and clear men, for which the Lord shall have the praise.

I could say more, but knowing that there are many faithful brethren and sisters who had a perfect knowledge of him and of his integrity from the time of his convincement to the day of his death, and of his many labors and exercises both at home and abroad, I am the more easy to conclude, being an eye and ear witness of what I have here written.

Christopher Story

A TESTIMONY FROM THE QUARTERLY MEETING

in the county of Somerset, concerning John Banks, of Street, in the same county, deceased; who departed this life the 6th day of the Eighth month, 1710.

He was very zealous to the last to spread the Gospel and in all his exercises and afflictions he had the honor of God and good of his people in his eye. He devoutly labored in his gift and being an able minister of Christ was instrumental both to gather and confirm many souls in the truth. We have many witnesses who, with us, have partaken of the comfort of his labor. He was a good example and his conversation was pleasant and profitable. He was sharp against the obstinate opposer, but meek and gentle towards them who, in a sense of their shortness, were ready and willing to acknowledge the same.

Such was his concern for the Gospel that he did not spare himself to promote the truth. He was zealous against a lukewarm spirit, warning Friends, both by doctrine and example, to beware thereof, often reminding the young people of that fervent love which was amongst the brethren in the beginning. He was not insensible that a libertine spirit too much prevailed in many places, neither was he wanting to bear a testimony against it.

Friendly reader, whoever thou art or whatever thy state in the church may be, although the design of this is to demonstrate our love to the deceased, yet we also intend hereby thy edification. And in order thereunto, we would briefly say, first, if thou art a minister, attend on thy ministry and wait to know God's time, that when thou speakest it may be in his time. And keep to thy opening, that what thou speakest may be from the Spirit and with understanding. Thus wilt thou learn both when to speak, what to speak, and when to be silent, a principal thing for Gospel ministers to have the true knowledge of. And also thou wilt be preserved from a lifeless, unedifying ministry, which is a hurt, but never helps true believers. It is a living ministry which begets a living people. And by a living ministry, at first, we were reached and turned to the truth. It is a living ministry that will still be acceptable to the church and serviceable to its members. It is an excellent virtue in ministers, a seal and confirmation of their ministry, to be found in the practice of that which they preach to others. Such can in boldness say with the apostle, "Be ye followers of us, as we follow Christ."

Secondly, if thou art not gifted in the ministry, but a living witness of the virtue of truth and partaker with us of the like precious faith, we entreat thee mind thy place in the church, that thou mayest be found in obedience to the Gospel. Thus mayest thou come under a spiritual qualification for the oversight of others, which must be by taking heed to thyself, according to Acts 20:28, "Take heed therefore unto yourselves, and" then "to the flock," &c., but first take heed to thyself. Why so much to myself? "I know the truth and am sensible of my duty," some may say. But give us leave to add that many are sensible of the good they ought to do, but neglect it.

Therefore, look well to thyself, that thy obedience keeps pace with thy knowledge, that so thou mayest not only be a hearer, but a doer also. This will give thee authority, that with clearness and boldness thou mayest advise them that are unfaithful and neglect what they ought to do. For he that hears and doth not, his building is not aright and cannot stand in the time of trial. Whatsoever thou mayest be, it matters not; for he that adviseth others, being faulty himself, must expect to meet but with a cold reception. Therefore, look well to thyself, neglect not the gift that is in thee, neither measure thy duty by another's neglect. It is too much a practice in this age to be influenced more by the worst than by the best of examples. But follow thou the footsteps of the flock of Christ's companions who are gone before.

So wilt thou come up in the place of some of the many worthy ancients who are gone to rest, amongst the number of whom this, our friend, may be accounted worthy to be reckoned as one who both bore the burden and heat of the day. Let it be thy concern to follow his example in faithfulness, not for imitation's sake, but for the Lord's honor. So wilt thou be fitted to enter into that blessed inheritance which God has in store for the faithful. That this may be thy portion, so wish and so pray thy fervent and Christian friends.

Signed by order of and on the behalf of the Meeting aforesaid, from Glaston, the 22nd and 23rd of the First month, 1710-11, by

Elias Osborne, William Horwood, William Jenkins, John Thomas, John Hipsley, Samuel Bownas, Abraham Thomas, William Alloway, Joseph Pinker.

A TESTIMONY CONCERNING OUR DEAR AND
WORTHY FRIEND JOHN BANKS

Whom the Lord was pleased to place in this part of the country, as he himself hath signified. And he was very serviceable amongst us in the work of the ministry, and also in settling a godly discipline in many places, encouraging the young men, as well as the old and middle-aged, to come to our meetings for that service, that they might be serviceable in their places. He was very tender and loving to the well inclined and a reprover of evil doers, gainsayers, and backsliders, placing judgment upon the head of the transgressor. He was very desirous that things might be kept savory and in good order amongst us, often giving good advice and counsel to Friends out of meetings, as well as in meetings, for it was his great delight to see them grow in the truth.

He gave way to strangers when we were visited, although he was an able minister of the word of life which dwelt plentifully in him, and his bow abode in strength, and he would often hit the mark. He was a great encourager of Friends to bear a faithful testimony against tithes, and steeple-house rates, &c., and where he saw anything to the contrary, he would show his dislike.

He was a faithful laborer in the work of the Lord, visiting Friends' meetings abroad as long as he had strength of body. But he was attended with weakness several years, in which time he wrote several papers to Friends. Some time before he died, he removed his habitation to Street, near the meeting-house and our meetings both for worship and business were many times held at his house, which was a great comfort to him, for he was very glad of the company of honest Friends.

And sometimes when they asked him how he did, he would say, "Weak in body, but strong in the Lord—all is well." He was borne up in his spirit beyond what could be expected to bear a living testimony in our meetings, being attended with that Divine power which made his soul sing praises to the Lord, to the comforting of the faithful in Christ. He was a great help to us in our Monthly Meetings in managing the affairs of the church, being favored with the continuance of his understanding and memory.

We greatly miss him, and although it is our loss, yet we believe it is his everlasting gain, and that he is gone to rest with the faithful in Christ. And now, since it hath pleased the only wise God, in his infinite wisdom, to take unto himself this our dear friend, his faithful servant and minister of the everlasting Gospel, it is the desire and supplication of our hearts unto the great Lord of the harvest that it may please him to raise many more such laborers, "For the harvest indeed is great, but the true and faithful laborers are but few."

Signed on behalf of our meeting at Glastonbury and Street, the 13th of the Third month, 1711, by

James Clothier, Sr., Arthur Gundry, James Clothier, Jr., Thomas Marnard, Roger Jewell, Joseph Moore, John Blackmore, Thomas Freeman, William Blackmore.

HANNAH BANKS' ACCOUNT AND TESTIMONY

I was married to John Banks the 28th of the eighth month, 1696, being a widow. I was convinced of God's truth in the time of my widowhood and we were married at Glastonbury and went to live at Meare until the year 1708. Then we came to Street where we continued until he died.

He was afflicted with much weakness in his latter time, but a little before his death he was raised to go to some meetings. On the 5th of the sixth month he went from home to Somerton and the next day to their Monthly Meeting of worship, which was very large, and he had a good meeting, to the satisfaction of Friends. Afterward he had an evening meeting in the town, and went next day to Long Sutton to visit Friends and to some other places and was at the Monthly Meeting at Puddimoore and had a large testimony to Friends. He was also at Yeovil and was well accepted, after which he returned home. Most Friends thought he would not have been able to undertake such a journey, being between twenty and thirty miles, by reason of his weakness, but he could not be satisfied without it.

On the 2nd of the seventh month, as he was walking in the yard, he was taken with a pain in his back which by degrees went downward into his feet and proved to be the gout. It was very painful for several days before his death, yet he would often say, until the last, that notwithstanding all his pain, his soul did praise and magnify the Lord for his goodness towards him, though he thought his pain sometimes sharper than death, and he said, how well it would be if the Lord would be pleased to remove him hence.

Many Friends and others coming to visit him, he had a large testimony to them by way of exhortation, and a few hours before his death, he said how well it was to have nothing to do but to die. At another time he said that he was assured it would be well with him and that he should end in the truth, as he began. He was very sensible to the last and, after all his pains, had an easy passage, on the 6th of the eighth month, 1710, and is gone to rest, aged seventy-three years and two months.

He was a man that feared God, wrought righteousness, loved truth above all, and his friends with all his heart and he served them faithfully to the end. I am satisfied he laid down his head in peace and rested from all his labors. He was a true help-meet to me, and we lived almost fourteen years together, five of which he was under great weakness, which he bore patiently to the end. I cannot but lament my loss of so near a friend, for he was a great strength to me in my weakness, who am poor and feeble of myself, and do desire the prayers of the faithful for my preservation, that I may hold out to the end, who am his mournful widow,

Hannah Banks

Street, in Somersetshire, the place of my abode, this 4th of the Third month, 1711.

www.ingramcontent.com/pod-product-compliance
Lightning Source LLC
Chambersburg PA
CBHW010654100726
47901CB00012B/2541